本研究受到国家社会科学基金资助(项目编号：15BJL-076)

基于动态演化和货币搜寻的货币国际化研究

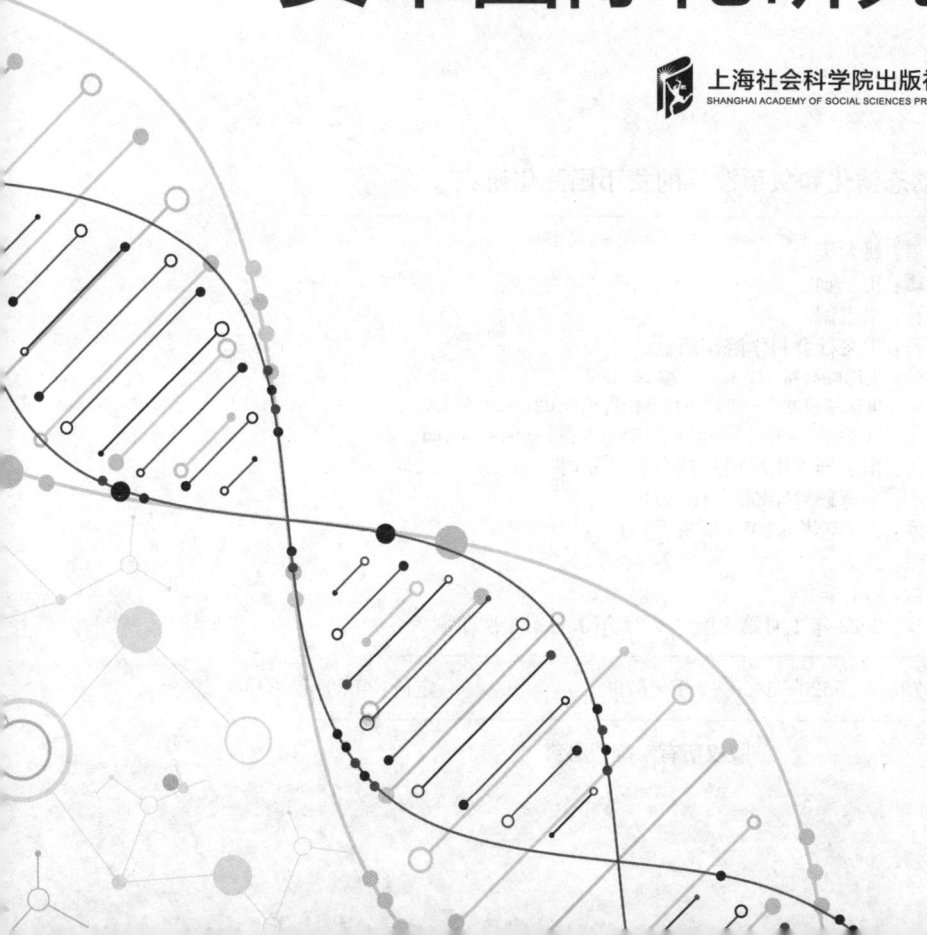

上海社会科学院出版社
SHANGHAI ACADEMY OF SOCIAL SCIENCES PRESS

姚大庆 著

图书在版编目(CIP)数据

基于动态演化和货币搜寻的货币国际化研究 / 姚大庆著 .— 上海 : 上海社会科学院出版社,2022
 ISBN 978 - 7 - 5520 - 3660 - 2

Ⅰ. ①基… Ⅱ. ①姚… Ⅲ. ①人民币—金融国际化—研究 Ⅳ. ①F822

中国版本图书馆 CIP 数据核字(2021)第 162100 号

基于动态演化和货币搜寻的货币国际化研究

著　　者：姚大庆
责任编辑：王　勤
封面设计：朱忠诚
出版发行：上海社会科学院出版社
　　　　　上海顺昌路 622 号　邮编 200025
　　　　　电话总机 021 - 63315947　销售热线 021 - 53063735
　　　　　http://www.sassp.cn　E-mail:sassp@sassp.cn
照　　排：南京理工出版信息技术有限公司
印　　刷：上海巅辉印刷厂有限公司
开　　本：710 毫米×1010 毫米　1/16
印　　张：16.5
字　　数：271 千
版　　次：2022 年 1 月第 1 版　2022 年 1 月第 1 次印刷

ISBN 978 - 7 - 5520 - 3660 - 2/F・676　　　　　　　　定价:89.80 元

版权所有　翻印必究

目 录

第一章 导论 ··· 1
  第一节 研究背景 ·· 1
    一、国际背景 ··· 1
    二、国内背景 ··· 2
  第二节 研究目的与方法 ·· 3
    一、研究目的 ··· 3
    二、研究方法 ··· 4
  第三节 分析框架和主要创新 ······································ 4
    一、分析框架和主要内容 ··· 4
    二、主要创新 ··· 7
    三、局限和不足 ·· 8

第二章 货币国际化理论研究综述 ································· 9
  第一节 国际货币的概念和职能 ································· 9
  第二节 国际货币的形成和演化 ································· 14
    一、国际货币形成演化的微观机制 ························· 14
    二、历史上国际货币形成的案例分析 ······················ 17
  第三节 货币国际化的条件和影响因素 ······················ 22
    一、货币国际化的宏观因素 ···································· 22
    二、货币国际化的微观因素 ···································· 26
    三、货币汇率与货币国际化 ···································· 31
  第四节 货币国际化的成本与收益 ····························· 32
  第五节 人民币国际化的有关研究 ····························· 34
    一、人民币国际化的现状和人民币加入 SDR 的讨论 ······ 34
    二、金融市场发展与人民币国际化 ························· 36
    三、制度因素与人民币国际化 ································· 38

四、人民币境外流通量的估计 …………………………… 40
　　五、人民币成为国际货币的前景 ………………………… 42
　第六节　文献述评 …………………………………………… 44

第三章　动态演化博弈理论介绍 …………………………… 46
　第一节　生物进化的基本因素 ……………………………… 46
　　一、繁殖 …………………………………………………… 47
　　二、选择 …………………………………………………… 48
　　三、变异（基因突变）…………………………………… 49
　第二节　演化博弈的基本模型 ……………………………… 50
　第三节　复杂网络上的演化博弈 …………………………… 53
　　一、自然界与人类社会的复杂性 ………………………… 54
　　二、复杂网络 ……………………………………………… 55
　　三、复杂网络演化博弈 …………………………………… 56
　第四节　演化博弈理论在货币国际化问题上的适用性 …… 57

第四章　货币国际化的演化搜寻理论分析 ………………… 62
　第一节　国际货币演化的非对称模型 ……………………… 63
　第二节　多种群对称演化博弈模型 ………………………… 69
　　一、模型设定 ……………………………………………… 69
　　二、演化分析 ……………………………………………… 70
　第三节　多种群不对称演化博弈模型 ……………………… 71
　　一、模型设定 ……………………………………………… 72
　　二、国际货币的演化 ……………………………………… 73
　　三、数值模拟 ……………………………………………… 74
　第四节　汇率预期与货币国际化 …………………………… 77
　　一、主要货币国际化路径中的几个典型事实 …………… 78
　　二、国际货币的网络演化博弈模型 ……………………… 83
　　三、国际货币网络演化博弈的数值模拟 ………………… 87
　　四、小结 …………………………………………………… 91
　第五节　人民币加入 SDR 货币篮子后的演化模型 ………… 92
　　一、复杂网络上的学习行为 ……………………………… 92

二、国际货币学习演化的动态模拟 …………………………………… 94
三、对人民币加入 SDR 后的模拟分析 ……………………………… 97
四、加入 SDR 对人民币国际化的影响 ……………………………… 99

第五章 英镑国际化的演化分析 …………………………………… 101
第一节 英镑国际化的演化史 …………………………………… 101
一、西欧货币制度的早期发展与英国金本位的率先实施 ………… 101
二、国际金本位制的建立和英镑的关键货币地位 ………………… 106
第二节 英镑演化为主要国际货币的原因 ……………………… 108
一、帝国贸易和海外贸易是英镑国际化的基础 …………………… 108
二、率先实行金本位增强了市场对英镑的信心 …………………… 110
三、伦敦国际金融中心地位有利于英镑国际化 …………………… 111
第三节 英镑国际化与大英帝国殖民体系的形成 ……………… 115
一、大英帝国殖民体系的形成 ………………………………………… 115
二、大英帝国殖民体系促进英镑的国际化 ………………………… 117

第六章 美元国际化的演化分析 …………………………………… 120
第一节 美元国际化的演化史 …………………………………… 120
一、新大陆货币的演化与美元的诞生 ………………………………… 120
二、美元的早期国际化与西半球美元区的形成(1865—1913) …… 125
三、两次世界大战之间的英美竞争与美元国际化 ………………… 128
第二节 美元国际化的演化动力 ………………………………… 131
一、可信的价值承诺 …………………………………………………… 131
二、发达的金融市场 …………………………………………………… 135
三、适时的政策支持 …………………………………………………… 136
第三节 国际本位货币变化的历史经验 ………………………… 140

第七章 欧元国际化的演化分析 …………………………………… 144
第一节 欧元国际化的演化史 …………………………………… 144
一、欧洲货币一体化的历程 …………………………………………… 144
二、欧元国际化的发展历程 …………………………………………… 147
三、欧元国际化的演化方式 …………………………………………… 153

第二节　欧元国际化的演化动力与制约因素 ……………………… 158
　一、坚定的政治推动 ……………………………………………… 158
　二、极强的价值承诺 ……………………………………………… 160
　三、欧元国际化的限制因素 ……………………………………… 161
第三节　欧元诞生后国际货币体系的演化 ……………………… 163
　一、文献综述 ……………………………………………………… 164
　二、国际货币体系演化的二倍体模型 …………………………… 165
　三、数值模拟 ……………………………………………………… 169
　四、布雷顿森林体系以来国际货币体系的演化特点 …………… 172

第八章　日元国际化的演化分析 …………………………………… 177

第一节　日元国际化的演化史 …………………………………… 177
　一、明治维新后日本货币制度的近代化改革 …………………… 177
　二、伴随日本扩张的日元早期国际扩张 ………………………… 179
　三、"二战"后的日元国际化 ……………………………………… 181
第二节　日元国际化的演化动力 ………………………………… 187
　一、快速的经济增长引致货币走向国际化 ……………………… 187
　二、日本政府对日元国际化的积极推动 ………………………… 188
　三、资本输出推动日元国际化 …………………………………… 190
　四、日本金融市场的不开放阻碍了日元的国际化 ……………… 191
第三节　东京国际金融中心在日元国际化中的作用 …………… 192
　一、国际金融中心在促进本币国际化上的作用 ………………… 192
　二、东京在全球金融中心指数（GFCI）评价中的最新变化情况 …… 194
　三、东京与世界主要国际金融中心的比较分析 ………………… 199

第九章　人民币国际化的演化分析 ………………………………… 206

第一节　人民币国际化的缘起 …………………………………… 206
　一、人民币国际化的内在条件 …………………………………… 206
　二、人民币国际化的外部环境 …………………………………… 207
第二节　人民币国际化的演化史 ………………………………… 211
　一、人民币国际化前的时期 ……………………………………… 211
　二、人民币国际化时期（2009年7月至今） …………………… 214

第三节　目前人民币国际化水平的评估 ……………………… 220
　　一、评估依据 …………………………………………………… 220
　　二、人民币的贸易计价结算职能 ……………………………… 221
　　三、人民币的金融交易结算职能 ……………………………… 221
　　四、人民币的国际储备货币职能 ……………………………… 222
　　五、人民币成为SDR篮子货币 ………………………………… 223
第四节　中国香港地区国际金融中心在人民币国际化演化过程中的
　　　　作用 ……………………………………………………… 224
第五节　中国政府推动人民币国际化的政策力度分析 …………… 228

第十章　总结和展望 …………………………………………… 234
第一节　本研究的主要结论 ………………………………………… 234
　　一、货币国际化的研究需要建立微观基础 …………………… 234
　　二、国际市场上企业选择交易所使用货币是一个动态演化的过程 … 235
　　三、一种国际货币的形成必须具有良好的内在属性 ………… 235
　　四、主要国际货币的国际化历史均是演化的过程 …………… 236
第二节　对未来国际货币体系演化的展望 ………………………… 236
　　一、美元的核心国际货币地位不会发生根本变化 …………… 237
　　二、国际货币体系从准双寡头体系向准三元体系演化 ……… 238
　　三、数字货币的发展可能改变国际货币体系的演化规则 …… 240

参考文献 ……………………………………………………………… 242

附录：网络演化博弈的 MATLAB 程序 …………………………… 254

第一章
导　论

第一节　研究背景

一、国际背景

2009年全球金融危机以来的十二年,是国际格局剧烈动荡和深刻调整的十二年。自近代以来,世界权力首次开始向非西方世界转移扩散,一大批新兴经济体和发展中国家群体性崛起,世界经济的重心向亚太转移。其中,美国特朗普政府奉行"美国优先"的战略,大搞单边主义和保护主义,令美国与盟国关系发生深刻的变化,与俄罗斯和中国的战略博弈加剧。美国先后退出《跨太平洋伙伴关系协定》《巴黎气候协定》《伊朗核协议》等国际协定,无视世界贸易组织(WTO)规则,使当今世界越来越面临失序的危险。

在这种"百年未有之大变局"的时代,国际经济关系中唯一没有发生明显变化的领域,可能就是以美元为中心的国际货币体系了。当美国经济稳步增长和失业率屡创新低时,全球投资者的乐观情绪推动资金流入美国资本市场寻找高回报的投资机会;当美国经济陷入低迷和世界经济前景不明朗时,又有大量的避险资金涌入美国国债市场寻求安全的"避风港"。十二年来,美国GDP占世界的比重在不断下降,中国GDP超过日本,居世界第二并且逐渐缩小与美国的差距,但是美元在全球贸易结算、国际交易和官方外汇储备中的比重,均没有出现明显下降趋势,有时甚至还在提升。美元的国际货币地位,似乎与美国在全球的相对经济实力发生了脱钩。

2009年,时任中国人民银行行长的周小川提出探讨创造一种可以替代美元的新型国际储备货币的建议,曾经被视为在国际范围内改革现行货币体系、建立更加公平有效的货币新秩序的先声。随后由世界银行行长佐利克(Zoellick)提出的恢复金本位方案、美国加州大学艾肯格林教授(Eichengreen)提出的储备多元化方案、美国国际经济研究所所长伯格斯滕(Bergsten)提出的替代账户方案,曾经在国际学术和政策界受到广泛的讨论,现在却被逐渐遗忘。

二十国集团(G20)在全球金融危机后提出了一系列改革国际货币体系的议题。2016年的G20杭州峰会公报中具体提及的有：落实2010年份额和治理改革、2017年年会之前完成第15次份额总检查、欢迎人民币纳入特别提款权(SDR)篮子、支持扩大SDR在统计和计价债券发行方面的使用，等等。但是到了2019年的大阪峰会，在公报中涉及国际货币体系的只有两项：在2019年年会前完成第15次份额总检查、加强以国际货币基金组织(IMF)为中心的国际金融安全网。2020年新冠疫情后以视频形式召开的G20峰会，则重点关注对全球疫情的应对。显然，国际货币体系改革已经不再是G20峰会的优先议题了。这就引出了一个问题：为什么国际社会对国际货币体系改革问题的兴趣下降了？

二、国内背景

本研究的国内背景，是人民币国际化十二年的实践。以2009年7月1日中国人民银行启动跨境贸易人民币结算试点为标志，中国正式开始了推进人民币国际化的进程。在人民币国际化进程中，2015年是一个重要的转折点和里程碑。2015年之前，人民币国际化高歌猛进，人民币跨境贸易结算金额迅速上升，人民币国际投资不断扩大，人民币国际储备从无到有，中外央行的双边本币互换增长迅速。通过人民币国际使用的不断增加和国内资本账户开放等配套改革措施的推进，在2015年11月进行的定期评估中，IMF执行董事会确认接受人民币加入SDR货币篮子，成为继美元、欧元、英镑和日元后的第5种篮子货币。根据新的计算公式，人民币在SDR中的权重为10.92%，位居第三名。其他4种货币的权重分别为：美元41.73%、欧元30.93%、日元8.33%、英镑8.09%。这个权重分配曾经被一些媒体经济学家解释为人民币的国际化水平超过日元和英镑居世界第三，而且似乎更进一步也指日可待。

然而，理想很丰满，现实很骨感。从2015年第3季度开始，包括人民币国际支付的全球份额、跨境贸易人民币结算金额、中国香港地区人民币存款余额、人民币国际化指数等各种反映人民币国际化水平的指标均出现停滞不前或趋势性下降的情况。到2020年为止，人民币的国际化水平大体维持在全球货币的第四梯队，排在第一等级的美元、第二等级的欧元、第三等级的英镑和日元之后，与澳元、加元的国际化水平大体相当，属于"一般国际货币"，即一国货币在本国的对外经济活动中较多地发挥计价、结算职能，但在不涉及该货币发行国的经济活动中使用较少，基本不充当国际储备的货币。考虑到中国的经济总量、人口总量和国际政治影响力比澳大利亚和加拿大要高出几乎一个数量级,现有的人民币国际化水平显然是相对滞后的。这个形势就引出了第二个问题:为什么人民币的国际化不能随着中国经济总量、贸易总量和对外投资数量的增长而迅速地提升?

正是在以上国际国内两个背景的启发下,本研究认为,现有的货币国际化理论过于强调总量之间的关系可能是有缺陷的,研究货币的国际化不能忽略微观的市场因素,不能忽视国际市场上企业和投资者的选择,更不能抽象掉货币国际化的动态演化过程。

第二节 研究目的与方法

一、研究目的

通过本课题的研究,我们试图回答以下一些重要问题:

第一,货币国际化演化的理论基础是什么?自从达尔文的巨著《物种起源》发表以来,生物进化(或翻译为"演化")的思想已经深入人心。作为一个社会科学问题,货币国际化的演化过程是否同样遵循类似生物进化的基本规律?什么是货币的复制、变异和自然选择?本研究认为,货币在国际市场上使用范围和使用数量的竞争和扩大,与生物进化过程中不同种群竞争适宜栖息地的动态过程具有高度的相似性,因而可以借鉴演化生物学和动态博弈理论进行研究。

第二,如何构建动态模型分析货币国际化的演化过程?现有文献中已经出现一些构建动态演化模型分析货币国际化的尝试,例如 Barron 在一个同质企业的竞争环境中描述了欧元和美元两种货币的演化均衡。但是同质企业的假定过于严格,因而对描述现实世界中国际货币的演化过程并没有太大的意义。[①]本研究认为,分析货币国际化过程的关键是要把不同国际货币之间的本质差异明确地引入模型中。那么什么是不同国际货币间的本质差异?显然这不是指它们的名称不同,甚至也不是它们的汇率不等,而是它们给使用者带来的"效用"不同。

第三,历史上主要国际货币的演化过程是怎样的?理论模型总是高度抽象的,因而不可能直接套用到每一种国际货币的实际演化过程中去。而且由

---

① Barron, E.N.Game Theory, An Introduction(2e), Wiley 2013, p.400.

于历史资料和统计数据的匮乏,对历史上主要国际货币的演化也不可能用定量的方法给出它们的具体过程。本研究通过搜集国际金融史、英美经济史和英美货币史等文献资料,运用货币演化的思想方法加以分析整理,较为完整地描述了英镑和美元先后成为国际货币的演化过程。对于较晚发生国际化的欧元、日元以及正在国际化过程中的人民币,本研究则应用了更多的数据和数理方法加以分析。

二、研究方法

(1) 理论研究方法。复杂网络上的动态演化博弈是本课题运用的主要理论方法。动态演化博弈刻画了一种货币从国内市场走向国际市场的本质,即从依靠本国政府强制使用的"法定货币"转变为在无政府的世界市场上依靠货币自身的"信用"而流通。复杂网络则给出了国际货币博弈的空间联系形式,从而有可能不只从总量上而且从空间上研究货币走向国际化的过程。

(2) 计算机模拟方法。复杂网络上的动态演化博弈模型过于复杂,不可能通过解析的方法来求解。自然科学中对这类复杂问题的常用解决办法是进行计算机模拟。MATLAB 是功能强大的数学计算和模拟软件。本研究利用 MATLAB 编程技术模拟了复杂网络上货币动态演化博弈的过程,得到了一些很有意义的结论。

(3) 实证研究方法。虽然关于货币国际化的统计数据很不完整,特别是缺少用于经济计量分析的完整时间序列数据,但我们还是在能够获得的数据范围内尽可能地使用计量模型加以研究,从而证明抽象的理论模型能够得到实践中数据的支持。

(4) 历史研究方法。相对于丰富多彩的历史发展来说,统计数据总是略显单调和不完整的。在本研究的应用部分,也就是分析各主要国际货币的演化史的部分,我们主要采用历史的研究方法,通过分析货币国际化史上的案例来说明其逐渐演化的过程。

第三节 分析框架和主要创新

一、分析框架和主要内容

本研究共分为三个部分。第一部分是导论和文献综述,概要介绍研究的背景、意义、方法以及国内外相关研究的进展。第二部分是理论部分,介绍本研究使用的理论方法,以及所构建的动态演化博弈模型和模拟。第三部分是应用部分,依次用演化的视角考察了英镑、美元、欧元、日元和人民币的国际化演化过程。最后是对本研究的简要总结及对未来的展望。

除第一章导论外,第二章到第十章各章的主要内容如下。

第二章为货币国际化理论研究综述,系统梳理货币国际化领域的主要文献,为进一步的研究奠定基础。共包括五节:第一节是国际货币的概念和职能,第二节是国际货币的形成和演化,第三节是货币国际化的条件和影响因素,第四节是货币国际化的成本与收益,第五节是人民币国际化的有关研究。

第三章为动态演化博弈理论介绍,首先简要介绍演化博弈理论的基本思想,然后说明用动态演化博弈理论来研究国际货币演化问题的适用性。第一节是生物进化的基本因素,用数学方法描述了繁殖、选择和变异三个因素的作用。第二节介绍演化博弈的基本模型,用一个经典的演化博弈问题"鹰鸽博弈"来说明演化博弈模型的基本思路和分析方法,以及繁殖、选择和变异三要素在其中发挥的作用,并为后面的动态演化分析提供基础。第三节介绍复杂网络上的演化博弈,从而把演化的环境从抽象的种群一般化为平面上的拓扑结构。第四节论证演化博弈理论在货币国际化问题上的适用性。

第四章的货币国际化的演化搜寻理论分析是本研究主要的理论部分,将基本的演化博弈模型在几个方向上进行了拓展。第一节是国际货币演化的非对称模型,假定两种货币的市场交易功能不完全相同,一种货币存在升值预期或政府补贴,此时的演化结果是这种货币的国际使用范围会扩大。第二节把模型拓展为多种群对称演化博弈模型,此时国际市场上的企业不再是同质的,分别偏好于某一种货币交易。第三节进一步把模型拓展为多种群不对称演化博弈模型,此时两类偏好使用不同货币交易的企业种群的数量可能是不相等的,有大国货币和小国货币之分。第四节将博弈的环境从大群体随机匹配改变为平面网格结构,分析了货币国际化的具体演化过程,讨论了汇率预期与货币国际化的关系,指出在货币国际化过程中存在"门槛效应"和"反转效应",这两个效应可以用国际货币的网络演化博弈模型很好地加以解释。第五节在网络演化环境中模拟了人民币加入 SDR 篮子后的演化过程,发现加入 SDR 篮子后博弈学习规则的变化限制了人民币国际化水平的进一步提升。

从第五章的英镑国际化的演化分析开始,本书进入应用部分。伴随着英国率先爆发的工业革命,英镑也从一个西欧边缘岛国的货币迅速发展为世界上第一种国际本位货币。银子的非货币化、英格兰银行小面额银行券的发行和应随时以黄金收兑纸币的法令一起,让英国在欧洲率先确立了金本位制度。在一个普遍实行金银复本位甚至银本位的世界中,率先实行金本位的英国具有货币制度上的优势。当其他西方国家逐渐过渡到金本位时,英镑成为金本位体系的核心货币。

第六章是美元国际化的演化分析。美元国际化的演化史与英镑不同,它是在新大陆各个殖民地均发行银行券的混乱状态下,直到美国南北战争期间才正式由联邦政府发行法定货币美元。规模效应和联邦政府的政策支持使美元迅速取代了各州发行的银行券,并在南北战争结束后随着美国贸易和资本的扩张走向拉丁美洲、加拿大以及东南亚的菲律宾等地区与国家,开始了它的国际化历程。两次世界大战之间的 20 多年,在位的国际本位货币英镑受到新兴的国际货币美元的挑战,并最终以英镑让出国际本位货币地位而告终。这是美元国际化不断发展并向全球货币演化的时期。

第七章是欧元国际化的演化分析。欧洲各国长久以来就有实现货币统一乃至政治统一的呼声,第二次世界大战的惨痛经历则促使欧洲各国推进经济和政治的一体化。欧元取代各成员国货币的"大爆炸"式国际化是货币国际化历史上前所未有的。此后欧元国际化的演化路径主要有两条:向地理邻近区域的演化和向前殖民地国家的演化。欧元国际化的演化动力主要有相关国家坚定的政治推动和欧洲央行极强的价值承诺,但各个成员国货币政策的统一与财政政策的分别执行也造成深层的矛盾,对欧元的价值稳定构成威胁,限制了欧元在国际货币体系中的作用。本章还利用演化博弈模型模拟了欧元诞生后国际货币体系的演化。

第八章是日元国际化的演化分析。日元是截至今日全世界非西方货币中能称为"国际货币"的唯一案例。明治维新后日本货币制度就开始近代化改革,先后实行银本位和金本位,建立了类似西方的中央银行制度。伴随日本的殖民扩张,日元开始了它的早期国际扩张。"二战"后,日本实行汇率改革,并在美国的保护和有利的国际形势下迅速取得了经济重建和高速增长的成就。20 世纪 70 年代,日本政府的日元国际化政策和对外资本输出促进了日元国际化,东京国际金融中心对日元的国际化发挥了十分重要的作用。

第九章是人民币国际化的演化分析,共分为四个部分:第一节讨论人民币国际化的原因,第二节回顾 40 多年来人民币国际化的历程,第三节评估人民币国际化目前的发展水平,第四节分析香港国际金融中心在人民币国际化中的作用,第五节是中国政府推动人民币国际化的政策力度分析。当前人民币的国际化水平排在美元、欧元和英镑、日元之后,与澳元、加元的国际化水平大体相当,居世界的第6位左右,属于第四级的"一般国际货币"。如果未来若干年人民币国际化的发展能保持良好势头,就可能突破货币国际化的门槛,成为与英镑、日元相当的"工具货币"。

第十章是整个研究的总结和对未来国际货币体系演化的展望。本研究有四个主要结论:第一,货币国际化的研究需要建立微观基础,这个微观基础是企业对国际货币的选择。第二,国际市场上企业选择交易所使用货币是一个动态演化的过程,可以用演化博弈理论进行分析。第三,一种国际货币的形成必须具有良好的内在属性,这种良好属性促使企业选择该种货币进行国际交易。第四,英镑、美元等主要国际货币的国际化历史均是演化的过程。我们对未来国际货币体系演化作出三点展望:其一,在未来30年左右的时间里,美元的核心国际货币地位不会发生根本变化;其二,随着人民币国际化的发展,国际货币体系可能从准双寡头体系向准三元体系演化;其三,数字货币的发展可能改变国际货币体系的演化规则。

二、主要创新

(一)理论创新

首先,本书从理论上论证了国际市场的微观交易机制对货币国际化的基础性作用,使货币国际化研究从寻找宏观变量间的相关性推进到寻找宏观经济现象内在的微观基础,并论证了演化博弈理论在货币国际化问题上的适用性。

其次,本书根据国际货币演化的特点将基本的演化博弈模型在几个方向上进行了拓展,讨论了货币不对称、企业不对称、种群不对称等情况,研究了企业之间不同的学习机制,为货币国际化中存在的"门槛效应"和"反转效应"提供了理论依据。

最后,本书从演化的视角考察英镑、美元等主要国际货币的国际化路径,得到一些很有意义的结论,比如英国率先实行金本位制推动了英镑的国际化,南北战争之前美国各州银行券的竞争促进了美元的形成,欧元国际化有向欧元区周边扩张和向前殖民地国家发展两条演化路径,等等。

(二)研究方法创新

首先,本书将动态演化博弈的分析方法应用于国际货币的演化,实现了对货币国际化问题研究方法的创新。

其次，本书将动态演化博弈的博弈环境拓展到具有空间拓扑结构的复杂网络上，从而可以明确地研究企业之间使用某种国际货币的具体学习机制。

最后，本书运用计算机模拟的方法研究货币国际化的动态过程，使我们可以讨论不同的演化机制下国际货币从国际市场的局部向整体发展的不同路径。

三、局限和不足

由于作者研究能力、资料来源和时间精力所限，本书仍然存在诸多的局限和不足：例如，在演化博弈模型中没有考虑国际市场上买卖双方地位不同所可能产生的市场力问题。再如，现有的复杂网络上演化博弈的学习机制仍然是比较机械的，没有把学习机制本身的演化考虑在内。还有，英镑和美元国际化的历史资料和统计数据的匮乏，使得我们对相关演化机制的讨论更多地停留在文字分析的层面，不可能作更加深入的数量分析。这些将是下一步研究的内容。

第二章
货币国际化理论研究综述

货币国际化是国际经济学的一个重要分支,它研究的主要问题包括:什么是国际货币,它有哪些基本职能? 国际货币形成的动态路径如何,主要国际货币的发展历程有哪些经验教训? 货币国际化的内在条件是什么,影响因素有哪些? 货币国际化对国内和国际经济有哪些效应? 本章系统梳理这个领域的主要文献,为进一步研究奠定基础。

第一节 国际货币的概念和职能

货币是经济学中一个最基本的概念。马克思指出,货币是"固定充当一般等价物的特殊商品"。[1]现代西方学者有时将这个概念表述为"在产品和服务支付以及债务偿还中被普遍接受的东西"。[2]马克思认为货币的两个基本职能是价值尺度和流通手段,由此衍生出支付手段、储藏手段等货币职能。顾名思义,国际货币就是能够在国际间执行货币职能的一类货币。

Hartmann 考察了国际货币的历史,发现国际货币有五个关键特征:(1)单位价值高;(2)长时间相对低的通货膨胀率;(3)由主要的经济、贸易大国发行;(4)发行国有发达的金融市场;(5)国际货币的出现是人类行为选择的结果而不是人类计划的结果。没有一个国际货币的出现是由于人们想创造一个新的国际货币,它们作为国际货币的地位是随着时间的推移而逐渐被人们接受的。[3]

Kenen 给出了国际货币与国内货币相对应的三大职能,如表 2-1 所示。[4]Cohen 认为国际货币的职能是货币国内职能在国外的扩展,当私人部门

---

[1] 〔德〕马克思:《资本论(第一卷)》,人民出版社,2004 年,第 87 页。
[2] 〔美〕米什金:《货币金融学》,中国人民大学出版社,2011 年,第 53 页。
[3] Hartmann, Philipp, *Currency Comptition and Foreign Exchange Market*: *The Dollar*, *the Euro*, Cambridge University Press, 1998, p.25.
[4] Kenen, Peter, "International liquidity and the balance of payments of a reserve currency country", *Quarterly Journal of Economics*, 1960(74).

和官方机构出于各种各样的目的,将一种货币的使用扩展到该货币发行国以外时,这种货币就发展到国际货币层次。[1]Hartmann 对该定义中的国际货币职能作了进一步的划分,即包括交易媒介、计价单位和价值储藏手段。[2]Kenen 强调国际货币是在发行国边界以外使用的,而且更重要的是供非居民之间交易时使用。换句话说,国际货币是在国际交易中直接涉及的双方的非本国货币,例如 2007 年亚洲国家向日本出口中有 72% 是以美元计价结算。这个定义强化了国际货币的非本币特征,即认为在国际交易中使用其中一方的本币仍然不是典型的国际货币功能。[3]

表 2-1 国际货币的职能

货币职能	官 方	私 人
价值储藏	国际储备	货币替代(美元化)
交易媒介	外汇市场干预工具	贸易和金融交易的结算
记账单位	钉住货币的名义锚	贸易和金融交易的计价

• 资料来源:Kenen(1960)。

Chinn 和 Frankel 认为,货币的官方储备职能是国际储备的核心职能,并对它的决定因素做出了系统的研究。[4]他们使用 1973—1998 年的数据,代表了从布雷顿森林体系崩溃到欧元正式开始流通之间的时期。他们认为货币国际地位的主要影响因素包括:产出和贸易模式、金融市场、对货币价值的信心、网络外部性,其中由网络外部性导致储备资产组成的持续性非常高。

艾肯格林从历史的视角考察了储备货币的组成和美元国际货币地位的前景。[5]他认为储备货币的竞争并非赢家通吃的博弈,几种货币可以分享国际储备货币地位,金融市场的创新使这种可能性增大。19 世纪英镑的国际储备货币地位受益于英国的国际贸易、投资、金融市场,以及它遍布世界的殖民地。但艾肯格林认为,网络外部性的强度并不足以导致单一的储备货币体系。艾肯格林对两次世界大战之间各国国际储备货币构成的进一步研究发

---

[1] Benjamin J. Cohen, "The sesgnioraze gain of an international curreney: an empirieal test", *The Quarterly Journal of Economies*, 1971, 85(3).
[2] Hartmann P., "The currency denomination of world trade after European monetary union", *Journal of the Japanese and International Economies*, 1998(12).
[3] Peter B. Kenen, "Currency internationalization: an overview", *Unpublished Manuscript*, 2009.
[4] Menzie Chinn and Jeffrey Frankel, "Will the euro eventually surpass the dollar as leading international reserve currency?", 2005, *NBER Working Paper*, No.11510.
[5] Barry Eichengreen, "Sterling's past, dollar's future: historical perspective on reserve currency competition", 2005, *NBER Working Paper*, No.11336.

现,不同于通常认为的英镑直到"二战"后才被美元取代,20世纪20年代中期美元已经超过英镑的国际储备货币地位。[1]

不同的货币可能在不同的程度和范围上执行国际货币的职能,因此就需要划分国际货币的层次或等级。Cohen将国际货币划分为有三个等级的金字塔。[2]Paul认为根据货币的国际化程度由低到高,可以定性地把货币的国际地位分为5个层次:初级国际货币、一般国际货币、工具货币(vehicle currency)、关键货币(key currency)和世界货币(world currency)。初级国际货币指一国货币刚刚开始进入国际领域,在周边国家或部分领域发挥计价、结算职能。一般国际货币指一国货币在本国的对外经济活动中较多地发挥计价、结算职能,但在不涉及该国的经济活动中使用较少,基本不充当国际储备。工具货币必须在国际经济中发挥不同国家间交易载体的作用,也就是说必须在不涉及货币发行国的交易中得到较多的使用。[3]此时,工具货币可能被一些国家作为国际储备货币使用。关键货币的国际作用比工具货币进一步扩大,不仅是货币发行国对外经济活动中经常使用的货币,而且是世界范围内不涉及货币发行国的交易中经常使用的货币之一,也常常被世界各国作为国际储备货币之一。[4]世界货币是最高层次的国际货币,它在世界范围内广泛地发挥计价、结算职能,是石油等国际大宗商品的定值货币,是世界各国最主要的国际储备货币。

如何在实际中度量货币的国际化程度? 对一种货币国际地位的衡量可以分为三个维度:记账单位、交易媒介和价值储藏。其中,充当记账单位的可以是观念上的货币,而承担交易媒介职能的货币必须是实际的货币。主要国际货币的交易媒介职能可以从国际清算银行(BIS)的"全球中央银行外汇和衍生品调查"中获得,价值储藏职能可以从国际货币基金组织公布的"官方外汇储备货币构成数据库(COFER)"中获得,但是目前没有国际组织统计和公布各国对外贸易中记账货币的种类和金额。在数据可得性的约束下,一些学者尝试使用代理变量或加权平均的方法研究货币的国际地位:如元惠平明确

---

[1] Barry Eichengreen and Marc Flandreau, "The rise and fall of the dollar, or when did the dollar replace sterling as the leading international currency?", 2008, *NBER Working Paper*, No.14154.

[2] Cohen, Benjamin J., "Dollar dominance, Euro aspirations: recipe for discord?", *Journal of Common Market Studies*, September, 2009, 47(4).

[3] Krugman, Paul, "Vehicle currencies and the structure of international exchange", *Journal of Money, Credit and Banking*, Vol.12, 1980.

[4] Ogawa, Eiji. and Yuri Nagataki Sasaki, "Inertia in the key currency", *Japan and the World Economy*, Vol.10, 1998.

提出,世界范围内所有官方外汇储备中某种货币资产的份额是"集中反映该货币国际地位的综合指标"。[①]

在 2012 年的一篇论文中,美国彼得森国际经济研究所的两位研究员 Arvind Subramanian 和 Martin Kessler 试图用新的思路研究新兴经济体货币国际地位的变化。[②]他们认为,国际货币的记账单位职能体现在两个方面,对于个人和企业体现为它充当贸易和金融交易中的记账(开发票)货币,对于公共部门则体现为外国政府或中央银行用它作为本币的货币锚或钉住货币。以往的研究难以深入,因为既缺乏企业记账开票的货币构成比例数据,各国政府一般也不公布本国货币所钉住的外币种类和结构。

Subramanian 和 Kessler 认为,如果一种国际货币被其他国家当作"参考货币(reference currency)",则其他国家货币与该种国际货币间存在更大程度的共同运动(co-movements)。这种共同运动可能是固定或半固定汇率制度下钉住政策导致的,也可能是市场力量推动的。而一种货币成为参考货币,也有利于其国际地位的提升,因为双边汇率的稳定将促使私人部门在交易中更多地使用这种货币。

Subramanian 和 Kessler 研究了金融危机后人民币作为参考货币的情况。他们发现:(1)如表 2-2 所示,从 2010 年中期开始,相对于美元和欧元,人民币被更多的国家和更大程度上作为参考货币使用;(2)在东亚已经形成了一个"人民币区",因为人民币已经取代美元成为东亚地区首要的参考货币;(3)人民币的参考货币地位不限于东亚,对于智利、印度、南非等国,人民币也是主要参考货币。

表 2-2　金融危机前后货币共同运动(CMC)的变化

	美元	人民币	欧元	日元
下　降	38	18	33	35
其中显著下降	10	0	14	12
上　升	14	34	19	17
其中显著上升	0	9	4	4
总　计	52	52	52	52

• 资料来源:转引自 Subramanian 和 Kessler(2012)。

[①] 元惠平:《国际货币地位的影响因素分析》,《数量经济技术经济研究》,2011 年第 2 期。
[②] Arvind Subramanian, Martin Kessler, "The renminbi bloc is here: Asia down, rest of the world to go?", *Peterson Institute for International Economics Working Paper* 12—19, 2012.

IMF 所发行的 SDR,是参考一篮子国际货币确定其价值的。因此,IMF 所规定的 SDR 篮子货币标准,是判断一种货币是否成为公认的主要国际货币的重要参考标准。IMF 目前采用的 SDR 定值方法(valuation method)是2000 年确定的,它包括三部分内容:(1)对 SDR 篮子货币的选择标准;(2)篮子货币的权重;(3)定期进行篮子货币选择和权重的评估。

IMF 选择 SDR 篮子货币主要考虑两个标准:(1)出口(export criterion);(2)可自由使用(freely usable criterion)。[1]出口标准是对 SDR 篮子货币发行国的要求。它最初是 IMF 选择 SDR 篮子货币的唯一标准,其目的是反映各国在全球商务中的相对重要性,保证储备资产的充分供给,并适当限制篮子货币的数量。出口标准要求,SDR 篮子货币的发行国[2]在上次评估以来的 5 年内年平均商品和服务出口位居世界的前列。

除了满足出口标准外,2000 年 IMF 对 SDR 篮子货币增加了"可自由使用"的标准,其目的是反映金融交易在 SDR 定值中的重要作用。"可自由使用"是对 SDR 篮子货币本身的要求。《国际货币基金组织协定》(2011年版)[3]第 30 章(f)款给出了"可自由使用货币"的定义:"可自由使用货币是 IMF 成员国[4]的货币,并且这种货币被基金组织认为符合(1)事实上在国际交易的支付中广泛地使用;(2)在主要的外汇市场上被广泛地交易。"

2015 年之前,SDR 篮子包含 4 种货币:美元、欧元、英镑和日元。其发行国的商品和服务出口均位居世界的前 5 位,且这 4 种货币均被 IMF 认定为"可自由使用货币"。2010 年 IMF 在对人民币加入 SDR 篮子货币的建议进行评估时,认为人民币虽然已经满足出口标准,但尚不符合"可自由使用货币"的标准。2010—2015 年,随着中国经济实力和综合国力的提升,人民币国际化的水平有了显著的提升,人民币加入 SDR 的条件比 2010 年时要充分得多。中国人民银行 2015 年 6 月发布的《人民币国际化报告(2015)》中总结为"人民币在跨境贸易和直接投资中的使用规模稳步上升;人民币国际使用逐步扩大;人民币资本项目可兑换取得明显进展;人民币国际合作成效显著"。由于 2015 年是 IMF 每五年一次的 SDR 定值评估年,在该报告的"形势展望"部分,

---

[1] 国际货币基金组织(IMF):《关于 SDR 定值方法的初步评估报告》,2015 年,http://www.imf.org/external/np/pp/eng/2015/071615.pdf。
[2] 含货币联盟,如欧元区。
[3] 即 Articles of Agreement of the International Monetary Fund,有时也称为 IMF 章程。
[4] 这里的"成员国"包括由成员国组成的货币联盟。

明确提出"推动人民币加入 SDR 货币篮子"的目标。

中国的努力获得了 IMF 的认可。2015 年 11 月 30 日,IMF 执行董事会召开会议,投票通过了将人民币纳入 SDR 货币篮子的议案。自此,人民币在国际化道路上迈出了具有里程碑意义的一步,成为继美元、欧元、英镑、日元之后的第五种特别提款权货币。IMF 认为,人民币"入篮"将使货币篮子多元化并更能代表全球主要货币,从而有助于提高 SDR 作为储备资产的吸引力。

在人民币加入 SDR 货币篮子之前,SDR 的价值由美元、欧元、英镑和日元 4 种货币汇率的加权平均确定,其权重依次为 48.2%、32.7%、11.8%和 7.3%。在新的 SDR 货币篮子中,人民币占 10.92%的权重,超越日元与英镑,紧随美元和欧元,成为其中第三大篮子货币,而美元、欧元、英镑、日元的权重相应调整为 41.73%、30.93%、8.33%和 8.09%。新货币篮子从 2016 年 10 月 1 日开始用于计算 SDR 的价值。

人民币加入 SDR 货币篮子,意味着人民币获得国际市场的接受和认可,人民币将在世界范围内行使货币功能,逐步成为贸易计价货币和结算货币、金融交易和投资货币,以及国际储备货币。从对人民币国际化的影响来看,人民币加入 SDR 货币篮子,将有助于人民币在多边使用、国际投融资、跨境资产配置、国际货币体系等方面实现突破,将有助于突破人民币国际化的困局,进一步加快人民币国际化进程。加入货币篮子后,人民币将在国际货币体系中发挥更多责任,可以分散过度依赖美元产生的系统性风险。人民币在国际货币体系中发挥更多责任,其影响力也将与自己的经济实力匹配,这将赋予人民币更多的积极因素,反过来推动人民币国际化进程,也有助于推动现行国际经济金融体系的再平衡。从对中国金融业影响看,人民币加入 SDR 货币篮子,不仅满足国际市场需要,进一步推动 IMF 治理机制改革,而且能够促进国内金融改革,尤其是将倒逼中国资本账户开放和汇率形成机制改革。

第二节 国际货币的形成和演化

一、国际货币形成演化的微观机制

要理解国际货币的形成,首先要理解货币的形成。在人类历史上,贝壳、毛皮、茶叶、盐、铁等都曾经作为货币使用,但金银最终成为货币。马克思有一个著名的论断："金银天然不是货币,但货币天然是金银。"马克思指出了从简单的价值形式、扩大的价值形式、一般价值形式到货币形式的演进过程,不过他没有具体描述为什么某种商品会成为一般等价物。著名经济学家、奥地利学派创始人门格尔(Menger)认为,可交易性(saleableness)最高的商品将成为货币。只能满足特殊需要的商品如梵文著作等,其可交易性是很低的,因为很难在市场上找到需要它的买主。而人们都愿意持有的商品,其可交易性最高。[1]因此,不需要传统习惯或法律强制,只要人们都相信某种商品是其他所有人都愿意持有的,他们就愿意用自己的商品去交换这种居间的(mediate)商品,再用它去交换自己所需要消费的商品。当然,这种商品必须具有一些特性,如易于保存、不易变质、方便携带和分割等,最终固定为金银等贵金属。但门格尔并没有描述为什么人们会"都相信"某种商品是其他所有人都愿意持有的。

现代关于货币起源过程的文献可以分为内生论和外生论两大类。内生论又称为"门格尔主义者(Mengerians)",其基本观点是货币起源是经济社会运行中自发形成的内生社会制度,因而主要是个经济演进过程。外生论又称为"名目论者(Cartalists)",他们认为货币的出现是一种外生的国家制度安排,货币的本质是法律(君主)的政治权力维系的国家制度,从而主要是个政治建构过程。[2]

由门格尔开创的货币起源内生论在其后近一个世纪里一直停留于文字表述的阶段,这限制了内生论的理论影响和应用。为了弥补这个缺陷,1976年琼斯(R. Jones)首先尝试用数理方法建立货币内生于市场交易的模型。琼斯假定市场交易者的目标是最小化以交易次数表示的交易成本,从而如果所有交易者均认为某种商品是大多数人均需要的,则这种商品会成为所有交易的媒介。这个模型的困难在于"大多数人均需要某种特定商品"的信息是如何成为所有交易者的共同知识的。[3]

货币起源内生论的里程碑式文献是1989年清泷和怀特(Kiyotaki and Wright)的经典论文。[4]清泷和怀特的基本思路是从直接物物交换时的交易

---

[1] Menger, "On the origin of money", *The Economic Journal*, Vol.2, No.6, Jun., 1892.
[2] Charles A.E. Goodhart, "The two concepts of money: implications for the analysis of optimal currency areas", *European Journal of Political Economy*, 1998, Vol.14.
[3] Robert A. Jones, "The origin and development of media of exchange", *The Journal of Political Economy*, Vol.84, No.4, Part 1, Aug., 1976.
[4] Kiyotaki, Nobuhiro, and Wright, Randall, "On money as a medium of exchange." *Journal of Political Economy*, 1989, 97(4).

成本差异入手解释货币的产生。交换采用随机匹配(randomly match)的方式,在合理的假定条件下,可以证明人们会通过间接交换的方式获得自己所消费的商品,例如先用手中的商品 2 交换商品 3,再用商品 3 交换所需要的商品 1。这时,商品 3 就起到交易媒介(medium of exchange)的作用,"货币"出现了。

沿着清泷和怀特的思路,出现了一系列以随机匹配的市场结构为基本特征的货币经济学文献。由于随机匹配的目的是寻找合适的交易对手,这类文献被统称为"货币搜寻模型"。

关于国际货币产生的微观机制,目前的主流理论同样是货币搜寻模型。货币搜寻模型的基本框架可以方便地拓展到两种及以上货币的情形,从描述货币从几种商品中产生的机制扩展到描述国际货币从若干种国内货币中产生的机制,代表性文献主要有 Matsuyama、Kiyotaki 和 Matsui,[1]Wright 和 Trejos,[2]Devereux 和 Shi,[3]等等。

Matsuyama、Kiyotaki 和 Matsui 假定在一个只有两个国家两种货币存在(外国货币和本国货币)的世界中,可能会出现地方性货币、单一媒介货币和双重媒介货币三种均衡结果,通过将演化博弈论的分析运用于均衡的选择,该研究进一步指出:一国的经济规模越大,该国货币成为国际媒介货币的可能性就越大;两国经济一体化程度越高,双重媒介货币共存的可能性就越大;经济开放程度在其中起着关键作用。

货币搜寻理论的发展趋势是在一般均衡的框架中分析国际货币的产生和演化。例如,Devereux 和 Shi 建立了一个货币搜寻模型(D-S 模型)来解释为什么在多种货币同时并存时,选择一种货币作为国际货币(或称为工具货币,vehicle currency)会带来交易效率的提高和世界福利的增加。D-S 模型是一个动态一般均衡模型,它不仅分析了工具货币带来的效率增加,而且研究了这种体系中内在的不对称性,以及维持工具货币地位所需要的货币政策。借鉴 Shapley 和 Shubik 的方法,D-S 模型用"外汇交易点(Trading post)"来描述外汇交易的成本。不同国家的居民可以在外汇交易点进行外汇买卖,

---

[1] Matsuyama, Kiminori, Kiyotaki, Nobuhiro, and Matsui Akihiko, "Toward a theory of international currency." *The Review of Economic Studies*, 1993, 60(2).
[2] Wright, Randall, and Trejos Alberto, "International currency." *Advances in Macroeconomics*, 2001, 1(1).
[3] Devereux, Michael B., and Shi, Shouyong, "Vehicle currency." *International Economic Review*, 2013, 54(1).

但建立外汇交易点需要额外的成本。在纯对称均衡时,任何两种货币间都存在一个外汇交易点,持有任何一种货币的交易可能性是相同的。但当货币种类很多时,这种均衡意味着需要建立大量的外汇交易点,从而占用大量的资源。另一种均衡是选择某种货币作为其他货币间交易的媒介,也就是工具货币。这可以减少用于外汇交易点的成本,给工具货币发行国带来巨大的收益。

Fernandez 和 Sanches 讨论了私人发行的准货币是否可能通过竞争成为一种通行的货币。[①]随着比特币等新型货币的出现,有许多问题需要在理论上作出回答,如:私人发行货币的体系能否保持价格稳定?一种货币是否可能竞争成为唯一的货币?市场能否提供社会最优数量的货币?私人发行货币能否与政府发行的货币竞争?政府是否应该禁止私人发行货币?他们的主要结论是:(1)在私人可以自由发行货币时,存在一种均衡解,其中所有的私人发行货币数量是恒定的,因而价格保持稳定;(2)存在一个均衡路径,其中私人发行货币的价值单调地收敛于零;(3)虽然有稳定货币的均衡帕累托优于其他的均衡,纯私人发行货币的体系并不能提供社会最优数量的货币;(4)存在一种不对称均衡,其中一种私人发行货币竞争并驱赶走所有其他的货币,但无法预先决定哪种货币会成为胜者;(5)当在私人发行货币的体系中引入政府发行货币时,政府必须保持固定的货币供应政策;(6)当发行货币的私人企业使用生产性资本,例如其发行的货币可以在它的网络平台上购买商品,此时动态系统的特性改变了,不存在所有私人货币的价值收敛于零的均衡。

二、历史上国际货币形成的案例分析

从动态角度分析,由于网络外部性的存在,货币国际化程度的上升一般会滞后于国家经济总量的增加。美元取代英镑成为首要国际货币的历史经验受到广泛的关注。Chinn 和 Frankel 指出,1872 年美国经济总量已经超过英国,1915 年美国出口总额超过英国,"一战"期间英国向美国大量借债成为净债务国,在 20 世纪 20 年代只有美元能保持与黄金的固定兑换关系。在此期间,虽然美元在国际贸易和金融中的使用不断扩大,但其地位直到 1945 年

---

① Jesús Fernández-Villaverde and Daniel Sanches, "Can currency competition work?", *NBER Working Paper*, No.22157.

才最终超过英镑。①McKinnon 等②较早论述了网络外部性的思想,Krugman 首先用规范的模型分析产生网络外部性的原因。③由清泷和怀特等发展的货币搜寻模型已经成为分析网络外部性的标准模型。

　　Grubb 从一个独特的历史案例分析了国际货币的交易媒介作用。④他研究的对象是美国独立战争期间(1775—1779 年)由 13 个州组成的"大陆会议"发行的共同货币"大陆美元(Continental dollar)"与各州自行发行的、在本州内部流通的货币之间的关系。大陆美元的币值结构(denominational structure)与各州自行发行的货币有很大的不同,它包含了更多的大面额货币:例如,有 82% 的大陆美元是 50 美元以上货币,面值超过 100 美元的比例达到 69%,只有 4% 的大陆美元钞票面值低于 10 美元,没有面值在 5 美元以下的。而各州自行发行货币一般币值较低,如纽约州发行货币中 32% 的面值在 5 美元以下。这种币值结构导致大陆美元钞票难以在日常交易中发挥交易媒介的作用。Grubb 认为美国大陆会议发行大面额货币的目的是控制战时的通货膨胀。

　　近几年,以艾肯格林为代表的一些学者提出对货币国际化过程的"新观点(new view)"。他们认为,货币国际化过程中的惯性因素比通常认为的要小,因此国家经济实力的增强会更快地推动货币国际化的提升。Eichengreen 和 Flandreau⑤ 使用关于全球外汇储备货币构成的新数据,发现美元在 20 世纪 20 年代中期就已经超过英镑成为首要国际储备货币,比通常认为的要早 20 年。因此,国际货币的惯性和在位国际货币的优势没有想象的大。而且,20 世纪 20 年代美元和英镑的地位平分秋色,说明国际货币体系中可能出现两种核心货币并存的局面。

　　Eichengreen 和 Flandreau⑥ 利用商业承兑汇票的标价货币数据,进一步

---

① Chinn and Frankel, "The euro may over the next 15 years surpass the dollar as leading international currency", 2008, *NBER Working Paper*, No.13909.
② Mckinnon, Money in International Exchange, 1979, New York: Oxford University Press.
③ Krugman, Paul, "Vehicle currencies and the structure of international exchange", *Journal of Money, Credit and Banking*, Vol.12, 1980.
④ Farley Grubb, "Common currency versus currency union: the U.S. continental dollar and denominational", 2015, *NBER Working Paper*, No.21728.
⑤ Eichengreen, B. and M.Flandreau, "The rise and fall of the dollar(or when did the dollar replace sterling as the leading reserve currency?)", *European Review of Economic History*, 2009, 13(3).
⑥ Eichengreen, B. and M.Flandreau, "The federal reserve, the bank of England and the rise of the dollar as an international currency, 1914—1939", *Open Econ. Rev.*, 2012, 23(1).

研究了美元在国际贸易信贷领域取代英镑的过程。其结果与储备货币的演变是相似的。虽然直到1914年还几乎没有贸易信贷使用美元，但在20世纪20年代中期美元已经超过英镑成为贸易信贷的主要货币。美国金融市场的发展和美联储在纽约商业承兑汇票市场上的做市商地位均有助于美元在贸易信贷中使用量的迅速扩大。因此在20世纪20年代，纽约和伦敦、美元和英镑同时作为国际贸易信贷的主要来源，说明货币国际化不是赢家通吃的单极游戏。美国对外贸易的增加使美国的银行更多地进入国际贸易信贷业务，这比在国外开设分支机构作用更大。他们认为，在美元国际化的过程中，美国联邦储备银行发挥了重要作用，它推动了一个具有流动性的贸易信贷二级市场迅速形成。

对于这些新观点，也有学者提出了不同意见。Ghosh 等[1]认为，两次世界大战之间的国际货币体系具有特殊性，当时黄金占世界储备资产的2/3，是最主要的国际储备，而黄金在当今国际货币体系中的作用很小。因此，美元在20世纪20年代地位迅速上升的事例未必会在今天重演。Forbes[2]认为国际金融交易在货币地位中的作用上升，而国际商品贸易在货币地位中的作用下降。因此，美元在贸易为主导的20世纪早期的地位上升与当今金融为主导的世界经济中货币地位的变化不能等量齐观。

Chitu 等[3]使用1914—1946年间33个国家的国际金融市场债券发行数据研究美元和英镑的地位，进一步支持了艾肯格林的"新观点"。在银行提供国际辛迪加贷款以前，债券是国际借贷的主要工具。国际债券通常不使用发行国货币而使用主要国际货币定值，因此国际债券市场中货币构成是衡量货币国际地位的合适指标。他们发现，在不考虑英联邦国家时，美元在1929年已经超过英镑成为国际债券的首要计价货币。而且，在20世纪20年代和20世纪30年代存在美元和英镑共同作为主要国际货币的"双极体系"，这与通常认为国际货币体系只有一种核心货币的观点相矛盾。在美元国际化的过程中，金融发展和市场流动性的作用超过国家经济规模等总量因素的作用。随着新兴经济体货币国际化的发展，当前美元主导的国际货币体系可能

---

[1] Ghosh, A., J.Ostry and C.Tsangarides, "Exchange rate regimes and thestability of the international monetary system", *IMF Occasional Paper*, 2011, No.270.
[2] Forbes, K., "International monetary reform", panel discussion at the AEA Annual Meetings, Chicago, 7 January, 2012.
[3] Livia Chitu, Barry Eichengreen and Arnaud J. Mehl, "When did the dollar overtake sterling as the leading international currency?", *Journal of Development Economics*, 2014(111).

向美元、欧元、人民币等多种货币组成的多极化货币体系演变。

Zhang[①]研究了日元国际化的案例,认为国际储备资产的结构对货币国际化有重要影响。日本的国际储备中绝大部分是外汇资产,只有很少的黄金和 SDR 资产,这导致储备资产与日元国际化的负相关关系。此研究的时间区间为 1976 年至 2009 年,用日元在全部可识别的外汇储备中的比重表示日元的国际化程度。解释变量是日本国际储备中外汇资产、黄金和 SDR 资产的比例,其他控制变量有日本的 GDP 规模、金融市场发展、日元汇率等,并考虑了货币惯性因素。Zhang 认为为了推动货币国际化,应该增加储备中的黄金和 SDR 资产。

Faudot[②]利用欧洲统计局的数据研究了欧元投入使用以来其国际贸易结算功能的变化情况。在欧元区和欧盟国家中,欧元的使用量增加很快,特别是新加入的国家。如 2007 年克罗地亚 74% 的出口和 74% 的进口以欧元结算,罗马尼亚 69% 的出口和 72% 的进口以欧元结算。在申请加入欧盟的土耳其,50% 的出口和 36% 的进口以欧元结算。在欧洲大国对欧盟外国家的贸易中,德国 2012 年有 51% 的进口和 65% 的出口以欧元结算,法国 2012 年有 40% 和 53% 的出口以欧元结算。但是除了在非洲的原法郎区国家,欧元在欧洲之外国家的国际贸易中使用仍然较少。例如加拿大只有 6% 的贸易使用欧元结算,在亚洲国家这个比例更低,如在泰国出口中为 3%,印度尼西亚出口中为 2%。Faudot 分析了不同欧盟国家使用欧元结算的差异,如使用较多的德国、奥地利与使用较低的爱尔兰、希腊,认为这主要取决于它们的出口结构。在具有强大工业出口能力的德国及其周边的奥地利、斯洛伐克等工业卫星国,欧元结算的比例很高,因为它们的出口商具有较强的市场力和产品差异性。对处于国际竞争性市场中的国家,以欧元结算的比例相对不高,如法国有 53% 的出口以欧元结算。在石油等同质产品市场上,大部分欧盟国家主要以美元结算,这说明欧元的地位与美元仍有明显差距。

Seghezza 和 Morelli[③]认为 2009 年全球金融危机不会影响美元的国际地位,因为决定货币国际化的不只是经济因素,国家的法治化水平和国际权力

---

① Zhang, Zhiwen, Anthony J. Makin and Qinxian Bai, "Yen internationalization and Japan's international reserves", *Economic Modelling*, 2016(52).
② Faudot, Adrien, "The euro: an international invoicing currency?", *International Journal of Political Economy*, 2015(44).
③ Seghezza, Elena and Pierluigi Morelli, "Rule of law and balance of power sustain US dollar preeminence", *Journal of Policy Modeling*, 2018(40).

的平衡更加重要。他们比较了美元和两个最大的竞争者欧元、人民币的情况,认为欧元的劣势在于欧盟在世界上缺乏足够的政治权力,而人民币的缺陷是中国对投资者权益的保护和法治化的程度仍然不足。

中国学者对货币国际化的历史经验也十分关注。陈学彬和李忠[1]考察了货币国际化的全球经验与启示,认为基础竞争力因素是一国的产业竞争力、经济总量和贸易量,关键因素是国际市场的需求,发达和开放的金融市场是重要支撑,并且受到国际货币历史继承性的影响。

赵柯[2]考察了德国在1971年美元危机后通过欧洲货币合作建立马克在欧洲货币联盟中主导地位的历史过程。在德国人看来,美国没有解决国际收支逆差的政治动机问题,美国并没有认真对待它关于改善国际收支逆差的声明。唯一的出路就在于使欧洲经济逐步减少直至彻底摆脱美元的影响,也就是需要一个"去美元化"的过程。1978年,德国总理施密特与法国总统德斯坦达成共识,倡议在欧洲建立一个货币稳定区。这一倡议顺利获得其他欧共体成员国的赞同,并于1979年启动了欧洲货币体系。马克是欧洲货币体系的核心货币,占有最大的权重,这一优势使马克从20世纪80年代中后期开始逐步取代美元成为欧洲外汇市场中最重要的工具货币,为马克国际化奠定了基础。

赵柯[3]比较了德国与日本在货币国际化上的差异。"二战"后的联邦德国与日本在历史境遇、经济规模、发展模式和政治制度方面大体相似,但是马克和日元的国际化进展大相径庭。两种货币均是从20世纪70年代开始国际化,到1984年马克在世界范围内所有官方外汇储备中的份额就上升到12%左右,此后一直稳定在这个水平,直至欧元诞生取代马克。但日元的份额从1991年的最高8.5%开始一路下滑,2013年只占3.9%。文章认为马克国际化成功的关键是德国的工业竞争力。德国制造的产品有80%以德国马克计价,这导致在尚没有形成发达和开放的金融市场的情况下就产生了国际市场对马克的真实需求。与美国依靠向全球输出大量金融产品来维持其他国家对美元的巨额需求相对应,德国"二战"后在高端工业制成品领域的强劲出口逐渐在全球范围创造了一个对德国马克的基本需求。在经济运行的微观层面,德国向世界输出货币的路径与渠道不是依赖于金融业的资本输出,而是借助其制造业在国际分工和全球产业链中的优势地位,通过庞大的以"德国

---

[1] 陈学彬、李忠:《货币国际化的全球经验与启示》,《财贸经济》,2012年第2期。
[2] 赵柯:《货币国际化的政治逻辑》,《世界经济与政治》,2012年第5期。
[3] 赵柯:《工业竞争力、资本账户开放与货币国际化》,《世界经济与政治》,2013年第12期。

制造"为核心的国际生产要素交易网络来完成。因此,金融市场的对外开放或者解除资本管制并非一国货币国际化的先决条件,实体经济对一国货币最终成为国际货币的作用比金融市场的相关安排更为重要。

曹玉瑾和于晓莉[1]回顾了19世纪中期以来主要国际货币的次序演进路径,对英镑、美元、日元、德国马克、欧元等主导货币竞争进行了历史考察。他们认为,在一国货币国际化的过程中,政经实力与政策推进都是必不可少、相辅相成的,货币国际化需要强大的经济实力、发达的金融市场、主动性的政策选择、完善的货币输出机制、物价稳定和汇率稳定等前提条件。通过回顾国际货币体系史中各主要货币的国际化进程,他们总结出以下经验与教训:一是强大的经济实力是一国货币国际化的基础;二是货币国际化进程在遵循市场的客观规律之外,政策推动的作用不容忽视;三是作为贸易顺差国需完善货币输出机制,结合本国的国际收支实际,设计出本币国际化过程中的货币循环链;四是维持货币购买力的稳定,对一国货币成为储备货币至关重要;五是建立公开与稳定的金融市场是成为国际货币的前提和保障;六是正确抓住货币升值带来的机遇;七是充分利用离岸市场促进货币国际化。

第三节 货币国际化的条件和影响因素

一、货币国际化的宏观因素

Kenen[2]把货币国际化总结为6个条件:第一,发行国政府取消对任何国内外机构或个人以该国货币在现货或期货市场上购买或卖出资产的所有限制。第二,国内企业可以用本币作为全部或部分出口的计价结算,而且外国企业无论是否与该国企业交易,都有可能采用该国货币计价结算。第三,外国企业、金融机构、官方机构和个人可以按他们认为审慎的数量自由地持有该国货币及该国货币标价的金融资产。第四,外国企业和金融机构可以自由地在该国或其他国家发行以该国货币计价的金融工具,包括股权和债权工具。第五,货币发行国的金融机构和非金融企业可以在外国市场发行以该国货币计价的金融工具。第六,世界银行等国际金融机构可以在该国市场发行

---

[1] 曹玉瑾、于晓莉:《主要货币国际化的历史经验》,《经济研究参考》,2014年第9期。
[2] Kenen, Peter B., *Currency Internationalization: An Overview*, Unpublished manuscript, 2009.

债务工具融资,并在它们的金融操作中使用该国货币。

Volz[①]归纳国际货币的条件包括:稳定的政治结构以建立低通货膨胀的信誉;可信的货币体制和独立的中央银行,并把锚定通货膨胀预期作为货币政策目标;贸易和经常项目顺差以建立本币升值的预期;有充分市场深度和广度,并且对外国投资者开放的金融市场;货币发行国应该是有成熟金融体系的大国。

价值尺度和流通手段是货币的基本职能,因此对货币国际化条件的研究着重于什么样的货币可以在国际市场上发挥计价和结算货币的作用。

Grassman[②]发现,国际贸易中的计价货币选择有以下几个因素:(1)用价值稳定(通货膨胀率较低和波动较小)的货币进行计价;(2)初级产品和资本资产在国际市场中通常使用美元进行计价;(3)发达国家之间的贸易倾向于选择出口国的货币(格拉斯曼法则);(4)发展中国家和发达国家的贸易一般使用发达国家的货币作为计价货币,而且通常是美元。

He[③]利用一个引力方程模型来研究金融市场上交易货币种类的影响因素。借鉴一个资产交易模型,他们提出了5个用于检验的假设:两国的经济规模与交易的货币数量正相关,两国间的货币交易成本与货币交易数量负相关,两国文化和语言的相似程度与货币交易数量正相关,两国政治与法律体系的稳定性与货币交易数量正相关,双边资本流动和金融市场发展程度与货币交易数量正相关。利用国际清算银行(BIS)主办、全球53家央行或货币主管机构参与的"全球中央银行外汇和衍生品调查"中提供的1995年至2013年8次调查的26个国家中7种主要货币的交易数据,He验证了以上假设,并提出了对人民币国际化的建议。

Meng[④]研究了东亚国家在国际金融市场上使用本币借债的情况,发现在1994年到2013年的20年里这个能力得到了很大的改善。这主要得益于东亚国家的经济增长、价格稳定、制度优化、金融市场发展等。大国经济的规模效应使国际市场更易于接受其货币融资。稳定的价格使国际投资者持有该

---

① Volz, Ulrich, "RMB internationalisation and currency cooperation in East Asia", In Frank Rovekamp (eds.) *Financial and Monetary Policy Studies*, Volume 38, Springer, 2014.
② Grassman, S., "A fundamental symmetry in international payment patterns", *Journal of International Economics*, 1973, 3(2).
③ He, Qing, Iikka Korhonenb, Junjie Guoc, and Fangge Liud, "The geographic distribution of international currencies and RMB internationalization", *International Review of Economics and Finance*, 2016(42).
④ Meng, Jingjing, "Asian emerging-market currencies in the international debt market(1994—2014)", *Journal of Asian Economics*, 2016(42).

国资产的意愿上升。法律制度、政府治理和政治稳定性可以增强投资者的信心。金融开放和金融发展降低了信息不对称,有利于国际投资者的投资。

Papaioannou[①]构建了一个带有资产组合调整成本的动态均值方差最优化模型,研究主要国际储备货币的最优比重。央行调整储备资产的币种需要承担额外的调整成本,这导致储备资产组成的惰性,货币当局倾向于以它的主要贸易伙伴货币作为储备资产。外债的货币组成是中央银行外汇储备币种选择的重要因素。中央银行会储备较多的它所钉住货币标价的资产。充当国际价值基准的货币会有更高的储备比重。发展中国家央行会增加其钉住汇率、持有外债和贸易计价的货币在储备资产中的比重。研究发现,中央银行虽然希望储备资产的多样化,但是它具有很强的风险回避倾向,并且把保持资产的流动性放在重要地位。

Farhi 和 Magiori[②]建立了一个系统的分析框架研究国际货币体系,包括其中储备资产的发行和竞争。他们认为国际货币体系有三个关键因素:储备资产的供给和需求、汇率制度、国际货币机构。模型的基本框架是,对储备资产的需求来自具有风险回避倾向的国际投资者。风险资产的供给是有弹性的,但安全资产(国际储备资产)的供给由一个霸权国垄断,或由少数几个风险中性的储备货币发行国在古诺竞争的方式下提供。储备货币发行国发行用它们货币标价的储备资产,并且只有有限承诺。Farhi 和 Magiori 得到了储备货币多元化的福利与储备货币数量之间的 U 型关系:较多的国家发行储备货币可以提高福利,但仅有少数几种储备货币的福利反而低于由一个国家垄断发行储备货币的福利水平。在多元化储备货币向一种垄断储备货币内生演化的过程中,可能存在三种机制:财政能力机制、声誉机制和商品市场的定价货币机制。

2008 年金融危机后,国际货币体系改革成为热点问题,国内学者也开始关注国际货币地位的演变,并对国际储备货币的决定因素进行研究。元惠平[③]认为,从货币职能看,货币承担着价值尺度、交易媒介和价值贮藏三大职能,发挥着计价货币、结算货币和储备货币的作用,其中世界范围内所有官方

---

① Papaioannou, Elias, Richard Portes and Gregorios Siourounis, "Optimal currency shares in international reserves: the impact of the euro and the prospects for the dollar", *Journal of Japanese Int. Economies*, 2006(20).
② Farhi, Emmanuel and Matteo Maggiori, "A model of the international monetary system", *NBER Working Paper*, 2016, No.22295.
③ 元惠平:《国际货币地位的影响因素分析》,《数量经济技术经济研究》,2011 年第 2 期。

外汇储备中该货币资产的份额集中反映了一种货币的国际地位。她逐项研究了1995—2009年间GDP规模、出口份额、汇率指数等因素分别与美元、欧元、日元和英镑等4种主要储备货币在全部国际储备中份额变化的相关关系，并分别建立了计量回归模型研究4种主要储备货币的决定因素，发现货币发行国的经济规模(GDP)是最主要的因素。

随着计量经济方法的发展，研究国际储备货币决定因素开始采用面板数据模型。考虑到储备货币惯性因素的重要性，动态面板模型是合适的计量工具。刘艳靖[①]分别使用固定效应和随机效应建立动态面板模型，选取的解释变量包括GDP比重、通货膨胀率、汇率水平和波动、进出口总额、金融市场等。她的主要结论是：国际储备货币发行国在全球产出、贸易及金融方面必须在占比中有较大的份额，这是保证货币国际化的基础性因素；国内物价的稳定和币种的升值潜力也将有助于提高货币在国际储备中的份额；人均GDP对于提高本国货币占比的作用不大。

孙海霞和谢露露[②]选用1965—2008年间3种主要国际货币美元、日元、德国马克(欧元)发行国的货币影响因素作为自变量，将国际货币占世界外汇储备的比重作为因变量，分别用OLS回归和动态面板模型研究货币国际化的影响因素。她们在通常的经济规模、币值稳定性、金融市场等基本因素外，又增加了军事实力、广义货币供应量、央行独立性等强化因素。她们认为，基本因素的缺陷在于没有反映国际货币的未来信息和期望交易成本，体现国际货币未来信息的因素是决定一国货币国际化的长期和结构性因素。强化因素包含了国际货币未来表现的更多信息，有助于解释国际货币的这一长期和结构性趋势。该文最后给出对2009—2013年美元、欧元和日元占世界外汇储备比重的预测。

雷达和马骏使用国家层面的多边外汇交易(多种货币在多个国家使用)数据，采用货币发行分布和货币使用分布指标衡量货币国际化水平，对影响货币国际化水平的因素进行实证分析，结果表明：货币发行国的经济体量越大、金融市场发展程度越高、货币网络外部性越大，其货币国际化水平越高。[③]

---

① 刘艳靖：《国际储备货币演变的计量分析研究——兼论人民币国际化的可行性》，《国际金融研究》，2012年第4期。
② 孙海霞、谢露露：《国际货币的选择：基于外汇储备职能的分析》，《国际金融研究》，2010年第12期。
③ 雷达、马骏：《货币国际化水平的影响因素分析》，《经济理论与经济管理》，2019年第8期。

也有一些学者从政治经济学的视角研究货币国际化的条件。如刘玮①考察了国内政治与货币国际化的关系,认为,货币国际化不仅会引起国家之间权力与财富的变更,而且会在货币发行国国内引发巨大的分配效应。国内企业不仅会获得货币国际化的国际收益,还需要承担国内制度调整的成本。国际收益和制度调整成本在国内不同经济部门之间的分布决定了货币国际化的国内部门偏好。因此国内经济部门会围绕货币国际化展开斗争,形成政治联盟,影响政府相关政策的出台。文章把国内贸易和金融部门按对货币国际化的不同偏好划分为促进集团和抵制集团,如生产差异化产品的企业支持货币国际化,而生产标准化产品的企业反对货币国际化。这些利益集团通过国内政治机制影响政府的货币国际化政策。美元、德国马克和日元国际化路径的不同,反映了三个国家国内政治基础的不同。

二、货币国际化的微观因素

Bacchetta 和 van Wincoop 首先用规范的分析方法研究出口商的定价货币选择。他们的模型表明有两个关键因素,一是出口国在外国市场的份额,二是进口国国内企业与出口商之间产品的替代程度。出口国在外国市场的份额越大,出口产品越细分(替代程度小),则越有可能以出口国的货币定价;相反地,如果出口国在外国市场的份额较小,出口商的产品与外国竞争者的产品是相互替代的,则国际竞争激烈,出口商会采用外国竞争者的货币来定价。②

Fukuda 和 Ono③从历史与预期的角度研究了出口商选择定价结算货币的影响因素。他们的模型以 Bacchetta 和 van Wincoop 为基础,同时允许出口商选择第三国货币为开票货币,这种定价策略在发展中国家出口时是经常采用的,也解释了美元为什么是许多发展中国家的主要定价结算货币。他们采用了交错价格制定的策略,企业在一个给定的时期内调整价格,从而最大化利润的折现值,这样产生了动态的纳什均衡。企业间协调的失败导致第三国货币成为开票货币,这种结果可能不是最有效率的,因为风险回避的出口商

---

① 刘玮:《国内政治与货币国际化》,《世界经济与政治》,2014 年第 9 期。
② Bacchetta, Philippe and Eric van Wincoop, "A theory of the currency denomination of international trade", *Journal of International Economics*, 2005(67).
③ Fukuda, Shin-ichi and Masanori Ono, "On the determinants of exporters' currency pricing: history vs. expectations", *Journal of Japanese Int. Economies* 20, 2006.

在采用出口国货币定价时福利是最高的。但是,历史因素导致出口商无法改变其预期。当市场处于足够竞争状态时,出口商会倾向于按照其竞争对手的价格来制定自己的价格。因而,当其他出口商均使用某种货币定价时,这个出口商也会采用该种货币进行定价。

美元霸权的微观基础是不对称的国际贸易定价方式。Campa 和 Goldberg[1]指出,美国的进口商品属于"本地货币定价"(local currency pricing, LCP),而美国的出口商品属于"生产者货币定价"(producer currency pricing, PCP)。结果是,其他国家的进口商品价格受汇率变化影响大,美国进口商品的价格很少受到汇率变化的影响,因为绝大多数的美国进口商品都是以美元定价的。

美元的霸权地位不仅体现在美国进出口贸易中的主导地位上,更体现在其"工具货币"作用上。也就是说,即使进出口贸易并不涉及美国,贸易双方也常常采用美元来定价和结算。Goldberg 和 Tille[2]建立了一个三国模型,其中出口商可以选择为出口商品以本国货币定价(PCP)、进口国货币定价(LCP)或第三国货币定价(vehicle currency pricing, VCP)。他们发现,许多不涉及美国的国际贸易也使用美元来定价。宏观经济变动和产业特性都会影响出口商的定价策略。当不同厂商的产品替代性较高时,企业将设法限制其价格相对于其竞争对手价格的变动,因此,它将选择与竞争对手相同的货币来定价。当不同厂商的产品有较大差异时,企业会更关心宏观经济的变动,较少在意其竞争对手的价格。通过对 24 个国家进出口商品定价的实证研究,Goldberg 和 Tille 发现美元是涉及美国的国际贸易中最主要的定价货币,也是涉及东亚、澳大利亚、英国等国家和地区贸易的重要定价货币。

美元在国际贸易中的霸权地位扩展开来,使美国的货币政策也具有了霸权特征。这种霸权不是指美国可以直接干预别国的货币政策,而是指由于国际贸易定价货币的不对称,美国的货币当局不需要考虑汇率的变动,其货币政策比较稳定,但其他国家的货币当局则必须考虑汇率变化,政策的稳定性也低于美国。因此,在美国与其他国家的货币政策博弈中,美国占有优势。

---

[1] Campa, Jose, Goldberg, Linda, "Exchange rate pass-through into import prices", *Review of Economics and Statistics*, 2005, 87(4).
[2] Goldberg, Linda S. and Cédric Tille, "Vehicle currency use in international trade", *FRB of New York Staff Report*, 2005, 200.

Devereux等[1]用博弈论方法构建了一个模型来描述这个过程。不对称博弈的结论是,虽然其他国家与美国同时独立地最大化其本国的福利函数,但纳什均衡时各国的政策选择与美国货币当局同时决定美国和其他国家的货币政策以最大化美国福利的结果是一样的。从这个意义上说,世界货币体系的不对称给了美国在决定国际货币政策时的支配地位。当然,美元的地位对美国来说也存在成本。由于美国的进口商品价格对汇率变化不敏感,美国的货币政策不能产生支出转换效应,只能产生支出增减效应,货币政策的有效性降低了,从而造成福利的损失。

货币国际化的微观决定因素是企业的定价行为,包括进出口企业对开票货币(invoicing currency)和结算货币(settlement currency)的选择。理论上说开票货币和结算货币可以是两种不同的货币,但由于统计数据中并不加以严格区分,在研究中通常将它们视为同一种货币。

Goldberg和Tille[2]考察了国际贸易中工具货币的使用情况。他们首先建立了三个国家、三种货币的模型来分析企业选择定价结算货币的影响因素。根据模型提出了5个可检验的假设:(1)出口同质产品的企业应该用少数几种货币甚至一种货币定价,出口差异性产品的企业可能用多种货币定价。(2)如果出口目的国是大国,则出口商更可能采用市场货币定价;如果出口商希望将所有出口用同一种货币定价,则也有可能采用这个大国的货币。(3)出口国的规模也起作用,小国的出口商较少地采用其本国货币定价。(4)宏观经济波动对企业出口定价货币选择的影响是通过汇率与边际成本间的相关性起作用的。(5)交易成本较低的货币更可能被用于国际贸易计价结算,如果低交易成本是由于外汇市场上较高的流动性导致的,它又会产生自我加强的正反馈机制。Goldberg和Tille用24个国家的贸易计价结算货币数据验证了这些假设。

Anam[3]构建了一个具有微观基础的企业出口决策模型来研究出口结算货币的选择。假定出口国货币兑进口国货币的汇率与出口国货币兑工具货

---

[1] Devereux, M.B., Shi, K. and Xu, J., "Global monetary policy under a dollar standard", *Journal of International Economics*, 2007, 71(4).

[2] Goldberg, Linda S. and Cédric Tille, "Vehicle currency use in international trade", *Journal of International Economics*, 2008(76).

[3] Anam, Mahmudul, Ghulam Hussain Anjum and Shin-Hwan Chiang, "Optimum choice of invoice currency with correlated exchange rates", *The Journal of International Trade & Economic Development*, 2015, Vol.24, No.8.

币的汇率之间存在正相关关系,出口企业选择工具货币结算将减少其利润的波动。因此,即使出口企业与工具货币国企业之间完全没有贸易活动,它也可能选择工具货币结算它与其他国家进口企业间的贸易。

Reiss[1]利用巴西工业与贸易部的详细数据研究了巴西对外贸易计价结算中巴西本币里拉的使用情况。他发现,虽然美元仍然是巴西贸易中最主要的计价结算货币,巴西里拉的使用已经在逐渐增加。即使在与美国的贸易中,有时也会以巴西里拉计价。巴西与阿根廷的双边支付协定规定两国贸易以出口商货币结算,这有力地促进了巴西里拉的使用。里拉的计价和结算功能是不一致的,有时会发生以里拉计价但不以里拉结算的现象。对于巴西具有出口市场力的商品如铁矿石和大豆,巴西里拉的使用更为常见。

Flandreau 和 Jobst[2]利用一个独特的国际货币交易数据研究了国际货币的决定因素,特别是网络外部性的作用。他们认为,大部分学者研究全球国际清算银行(BIS)发布的三年一次的"全球中央银行外汇和衍生品调查",但是这个数据是非常不完整的,比如,美元对 21 种其他货币有交易数据,欧元对 13 种其他货币有交易数据,日元对 8 种其他货币有交易数据。而且,欧元、日元的交易对象货币并不完全包含在美元的 21 种交易对象货币范围内。这种数据不完整导致大多数国际货币交易的实证研究具有选择偏误(selection bias)。Flandreau 和 Jobst 使用的数据库包含 1900 年 45 个国家的外汇市场上交易货币种类和数量的完整数据,45 个市场上 45 种货币共有 1 980 种交易配对。他们的研究表明,国家经济规模、两国间距离、货币的资金成本和网络外部性均对货币国际化有重要影响。

Chung[3]使用 2011 年英国皇家收入和海关部的详细数据研究了进口中间品与出口企业定价货币选择的关系。他建立了一个中间投入品异质性的企业出口决策模型证明,对外币标价的进口中间品依赖程度较高的企业较少使用其本国货币标价出口产品。这个结论与企业希望对冲其进口中间品的汇率变动风险的直觉相一致。数据库包含 2011 年英国企业的 254 万笔出口交易和 731 万笔进口交易的计价结算货币数据,以及企业特征数据。实证分

---

[1] Reiss, Daniel Gersten, "Invoice currency: puzzling evidence and new questions from Brazil", *Economic* 2015(16).
[2] Flandreau, Marc and Clemens Jobst, "The empirics of international currencies: network externalities, history and persistence", *The Economic Journal*, Vol.119, No.537, Apr., 2009.
[3] Chung, Wanyu, "Imported inputs and invoicing currency choice: theory and evidence from UK transaction data", *Journal of International Economics*, 2016(99).

析结果验证了模型的预期。

Ligthart[①]用挪威 1996—2006 年间从经合组织(OECD)国家进口的季度数据研究了欧元投入使用以来进口开票(invoicing)货币的变化。开票货币的选择会改变一国汇率变化对贸易余额的影响,会影响汇率传递的程度,还决定了企业对汇率不确定风险的暴露程度。但是受开票货币数据来源的限制,有关的实证研究不多。Ligthart 使用的数据包含了挪威从 29 个 OECD 国家进口所使用的开票货币组成情况。研究发现,欧元投入使用增加了欧元区国家向挪威出口时使用出口国货币(欧元)的比例,挪威克朗的使用相应减少;相反,非欧元区国家向挪威出口时使用出口国货币的比重下降了。欧元区国家出口使用 PCP 定价的上升主要是由于引入欧元后国内通货膨胀波动的下降。

Witte[②]用一个企业内生调整定价频率的动态模型研究汇率波动程度对企业出口定价货币选择的影响,发现存在企业定价货币的"集群"(herding)效应,即企业选择定价货币使汇率对其产品与其竞争对手产品的影响相同。当汇率波动幅度扩大时,企业集群定价的作用会上升,超过由企业产品供求曲线对定价货币的作用,从而企业会选择汇率波动较大的货币计价结算。

Liu 和 Lu[③]使用从 SWIFT 获得的贸易融资和贸易结算货币数据,发现出口国的金融市场发展程度对使用出口国货币结算具有很大的相关性,用 Chinn-Ito 指数度量的资本项目开放度对使用出口国货币结算也有很大的相关性。在他们的研究中,汇率水平与贸易结算货币的关系显著,但汇率的波动、通货膨胀率和通胀率的波动对结算货币没有显著影响。

Burger 和 Warnock[④]使用美国投资者投资外国证券的数据发现,外国投资者最偏好于用其本国货币标价的债券,凡是用美元计价的外国债券在美国金融市场就更受美国投资者的青睐。而传统投资文献中所说的"本国偏好"现象在此时几乎消失了,说明它实际上是对"本国货币"的偏好。

---

① Ligthart, Jenny E. and Sebastian E. V. Werner, "Has the euro affected the choice of invoicing currency?" *Journal of International Money and Finance*, 2012, 31(6).
② Witte, Mark David, "Currency invoicing: the role of 'herding' and exchange rate volatility", *International Economic Journal*, Vol.24, No.3, September, 2010.
③ Liu, Tao and Lu Dong, "Trade, finance and international currency", *Journal of Economic Behavior and Organization*, 2019(164).
④ Burger, J., F., Warnock, "Currency matters: analyzing international bond portfolios", *Journal of International Economics*, 2018(114).

三、货币汇率与货币国际化

关于货币汇率与货币国际化关系的研究,主要是在货币国际化理论的框架内进行的,也就是在研究国际货币形成时把其汇率趋势作为货币国际化的条件之一。早期研究多属于定性的理论分析,近年来关于货币汇率与国际化关系的文献则普遍采用实证方法。

国际货币理论很早就注意到,一种货币的价值稳定是它充当国际货币的重要条件。马克思有一个著名的论断:"金银天然不是货币,但货币天然是金银",[1]因为金银作为贵金属具有价值稳定、易于分割、质地均匀等属性。虽然在国内市场上铜、铁等贱金属也可能作为货币使用,但是在国际市场上,只有价值稳定的金银才能充当国际货币。[2]正如马克思所说,"货币一越出国内流通领域,便失去了在这一领域内获得的价格标准、铸币、辅币和价值符号等地方形式,又恢复原来的贵金属块的形式"。[3]近代以来,欧洲殖民者在美洲发现大量的白银,白银的价值变得不再稳定,这导致金银复本位逐渐被单一金本位所代替,艾肯格林对这个历史过程作了详细的描述。[4]在现代的国际经济学文献中,普遍把稳定的价值与较高的流动性、广泛的交易网络一起,作为国际货币必须具有的三个主要条件或特征。随着布雷顿森林体系结束后黄金非货币化,当代国际货币的价值不再由黄金锚定,汇率成为货币对外价值的主要体现。国际货币学者普遍认同汇率稳定是一种货币成为国际货币的重要因素,但大多是进行实证分析,从理论上论证两者关系的文献不多。

对货币汇率与货币国际化水平的实证研究主要有两个路径:一是考察汇率波动程度与货币国际化的关系,二是考察汇率变动趋势(升值或贬值周期)与货币国际化的关系。Chinn 和 Frankel[5]估计了 1973 年到 1998 年中央银行持有国际储备货币的影响因素,并用 1999 年到 2003 年的数据来验证他们的实证结果,发现一种货币汇率波动幅度的增加会显著地不利于其在各国央行国际货币中的份额。张志文和白钦先[6]发现 1993 年到 2012 年澳大利亚

---

[1] 〔德〕马克思:《资本论(第一卷)》,人民出版社,2004 年,第 108 页。
[2] 作为一个例子,由于贵金属矿产缺乏,中国直到近代仍然以铜作为主要的货币金属,但是在中日《马关条约》中规定的战争赔款为白银 1.5 亿两。
[3] 〔德〕马克思:《资本论(第一卷)》,人民出版社,2004 年,第 166 页。
[4] 〔美〕艾肯格林:《资本全球化:国际货币体系史》,上海人民出版社,2009 年,第 7—18 页。
[5] Chinn, Menzie and Jeffrey Frankel, "Will the Euro eventually surpass the dollar as leading international reserve currency?", *NBER Working Paper*, 2005, No.11510.
[6] 张志文、白钦先:《汇率波动性与本币国际化:澳大利亚元的经验研究》,《国际金融研究》,2013 年第 4 期。

元的汇率波动性对澳元国际化有显著的不利影响,他们的解释是在贸易结算和外汇储备中人们会避免使用汇率波动性较大的货币,并认为在人民币国际化过程中仍然需要维持汇率的相对稳定。但是,林乐芬和王少楠[1]用系统GMM方法发现人民币汇率波动对人民币国际化的影响不显著。

另一类文献着重考察汇率在一个时期内的变动趋势与货币的国际化水平是否有确定的联系。Ito[2]考察了人民币升值与人民币国际化水平提升之间的联系。在国内的研究中,伴随着2015年后人民币进入贬值周期和人民币国际化水平的停滞,许多实证文献得出了货币升值和升值预期会提升其国际化程度,而贬值不利于货币国际化的结论,代表性文献如李自磊和张云。[3]卜国军[4]用描述曲线相关性的方法分析了美元、德国马克和日元的汇率趋势与它们国际化水平间的关系,认为货币升值是货币国际化的必要条件,但是没有作规范的论证。

总的来说,现有文献较为一致地认为货币价值稳定(汇率波动小)与货币的国际化程度之间存在正向的联系,虽然这种联系的程度会由于所考察货币币种、历史时期和测度货币国际化的指标不同而有所差异。货币升值和升值预期与其国际化程度的正向联系对于2009年以来人民币国际化的案例来说,是明显存在的,但是这种关系在其他主要货币国际化的历史上是否成立尚不明确。

第四节 货币国际化的成本与收益

Cohen对货币国际化的成本和收益作了全面的分析。他认为,货币国际化的收益包括:降低交易成本,获得国际铸币税,宏观经济的灵活性,国际政治的影响力,以及作为国际货币发行国的软实力。相应地,货币国际化的成本有货币升值、外部约束和政策责任。[5]

在交易成本方面,国际货币发行国的国内银行可以获得其中央银行的支持,易于开展对外贷款业务并获得利润。非金融企业可以用本币办理国际业

---

[1] 林乐芬、王少楠:《"一带一路"建设与人民币国际化》,《世界经济与政治》,2015年第11期。
[2] Ito, Hiro, "A key currency view of global imbalances", *Journal of International Money and Finance*, 2019(94).
[3] 李自磊、张云:《汇率及汇率预期是否会影响货币国际化》,《投资研究》,2016年第9期。
[4] 卜国军:《主要国际货币国际化期间汇率变化的比较及启示》,《金融发展研究》,2015年第3期。
[5] Cohen, Benjamin J., "The benefits and costs of an international currency", *Open Economics Review*, 2012(23).

务,从而降低汇率风险。虽然货币国际化的利益分配不是平均的,但国内企业一般不会遭受损失,因为其风险是由国外的企业承担。不过,Genberg 认为企业用本币进行国际交易并不等同于避免了汇率波动风险。[①]对于出口商而言,真正重要的并不是以国内货币表示的价格的波动性,而是利润的波动性。因此,如果出口商品以出口国货币表示的价格是固定的,但进口方因汇率波动而调整其需求数量,此时出口商的总收益或利润所受到的影响其实是不确定的。

铸币税来自两个方面:一是外国持有本国发行的货币,本国无须为此支付利息,这相当于是给国际货币发行国提供了无息贷款。据美国财政部估计,约60%的美元在美国国外流通或沉淀,在2005年约4 500亿美元,按年息4%计算等于为美国政府节省了180亿美元的利息开支。二是外国投资者积累以本币定价的金融资产,这降低了国际货币发行国的利率,产生流动性溢价。这个流动性溢价在美国约相当于80个基点,为美国借款人每年节约1 500亿美元。但是,国际货币发行国所取得的国际铸币税的规模从根本上取决于其货币作为国际货币的垄断地位:若该货币处于完全垄断地位,则铸币税收入将会相当大;但如果面临其他可接受的国际货币工具的竞争,其铸币税收入将会相应减少。

宏观经济灵活性指国际货币发行国的国际收支平衡约束弱化,从而获得更大的国内货币和财政政策自由。例如美国长期国际收支逆差,但国内并不需要实行紧缩政策,因为它可以发行美元偿还对外债务。

国际货币发行国获得对外国的影响力,因为外国人需要用它发行的货币进行国际交易。在象征性的意义上,一国货币在世界上的广泛使用还可以提升货币发行国在世界事务上的声誉,获得更多的软实力。

在成本方面,如果外国对一国货币的需求增加,可能导致该货币升值,从而损害国际货币发行国的产业竞争力。虽然国际货币发行国的债务约束弱化了,但是国外持有其货币和资产也会使其总需求更容易波动,降低宏观经济政策的有效性。最后,虽然国际货币发行国没有严格的承诺,但它还是可能受到国际社会的压力而在制定国内政策时考虑或兼顾其国际责任。

现任 IMF 首席经济学家的哈佛大学教授 Gopinath[②] 研究了全球贸易中

---

① Genberg H., "The calculus of international currency use", *Central Banking*, 2010, 20(3).
② Gopinath, Gita., "The international price system", *NBER Working Paper*, 2015, No.21646.

存在的所谓"国际价格体系(International Price System)"现象。这个国际价格体系有两个特征：一是绝大多数的国际贸易是用少数几种货币定价的,其中美元是最主要的国际货币;二是用国际贸易定价货币表示的国际价格在2年的时间期限内对汇率的变动不敏感。在这个体系中,一国通货膨胀对汇率波动的敏感性可以用其进口商品中以外国货币标价的比例来很好地表示。因此,美元的国际货币地位导致美国通货膨胀很大程度上不受汇率冲击的影响。美元贬值可以提升美国出口的国际竞争力,但其他国家的货币贬值只能增加其利润边际。美国货币政策对其他国家的通货膨胀有溢出效应,而其他国家对美国通货膨胀的溢出效应相对较小。

第五节 人民币国际化的有关研究

一、人民币国际化的现状和人民币加入 SDR 的讨论

Fratzscher 和 Mehl 研究了人民币在国际货币体系中发挥的作用,以此评价人民币国际化的进展。[①]他们考察的标准不是人民币在贸易、投资及储备等使用的数量,而是检验所谓的"中国支配假说",即人民币是否对亚洲国家的汇率和货币政策具有显著的影响。他们首先使用一个包含美元、欧元和区域性货币的三因子无条件回归模型来分析区域性货币的作用。然后用冲击—生成模型研究中国官方发布汇率和储备政策后对东亚国家汇率的影响。他们的结论是 2005 年以来人民币在东亚外汇市场上发挥的区域性货币作用显著上升,因而人民币已经是一种国际化货币。

2009 年中国启动试点跨境贸易人民币结算以来,人民币国际化的步伐不断加快。截至 2016 年 3 月,人民币已成为全球第三大贸易融资货币、第五大支付货币和第六大外汇交易货币。[②]人民币加入 SDR 的篮子货币,是人民币国际化水平的一个重要标志,也是中国政府推动人民币国际化的重要战略步骤。根据中国人民银行 2015 年 6 月发布的《人民币国际化报告(2015)》,[③]"人民币在跨境贸易和直接投资中的使用规模稳步上升;人民币国际使用逐

---

① Marcel Fratzscher and Arnaud Mehl, China's Dominance Hypothesis and the Emergence of a Tri-polar Global Currency System, The Economic Journal, 2013. Doi:10.1111/ecoj.1209.
② SWIFT,人民币追踪,2016 年 4 月。
③ 中国人民银行:《人民币国际化报告(2015)》,2015 年 6 月。

步扩大;人民币资本项目可兑换取得明显进展;人民币国际合作成效显著"。由于2015年是IMF每五年一次的SDR定值评估年,在该报告的"形势展望"部分,明确提出"推动人民币加入特别提款权(SDR)货币篮子"的目标。

许多学者讨论了人民币加入SDR的问题,其中多数持乐观态度,认为人民币接近或已经达到SDR篮子货币的标准。如黄志龙[1]认为"当前人民币已经具备入选SDR的充分条件",其依据是中国在全球贸易和投资中的地位、我国金融市场化改革快速推进、人民币资本项下开放程度已经达到SDR篮子货币门槛等。乔依德和葛佳飞[2]分析了人民币在国际外汇储备、国际债券使用、国际外汇市场交易的数据,认为就目前人民币的国际使用、交易和影响力而言,人民币已经"基本符合SDR篮子货币的标准"。

有些学者虽然认同人民币基本符合SDR篮子货币的标准,但对人民币是否应该加入SDR态度谨慎。如郑联盛和张明[3]认为货币"自由使用基本等同于可自由兑换",这个标准"缺乏法律和现实的依据",更多体现的是一种政治博弈,人民币加入SDR虽然存在一些"技术障碍",但都"不难克服"。但是他们认为人民币加入SDR的收益并不确定,潜在成本不容忽视,因此中国政府无需强力推动人民币在2015年加入SDR。

也有学者认为人民币暂时还不符合SDR篮子货币的条件。如赵冉冉[4]预测了2015年人民币在即期和远期外汇市场交易的数据等方面的差异,认为人民币仍然与SDR篮子货币的标准"存在较大的差距",并探讨了加快人民币国际化的可行性。方大槤[5]按照IMF的评估指标比较了人民币与主要国际货币在国际储备、银行负债、国际债券份额和外汇市场交易份额等方面的差异,认为人民币仍然存在不小的差距。还有学者从SDR需要人民币的视角来分析,如钱文锐和潘英丽[6]认为人民币加入SDR篮子可以提高SDR定值的稳定性。

2015年11月30日,国际货币基金组织(IMF)的决策机构执行董事会经过对特别提款权(SDR)货币篮子组成的审议,认为人民币符合所有现有标准,宣布自2016年10月1日起,人民币被认定为可自由使用货币,并将作为第五

---

[1] 黄志龙:《人民币应加入SDR货币篮子》,《中国金融》,2014年第13期。
[2] 乔依德、葛佳飞:《人民币进入SDR计值货币篮子:再评估》,《国际经济评论》,2015年第3期。
[3] 郑联盛、张明:《中国政府应该强力推动人民币加入SDR吗?》,《国际金融》,2015年第7期。
[4] 赵冉冉:《人民币国际化背景下我国推动人民币加入SDR的动机及路径》,《国际金融研究》,2013年第3期。
[5] 方大槤:《人民币加入SDR货币篮子的可行性研究》,《南方金融》,2015年第4期。
[6] 钱文锐、潘英丽:《SDR需要人民币:基于SDR定值稳定性的研究》,《世界经济研究》,2013年第1期。

种货币,与美元、欧元、日元和英镑,一道构成特别提款权货币篮子。届时特别提款权的价值由美元、欧元、人民币、日元、英镑这五种货币所构成的一篮子货币的当期汇率确定,所占权重分别为 41.73%、30.93%、10.92%、8.33% 和 8.09%。人民币所占权重超过日元和英镑,跃居第 3 位。

Benassy 和 Capelle 讨论了人民币加入 SDR 之后对 SDR 价值稳定性的影响。[1]根据他们的估算,在短期内,人民币进入 SDR 篮子将降低 SDR 对美元的波动,但是会增加 SDR 对欧元和英镑的波动,而对日元的波动几乎没有影响。SDR 价值的长期稳定性指在长期内 SDR 不应显示出对第三国货币的升值或贬值趋势。他们利用 Balassa-Samuelson 效应估计人民币加入 SDR 之后的影响,结论是在短期内 SDR 对篮子中的另外 4 种货币会发生较小的贬值,在长期内人民币进入 SDR 篮子将使 SDR 的价值上升。其原因是中国经济的长期增长趋势导致人民币的实际汇率升值,从而导致 SDR 的升值。

人民币"入篮"是人民币国际化过程中的一个具有里程碑意义的重大事件,标志着主要国际金融机构对人民币国际地位提升的接受和认可,并将推动各国政府与企业接纳和使用人民币作为储备和交易货币,促进人民币国际地位的进一步提高,对美元的霸权地位形成挑战(Faudot)。[2]在此形势下,对人民币国际化的研究成为热点。

二、金融市场发展与人民币国际化

姜波克认为人民币国际化有以下条件:第一,中国经济必须继续保持在亚洲的领先增长;第二,对外出口以人民币作为结算货币;第三,人民币的国际化最终必须以人民币的可兑换为前提;第四,要在周边国家和地区开放我国银行的分支机构,接受人民币存款,为各国政府、企业和民间的人民币提供一个存放渠道。[3]巴曙松[4]认为,人民币的境外流通有利于推进人民币的国际化进入完全可兑换进程,当前应当考虑以边境贸易为突破口推进国际化。周小川[5]表示,一些国家和地区在与中国贸易中,仍习惯采用美元结算,但选用

---

[1] Agnès Bénassy-Quéré, Damien Capelle, "On the inclusion of the Chinese renminbi in the SDR basket", *International Economics*, http://dx.doi.org/10.1016/j.inteco.2014.03.002.
[2] Faudot, A., Ponsot, Jean-Francois, "The dollar dominance: recent episode of trade invoicing and debt issuance", *Journal of Economic Integration*, No.1, 2016(31).
[3] 姜波克:《人民币自由兑换和资本管制》,复旦大学出版社,1999 年。
[4] 巴曙松、黄少明:《港币利率与美元利率为什么出现背离——港币估值中的人民币因素研究》,《财贸经济》,2005 年第 8 期。
[5] 周小川:《理解汇率机制改革的四个角度》,《银行家》,2005 年第 8 期。

本币结算渐渐多起来,中国也要适应和鼓励这一趋势。在双边贸易中使用人民币并带动人民币在周边国家和地区流通,这是人民币国际化一个步骤。胡晓练①指出,从长远来看,逐步实现人民币可兑换是中国外汇体制改革坚定不移的目标,当前要加强对跨境资本流动的监管,稳步推进人民币资本项目可兑换。

Ito 和 Chinn 讨论了资本项目开放与人民币国际化的关系。②他们的发现是,金融市场越发达的国家越少会以美元定价结算,而资本项目越开放的国家更可能以欧元或其本币结算。因此,金融发展和金融开放是新兴货币挑战美元地位的关键因素,特别是对于人民币国际化来说。由于国际贸易计价结算中的惯性因素,人民币在中国出口计价中的比例低于预期水平,类似情况在日元和欧元国际化过程中也出现过。他们预测到 2018 年人民币在中国出口计价中的比例将达到 30%。

Ma③研究了中国的债券市场对人民币国际化的促进作用。如果人民币要真正成为全球前 5 位的主要国际货币,必须得到一个数量充分、流动性强、资产质量高的人民币资产市场的支持。资本市场特别是固定收益证券的发展至关重要。根据 BIS 的统计,中国是世界上第三大债券市场,但是中国的国内债券余额相对于 GDP 的比例是世界前 10 大债券市场中最低的。中国的金融体系仍然由银行主导。国债是中国发展债券市场的重要内容。目前中国国债余额只有美国的 1/10,与加拿大相当,这难以支撑人民币国际化的发展。Ma 预测到 2020 年外国持有的中国国债余额可能达到 2.7 万亿—3.5 万亿元人民币,比 2014 年的水平提高 9—12 倍,推动人民币的国际化。

Lai④研究了国际贸易计价结算货币的经验及对人民币的借鉴。他建立了一个模型解释货币用于贸易计价时存在的所谓"反转现象(tipping phenomenon)",即货币在贸易计价中占比与其发行国经济相对规模之间的凸相关关系,并认为这是货币计价结算中的结合效应(coalescing effect)和市场深度外部性(thick market externalities)所共同导致的。市场深度外部性是能够

---

① 胡晓练:《人民币资本项目可兑换没有时间表》,http://www.china.com.cn/chinese/zhuanti/yw/1141138.htm,2006 年。
② Ito and Chinn, "The rise of the 'redback' and China's capital liberalization", *ADBI Working Paper Series*, 2014, No.473.
③ Ma, Guonan and Wang Yao, "Can the Chinese bond market facilitate a globalizing renminbi", Bank of Finland, *BOFIT Discussion Papers* 1, 2016.
④ Lai, Edwin L.-C. and Xiangrong Yu, "Invoicing currency in international trade: an empirical investigation and some implications for the renminbi", *The World Economy*, 2015, 38(1).

增强一种货币发挥国际货币功能的各种因素,如发行国的金融开放程度、货币的可自由兑换程度等。Lai 用泰国的贸易计价货币数据和欧元的贸易计价结算数据验证了以上的反转现象。人民币在泰国的贸易计价结算中使用比例远远低于中国与泰国贸易的比例,这一方面是由于贸易计价货币选择中的惯性,同时也表明中国的资本账户开放和金融发展水平相对滞后,阻碍了人民币的国际化。根据欧元的经验数据,如果中国的金融开放程度达到欧盟的水平,则 2010 年人民币在东亚地区对外贸易计价结算中的使用应该达到各国贸易量的 10% 左右。人民币的实际使用远远低于这个水平,同样说明中国应加快金融领域的开放步伐。

霍伟东和邓富华[1]研究了中国不同省份的金融发展对跨境贸易人民币结算的影响。他们认为,跨境贸易结算货币的选择会受到一国或地区金融发展水平的激励与约束。金融发展是指一国或地区金融市场规模的扩大、金融结构的演变以及金融功能不断完善的过程。金融发展会通过影响货币的交易成本、持有货币的风险以及贸易商品结构等渠道影响跨境贸易结算货币的选择。他们采用省际银行业金融机构各项存款余额与贷款余额之和占当期 GDP 的比重来衡量金融发展规模,用金融机构各项贷款余额与城乡居民储蓄存款余额的比率测度金融发展效率,作为两个核心解释变量,被解释变量为人民币结算金额。实证结果显示,无论金融发展规模还是金融发展效率,均会明显促进跨境贸易人民币结算,并且结果是稳健的。

三、制度因素与人民币国际化

Wang[2]研究了制度因素在货币国际化中的作用。他用货币的储备职能代表货币国际化水平,认为这取决于三个因素:外国投资者的信心、金融市场的发展和货币的国际交易网络。以往的研究从经济角度解释这些因素,如一国的 GDP 总量、货币价值的稳定程度、金融市场规模等。Wang 认为制度变量对它们同样有重要的影响,如有效的政府治理、法律制度和经济自由度等。他首先建立了一个不考虑制度变量的基本模型,用 GDP、贸易、市场资本化比率、通货膨胀率、汇率稳定性等经济变量解释美元、欧元等 5 种主要货币在外

---

[1] 霍伟东、邓富华:《金融发展与跨境贸易人民币结算——基于省际面板数据的实证研究》,《国际贸易问题》,2015 年第 8 期。
[2] Wang, Daili, Yiping Huanga and Gang Fanb, "Will the renminbi become a reserve currency", *China Economic Journal*, 2015, Vol.8, No.1.

汇储备中的比重,然后逐个加上资本账户开放度、经济自由度等制度变量。研究发现加入制度变量后模型的解释能力增强了,并且制度变量是显著的。对人民币在国际储备中使用的模拟表明,不考虑制度变量时模型预测2011年人民币占全球官方外汇储备中的比重达到11%,而考虑制度变量时这个比重只有约2%,后者更接近于现实。因此,中国推进人民币国际化不能只强调经济因素,同时要加强制度建设,如加快开放资本市场、增强货币政策的可信性等。

Bowles[1]从政策反应的角度研究人民币国际化。他认为中国推动人民币国际化主要是作为对2008年全球金融危机的政策反应,并不是一个长期的战略规划。在金融危机后,中国需要解决两个问题:降低中国进出口企业的汇率风险,保持对外贸易的稳定增长;降低对处于贬值中的美元的依赖,控制投机资本的流入,保持中国外汇储备的价值稳定。从长期看,金融部门仍然要服务于中国经济增长的目标,人民币国际化同样要如此。

McKinnon和Schnabl研究了中国的汇率和金融压制对人民币国际化的制约。[2]在人民币不是国际货币的情况下,中国只是一个不成熟的国际贷款人,因为它不能用本币向国外提供贷款。中国要成为成熟的国际贷款人,要求中国的银行和保险公司可以直接向外国公司提供人民币贷款,以人民币标价的国际债券可以在上海或其他金融市场出售和交易,中国的金融部门可以自动地使用其经常项目盈余。在香港、新加坡、伦敦等国际金融中心建立的人民币离岸市场和在上海自贸区进行的自由贸易账户试验是中国放松资本项目管制的初步进展,但是还远远不够。发达国家的零利率货币政策对中国等新兴经济体构成了新形式的金融压抑,使中国不能放开资本项目管制,人民币国际化也受到制约。

王雪和胡明志考察了人民币汇率制度改革对人民币国际化的影响。[3]他们发现,"721汇改"和"811汇改"之后,人民币对其他货币的同期信息溢出效应和受到其他货币汇率变化的影响都增加了,两次汇率改革提高了人民币的国际影响力,但相比美元、欧元、英镑和日元等较为成熟的国际货币,人民币

---

[1] Bowles, Paul and Baotai Wang, "Renminbi internationalization: a journey to where?", *Development and Change*, 2013, 44(6).
[2] Ronald McKinnon, Gunther Schnabl, "China's exchange rate and financial repression", *China & World Economy*, Vol.22, No.3, 2014.
[3] 王雪、胡明志:《汇改提高了人民币国际化水平吗?》,《国际金融研究》,2019年第8期。

汇率对其他货币的同期,以及总体信息溢出程度均有限,说明人民币国际化水平仍需进一步提高。

四、人民币境外流通量的估计

为了准确判断人民币区域化的现状和程度,需要对人民币境外流通量做出较为准确的估计。目前国内外文献主要用两种方法来估计人民币的境外流通量。第一种是直接法,其原理是根据人民币流出境外和回流境内的不同渠道,分别估计每种渠道的流动数量,并加以汇总。例如,人民币流出境外的主要渠道有边境贸易(A_1)、出境旅游(A_2)、地下汇兑(A_3)等,回流的主要渠道有银行体系(B_1)、投资(B_2)、贸易支付(B_3)等,则人民币境外流通量(Q)可以表示为:

$$Q = \sum A_i - \sum B_i = (A_1 + A_2 + A_3) - (B_1 + B_2 + B_3)$$

这种估计方法虽然简便易行,但准确度较低,因为其中涉及的变量均缺乏完整的统计数据,一般由研究者自行设定。例如出境旅游的数量,直接用一年内出境旅游的人数乘以每人携带人民币出境的最高额度,或者在这个额度上打一个折扣。显然,这样估计的随意性很大。姜波克[1]、李婧等[2]曾经使用过直接法估计境外的人民币流通量。

第二种是间接法,其基本思路是:封闭经济的货币供给应该完全取决于其货币需求,后者又取决于 GDP、物价水平、利率等经济变量,而且这种关系在一定时期内是比较稳定的,可以用计量经济学方法加以估计。在开放经济中,如果货币在境外流通,则货币供给扣除在境外的流通量后才等于国内的货币需求。货币供给的数据是已知的,国内货币需求可以由前期建立的模型计算出来,则两者之间的差额就是在境外流通的货币数量。

马荣华、饶晓辉[3]假定中国境内的货币需求由中国的国民收入、利率水平、货币化程度和通货膨胀率决定,并且保持长期不变的稳定关系。他们用1958—1994 年间的数据估计出中国货币需求的方程,利用此方程和1995—2005 年的数据计算中国境内的货币需求预测值。预测值与同期货币供应量的差额即境外流通的人民币数量。

---

[1] 姜波克:《论中国外汇管制的长期性》,《经济研究》,1994 年第 3 期。
[2] 李婧、管涛、何帆:《人民币跨境流通的现状及对中国经济的影响》,《管理世界》,2004 年第 9 期。
[3] 马荣华、饶晓辉:《人民币的境外需求估计》,《国际金融研究》,2007 年第 2 期。

董继华[①]指出了马荣华、饶晓辉的两个缺陷：一是用城镇人口占总人口的比例描述经济的货币化程度不够准确；二是1958—1990年间中国的经济结构发生了巨大的变化，用1958—1994年间数据估计的中国货币需求方程不能准确预测1995—2005年的货币需求。他使用$\frac{M_2}{GDP}$比率表示货币化程度，用1990—2005年的季度数据来预测1999—2005年的人民币境外持有规模。

邱兆祥[②]的估计方法与以上两份文献类似，只是增加了经济的市场化程度指标，并以非国有工业总产值在全部工业总产值中的比重来近似表示。在时间段上，邱兆祥以1978—1996年的数据来计算货币需求函数，并以此来估计1997—2005年的人民币境外流通量。

上述文献虽然在估计方法和数据选取上有所改进，但仍然存在一些不足。首先是数据的时限。马荣华、饶晓辉选用1958—1994年的数据来计算货币需求函数显然是太长了，计划经济时期的货币需求不可能与市场经济时期相同。邱兆祥把数据限制在改革开放以后，但改革开放30年间中国的货币需求也不会稳定不变。董继华使用1990年以来的数据，相对来说更为可信。其次是变量的选取。上述文献的共同缺陷是没有考虑外币资产和股票资产对中国货币需求的影响。1990年以来，中国经济的外向度不断提升，外汇管理也发生了重大变革。中国企业可以选择以外汇形式保留部分出口外汇收入，国内居民也可以在限额内用人民币兑换外币。中国的资本市场从无到有，目前股票已经成为居民投资的重要渠道。

常远沿着上述文献的思路对人民币境外流通量作了一个估计。[③]他利用1978年到1998年的数据估计模型的参数，对1999年至2012年的人民币境外流通量规模进行估算。他的计算结果是，1999年人民币境外流通量约为269.8亿元，2012年人民币境外流通量约为6 275.1亿元。亚洲金融危机之后，中国作为国际大国维持人民币币值相对稳定，为人民币国际化赢得良好的信誉和地位，使人民币境外需求量逐渐增加，呈现出快速增长的态势。但由于人民币可自由兑换尚未实现和资本账户并未充分开放，人民币境外需求规模的增加也可能对人民币国际化产生一定程度的负面影响。因此，在人民

---

① 董继华：《人民币境外需求规模估计：1999—2005》，《经济科学》，2008年第1期。
② 邱兆祥：《人民币区域化问题研究》，光明日报出版社，2009年。
③ 常远：《人民币国际化问题研究》，辽宁大学博士学位论文，2014年。

币国际化的趋势下，中国应合理地引导人民币的境外需求，形成人民币良好的双向流动机制，加快人民币国际化步伐。杨荣海测算了 2001—2016 年人民币的境外存量，认为 2009 年实施人民币国际化战略以来资本项目开放的不断扩大促进了人民币境外流通量的增加，[①]但是人民币离岸金融市场业务发展始终伴随着较大的波动性。

五、人民币成为国际货币的前景

Park 较早研究了人民币国际化及东亚货币合作的前景。[②]他认为人民币在国际贸易计价结算和债券发行中发挥国际货币职能相对容易，但是人民币在国际金融资产中计价要求更大程度的资本项目开放。人民币国际化可以采取全球化或区域化两种策略。全球范围的人民币国际化要求较快的金融自由化相配合，这可能超出了中国的制度能力。人民币首先在东亚地区发挥国际货币的作用是相对可行的选择。

Lee[③] 分析了人民币成为国际储备货币的前景。他认为相比于国际计价结算职能，国际货币的储备职能的网络外部性相对较小，因此更容易形成国际货币储备的多元化。在历史上，20 世纪 10 年代的英镑、法郎和德国马克，20 世纪 20 年代的英镑、法郎和美元，20 世纪 30 年代的美元、英镑和法郎，以及 20 世纪 80 年代后的美元、欧元（马克）和日元，都曾经形成多种储备货币并存的局面。人民币成为国际储备货币的优势是中国迅速增长的经济规模、低通货膨胀率和低政府债务，其劣势主要是金融发展滞后和资本项目开放程度不高。Lee 建议通过加强亚洲区域货币合作推动国际储备货币的多元化和人民币国际化。

Tung et al.使用主成分分析方法构建了两个货币国际化指数，从而研究人民币国际化的现状和发展趋势。[④]他们研究包括人民币在内的 33 种货币，时间区间为 1999 年至 2009 年。他们使用储备货币比率、外汇交易货币比率、国际债券投资货币比率、银行外币资产货币比率、外国货币钉住比率、贸易

[①] 杨荣海：《资本账户开放促进了人民币境外市场发展吗?》，《国际金融研究》，2018 年第 5 期。
[②] Park, Yung Chul, Monetary Cooperation in East Asia, *China & World Economy*/1—21, Vol. 18, No. 2, 2010.
[③] Lee, Jong-Wha, "Will the renminbi emerge as an international reserve currency?", *The World Economy*, 2014, 37(1).
[④] Tung, Chen-yuan, "Renminbi internationalization: progress, prospect and comparison", *China & World Economy*, Vol.20, No.5, 2012.

计价货币比率等指标计算出货币国际化水平指数,使用市场资本化比率、GDP比率、贸易比率、银行贷款比率、外汇交易比率、FDI比率、对外FDI比率、价格稳定性、汇率稳定性、资本项目开放指标等计算出货币国际化的前景指数。他们计算的结果是,人民币的国际化水平近年来提高较快,但与其他主要国际货币间仍然有明显的差距。不过人民币国际化的前景较为乐观,2006年以后保持在33种货币的前5名,这说明人民币有潜力成为主要国际货币之一。

Eichengreen[1]从宏观视角探讨了人民币国际化的条件和前景。他认为货币国际化主要有三个必要条件:规模(scale)、稳定性(stability)和流动性(liquidity)。规模指货币的发行国与世界其他国家间有很大规模的国际交易。稳定性指货币的使用者有理由相信该货币发行国的价格不会发生非同寻常的波动,从而货币将保持其价值。流动性指用该货币标价的资产数量十分充足,因此在市场上买卖它们不会对资产价格产生可注意到的影响。在历史上,美元曾经仅用10年的时间就超过英镑成为主要国际货币。这主要是美国在19世纪70年代经济规模已经超过英国,而1913年通过的《联邦储备法案》和据此建立的美国联邦储备体系又为美国的金融市场稳定奠定了基础。对于人民币国际化来说,这三个条件并没有充分具备。虽然中国的经济规模增长很快,但老龄化、投资依赖和汇率低估的增长模式难以长期持续,中等收入陷阱的可能性仍然存在。提高中国经济和人民币价值的稳定程度和可预测性最终依赖于政策制定和金融监管的稳定性和透明度。中国金融市场的深度和交易效率不足,导致人民币资产的流动性不高。资本项目管制使人民币资产的境外持有比例较低,进一步降低了人民币资产对国际投资者的吸引力。因此,Eichengreen对人民币国际化的前景持谨慎态度。

Eichengreen和Kawai研究了资本项目开放与人民币国际化的关系。[2]他们认为虽然人民币国际化在跨境贸易结算和在中国香港地区发行人民币债券等领域进展较快,但全面的国际化仍然受制于中国资本项目的管制。人民币国际化的进一步发展需要资本账户自由化。中国已经开始放松资本项目的控制,但是目前的资本项目自由化程度可能只适应于人民币进行贸易计价

---

[1] Eichengreen, B., "Renminbi internationalization: tempest in a teapot", *Asian Development Review*, 2013, Vol.30, No.1.
[2] Eichengreen and Kawai, "Issues for renminbi internationalization: an overview", *ADBI Working Paper Series* No.454, 2014.

结算、对内对外的 FDI 投资、发行人民币债券等业务的需要。如果人民币要成为国际银行融资和外国央行外汇储备的货币,就要求更大程度的资本项目开放。这需要中国将利率自由化、汇率灵活性和资本项目开放统筹考虑,并要求赋予中国人民银行更大的政策独立性。

Eichengreen 和 Lombardi 讨论了人民币成为国际货币或区域性货币的前景。[①]他们比较了两种观点:一种认为由于网络外部性,随着人民币在国际银行、企业和政府中使用的增加,会有越来越多的银行、企业和政府愿意使用人民币,无论它们位于什么地理位置。中国日益增加的全球贸易和投资活动就是人民币使用将遍及世界并挑战美元的全球货币地位的证明。另一种观点认为人民币将和欧元一样成为主要在地区间使用的货币,因为地理距离对国际贸易和金融交易的影响仍然显著,这反映了空间距离导致的信息交换成本。因此人民币将主要在东亚地区发挥国际货币的作用。他们认为目前还难以做出准确的判断。

在国内学者中,黄梅波和王珊珊[②]用演化博弈模型分析了人民币区域化过程中面临的现有国际货币发行国美国和日本的挑战。通过对稳定均衡解的分析,得出了两点重要结论:一是美日作为国际货币发行国长期内都会抵制人民币区域化;二是非国际货币发行国长期内会与其他非国际货币发行国合作,积极推动本国货币国际化。因此,他们认为中国必须充分考虑人民币区域化可能给美国和日本利益造成的损失,并加强与美国和日本的沟通协调。在人民币区域化进程中,要处理好与东亚其他国家之间的关系。

第六节 文献述评

现有文献为进一步研究货币国际化打下了较为充分的基础,但是仍存在一些明显不足。首先,缺少具有微观基础的理论文献。现有文献并没有严格地论证汇率的波动或趋势变化为什么会影响到货币的国际化水平,它们或者是不加说明地提出一个命题,如"人民币贬值不利于人民币国际化",并在此基础上展开分析;或者是先验地给出一种影响机制,如"一种货币的升值预期将提高其标价资产的预期收益率,非居民持有该货币资产的意愿上升,有利

---

① Eichengreen and Lombardi, "RMBI or RMBR: is the Renminbi destined to become a global or regional currency", 2015, *NBER Working Paper*, No.21716.
② 黄梅波、王珊珊:《人民币区域化进程中面临的美日挑战》,《上海金融》,2013 年第 6 期。

于货币的国际化",然后就用经验数据来验证这种关系。其次,由于缺乏坚实的理论支撑,现有的实证文献结果差异很大,甚至是截然相反,对此给出的解释则具有较大的随意性。

  因此,关于国际货币的理论研究亟待在研究方法上作出新的尝试和突破,特别是给出货币国际化的微观交易机制。这也正是本书的努力方向。

第三章
动态演化博弈理论介绍

博弈理论在经济学中的应用可以追溯到冯·诺依曼和摩根斯坦1953年著名的《博弈论与经济行为》，但演化博弈理论的诞生要晚得多，到目前为止在经济学中的应用更不多见。本章首先简要介绍演化博弈理论的基本思想，然后说明用动态演化博弈理论来研究国际货币演化问题的适用性。

第一节 生物进化的基本因素

演化博弈理论最初是以John Maynard Smith为代表的数理生物学家在研究生物进化现象时提出的。自从达尔文提出进化论以来，有一个问题始终困扰着生物学家，即进化过程是如何能够使生物的器官高度适应于它所要发挥的功能。例如，只需要闭上眼睛在房间里走几步，就可以体会到眼睛对人类生存的重大意义，而鹰的视力甚至能从几千米的高空看清地面上的一只老鼠。爬行动物和鲨鱼拥有四色视觉，它们能够看到紫外线。鸟类翅膀的精巧结构能够针对时刻变化的环境条件立即做出反应，可以扇动、弯曲、翻卷、扭转，时而伸长，时而收缩，从而尽量减小空气中涡流造成的阻力，节省鸟飞行时的能量消耗。这些甚至连人类最先进的工程技术都不能解决的实际问题却在漫长的生物进化过程中得到了符合科学原理的方案，让人们对自然进化的神奇力量叹为观止。

演化博弈理论将进化归结为三个基本原因：复制、选择和突变。[①]这些原则决定了生命系统的进化，广泛适用于形式多样的生命体，而不依赖于其具体化学构成。可以说，任何活着的生命体的产生和发展都遵循这三大原则。

进化的先决条件是种群中的个体具有繁殖能力。在适当的环境条件下，病毒、细菌以及多细胞生命体等能够进行自我复制，它们的遗传物质DNA或

[①] Nowak, Martin, A., *Evolutionary Dynamics*: *Exploring the Equations of Life*. Cambridge, MA: Harvard University Press, 2006.

RNA 可以通过复制传递给后代。当不同类型的生物体彼此间发生竞争时,选择将起作用,繁殖较快的那些个体能够在竞争中胜出。但是,繁殖过程并非完美无瑕,DNA 或 RNA 长链的复制偶尔也会出现差错,即突变。我们对这个生物过程作个简单的数学描述。

一、繁殖

最简单的繁殖现象是单细胞生物的分裂,即由 1 个分裂为 2 个。在营养充足的理想环境中,一个细菌细胞及其所有后代可以在每 20 分钟内分裂一次。也就是说,1 个细胞在 20 分钟后会分化成 2 个子细胞,它们在第 40 分钟分化成 4 个孙细胞,而在第 60 分钟继续分化为 8 个曾孙细胞。如果保持这样的繁殖速度,经过 3 天即 216 个世代后,起初的 1 个细胞将分化成 $2^{216}=1.053\times 10^{65}$ 个细胞。这些细胞的总质量将远远超过地球的质量。

这一无限扩张的增长规律可以用如下的递归方程来描述:

$$x_{t+1}=2x_t \tag{3.1}$$

这里 x_t 表示 t 时刻的细胞数量,x_{t+1} 表示 $t+1$ 时刻的细胞数量,其中时间是用世代数来度量的。如果定义初始时刻 0 的细胞数量为 x_0,在这一初始条件下方程(3.1)的解为:

$$x_t=x_0 2^t \tag{3.2}$$

如果考虑时间连续的指数生长过程,用 $x(t)$ 表示 t 时刻的细胞数,假定细胞分裂速率为 r,则可以用如下微分方程描述细菌的生长:

$$\dot{x}=\frac{dx}{dt}=rx \tag{3.3}$$

其中 $\dot{x}$ 表示 x 对时间的导数。如果时刻 0 的细胞数量记为 x_0,那么微分方程(3.3)的解为:

$$x(t)=x_0 e^{rt} \tag{3.4}$$

这样的指数增长显然是不可能的,这首先是因为我们没有考虑细胞的死亡。如果假定细胞的死亡速率为 d,则微分方程变成:

$$\dot{x}=\frac{dx}{dt}=(r-d)x \tag{3.5}$$

其中的$(r-d)$称为有效增长率,即出生率r和死亡率d之差。如果$r>d$,种群将无限地扩张下去。如果$r<d$,种群大小将趋于零以致最后灭绝。如果$r=d$,种群大小保持不变,但这是一种不稳定的状态,因为对该状态的任何微小偏离就将导致种群扩大或缩小。

现实中对生物繁殖的第二个重要限制因素是环境的承载力。例如,一定大小的草地或水塘可能最多只能容纳总量为K的种群规模。逻辑斯蒂方程(Logistic Equation)是包含环境最大容纳量的种群增长模型:

$$\dot{x} = rx(1-x/K) \tag{3.6}$$

其中,参数r表示当种群大小x远远小于环境容量K时的繁殖速率。随着种群大小x的增长,种群增长速率会下降。当种群规模达到环境容量K时,种群停止增长。对于初始条件x_0,方程(3.6)的解如下:

$$x(t) = \frac{Kx_0 e^{rt}}{K + x_0(e^{rt}-1)} \tag{3.7}$$

当时间趋向于无穷时,即$t \to \infty$时,种群大小趋于平衡态$x^* = K$。

二、选择

如果种群中所有的个体不是同质的,例如存在两个类型A和B,而且它们的繁殖速率不同,则选择就会起作用。记A类个体的繁殖速率为a,B类个体的繁殖速率为b,繁殖速率又称为种群的"适合度"(fitness)。用$x(t)$表示t时刻A类个体的数量,用$y(t)$表示t时刻B类个体的数量。不考虑环境承载力约束,利用与方程(3.4)同样的分析,不难得知无论初始的个体数量如何,只要适合度$a>b$,经过一段时间后A类个体的数目必将超过B类个体。当时间趋向于无穷时,如果适合度$a>b$,A类个体的数目与B类个体数目的比值将趋于无穷大。我们称为类型A战胜了类型B,即选择青睐类型A;相反,如果适合度$a<b$,则B将战胜A,意味着选择青睐B。

如果环境承载力限制了整个种群的大小保持恒定,种群的两个亚种A和B的演化更有意义。用$x(t)$表示t时刻亚种群A在整个种群中出现的频率,或者称为"相对多度",用$y(t)$表示t时刻亚种群B的频率。由于种群中只包括两个亚种群A和B,所以有$x+y=1$。如前所述,A类个体的繁殖速率为a,B类个体的繁殖速率为b。我们得到方程系统:

$$\begin{cases} \dot{x} = x(a-\phi) \\ \dot{y} = y(b-\phi) \end{cases} \tag{3.8}$$

为保证 $x+y=1$，其中要求 $\phi = ax+by$，ϕ 在这里表示种群的平均适合度。

从系统(3.8)解出：

$$\dot{x} = x(1-x)(a-b) \tag{3.9}$$

根据有两个亚种的假定得 $a \neq b$，否则成为单一种群。则微分方程(3.9)有两个平衡点，$x=0$ 和 $x=1$。这两个平衡点分别表示系统中只包含 B 个体或只包含 A 个体。除此之外，对于任何 $0<x<1$ 的值，在 $a>b$ 时均有 $\dot{x}>0$。这表明对于任何一个同时包含 A 和 B 的混合系统，如果 A 的适合度高于 B，则 A 所占的比例将增大并趋向于 1，相应地 B 的比例将趋向于 0。这就是生物学中"适者生存"(survival of the fittest)的概念。

三、变异(基因突变)

我们已经看到，如果只存在繁殖和选择两种因素，生物的进化将倾向于仅保留适合度最高的亚种群，世界也将变得相当单调。但是变异(基因突变)可以导致不同适合度亚种的共存。突变指生命的遗传物质在复制和传递的过程中所不可避免发生的差错。DNA 或 RNA 在复制过程中小小改变就会形成许多新的变异序列。

仍然仅考虑两类亚种个体，A 和 B。用 u_1 表示从 A 到 B 的突变率：A 类个体在复制时有 u_1 的概率会产生 B 类个体。反之，用 u_2 表示从 B 到 A 的突变率。其他符号如前所述，用 $x(t)$ 表示 t 时刻亚种群 A 的频率，用 $y(t)$ 表示 t 时刻亚种群 B 的频率，A 类个体的繁殖速率为 a，B 类个体的繁殖速率为 b。我们得到：

$$\begin{cases} \dot{x} = x(1-u_1) + yu_2 - \phi x \\ \dot{y} = xu_1 + y(1-u_2) - \phi y \end{cases} \tag{3.10}$$

由于 A 和 B 的适合度相等($a=b=1$)，所以种群的平均适合度是恒定的，即 $\phi=1$。考虑到 $x+y=1$，系统(3.10)化简为方程：

$$\dot{x} = u_2 - x(u_1+u_2) \tag{3.11}$$

在稳态时，A 的频率趋向于平衡点：

$$x^* = \frac{u_2}{u_1 + u_2} \tag{3.12}$$

因此,突变导致了 A 和 B 的共存。均衡时 A 和 B 的相对比例依赖于突变率,$x^*/y^* = u_2/u_1$。如果突变率相同,即 $u_1 = u_2$,那么 $x^* = y^*$。

第二节 演化博弈的基本模型

上一节从数理生物学的视角讨论了生物进化的三个要素:繁殖、选择和变异,但是没有明确地引入演化博弈分析。本节我们用一个经典的演化博弈问题"鹰鸽博弈"来说明演化博弈模型的基本思路和分析方法,以及繁殖、选择和变异三要素在其中发挥的作用,并为后面的动态演化分析提供基础。

"鹰鸽博弈"的基本形式如下:同一物种的两只动物竞争某一个资源(如食物或较好的筑巢地点等),资源的价值以适应度衡量为 $v > 0$,也就是说获得资源的一方其预期的后代数由此可以增加 v 的数量。每只动物都可以采取富有侵略性的"鹰策略(Hawk)",或者采取被动防守的"鸽策略(Dove)"。如果两只动物都采用"鹰策略",它们将一直打斗直到其中一方严重受伤退出竞争,此时胜者获得资源并没有损失,负者遭受成本损失为 c。由于两只动物获胜的概率是相同的,则它们的预期适应度均为 $\frac{1}{2}v - \frac{1}{2}c$。如果两只动物都采用"鸽策略",它们将不发生打斗,各以 $\frac{1}{2}$ 的概率得到资源。最后,如果一只动物采用"鹰策略"而另外一只采用"鸽策略",则前者无须实际打斗即可获得资源。"鹰鸽博弈"的支付矩阵如表 3-1。

表 3-1 "鹰鸽博弈"的支付矩阵

	鹰策略(Hawk)	鸽策略(Dove)
鹰策略(Hawk)	$\frac{1}{2}(v-c), \frac{1}{2}(v-c)$	$(v, 0)$
鸽策略(Dove)	$(0, v)$	$\left(\frac{1}{2}v, \frac{1}{2}v\right)$

如果当成静态博弈问题,当 $v > c$ 时"鹰鸽博弈"有一个严格纳什均衡 (H, H),当 $v = c$ 时有一个不严格纳什均衡 (H, H),当 $v < c$ 时没有纯策略纳什均衡。不过演化博弈更关心的问题是在什么条件下一个策略是"进化稳定"(evolutionary stable)的。

所谓"进化稳定策略",粗略地说是指在进化过程中对少量错误偏离保持稳健性的策略。对称两人策略博弈的进化稳定策略的博弈环境是,有一个很大的有机体(如微生物、植物、动物等)群体,其中的成员反复地随机匹配成对。群体的数量足够大,以至于某两个有机体发生超过 1 次匹配的概率可以忽略不计。每个有机体可能的行为模式的集合是相同的,如在"鹰鸽博弈"中每个个体的可能行为模式集都是(H, D)。两个有机体匹配时的结果仅依赖于它们两者所采取的行为模式。

繁殖是无性的(asexual),即每个有机体定期地产生其后代。一个有机体的行为模式很大概率取决于其父代的行为,但也有较小的概率会发生变异,在其行为模式集中随机地选择不同于其父代的其他行为。繁殖和变异因此被包含到模型中。

进化的另一个要素"选择"来自不同行为模式匹配时的支付矩阵,例如"鹰鸽博弈"中的表 3-1。根据支付矩阵参数的不同,可能存在进化稳定策略。例如,假定 $v>c>0$,即竞争胜利获得的资源价值大于竞争失败所付出的成本,则鹰策略(H)是进化稳定策略。这是因为,在一个全部采用 H 策略的种群里,如果发生少量的变异使一部分后代转而采用鸽策略(D),则这些采用 D 策略的变异后代无论面对采用什么策略的对手,其所得的支付总是低于未发生变异的采用 H 策略的后代。用 $u(X, Y)$ 表示一个有机体自己采用 X,匹配对手采用 Y 时它自己所获的支付,则"鹰鸽博弈"中的进化稳定策略要求:

$$\begin{cases} u(D, H) \leqslant u(H, H) \\ u(D, D) < u(H, D) \end{cases} \quad (3.13)$$

这两个条件保证了变异后代的适应度总是低于未变异的后代,从而变异后代的子代将趋于减少,因此不能入侵一个全部采用 H 策略的种群。

正式地,用记号 $u(a, a')$ 表示当对称两人策略博弈中的一个行为人的策略是 a,其匹配对手策略是 a' 时该行为人的支付,则策略 a^* 是进化稳定的,如果:

(i) (a^*, a^*) 是一个纳什均衡;

(ii) 对于 a^* 的每个其他的最优反应策略 $b \neq a^*$,有 $u(b, b) < u(a^*, b)$。

注意到对于严格纳什均衡 (a^*, a^*),条件(ii)将自动满足,因为严格纳什均衡不存在不同于 a^* 的其他的最优反应策略。还要注意条件(ii)中的不等号是严格的,否则变异子代可能既不增长也不消亡,而是与正常的个体共存。

定义了进化稳定策略(ESS)后,我们再回到表 3-1,分析鹰鸽博弈中的进化稳定策略。如前所述,当 $v>c$ 时"鹰鸽博弈"有一个严格纳什均衡(H,H),则此时 H 策略是进化稳定策略。换句话说,如果竞争者冒着受伤的风险去争夺资源仍然(平均意义上)是有利可图的,那么所有不采用 H 策略的成员最终会被进化过程所淘汰。

不难验证,当 $v<c$ 时"鹰鸽博弈"没有进化稳定策略,全部由 H 策略或 D 策略构成的种群不能抗拒少量变异个体的入侵。但是种群可能存在一个混合策略的进化稳定策略,或称为混合进化稳定策略(Mixed ESS)。假定混合策略 I 是:以概率 P 采取 H 策略,以概率 $1-P$ 采取 D 策略。而且,当这样的个体繁殖后代时,其后代也将遗传这一特性。Bishop 和 Canning[①] 给出了一个关于混合进化稳定策略的定理:

如果 I 是一个混合进化稳定策略,其对构成它的纯策略 A、B、C 等赋予非零的概率值,那么 I 必须满足:

$$u(A, I)=u(B, I)=u(C, I)=\cdots=u(I, I) \quad (3.14)$$

从直觉上讲,如果 $u(A, I)>u(B, I)$,博弈者为了获得更高的回报可以更多地采用 A 策略而较少地采取 B 策略,这也就意味着 I 不是进化稳定策略。因此,如果 I 是(混合)进化稳定策略,则构成 I 的纯策略所获得的期望回报必然是相等的。

因此,鹰鸽博弈的混合进化稳定策略必须满足:

$$u(H, I)=u(D, I)$$

或

$$Pu(H, H)+(1-P)u(H, D)=Pu(D, H)+(1-P)u(D, D) \quad (3.15)$$

代入表 3-1 中的参数,有:

$$\frac{1}{2}(v-c)P+v(1-P)=\frac{1}{2}v(1-P)$$

解得:

[①] Bishop, D., C. Cannings, "A generalized war of attrition", *Journal of Theoretical Biology*, 1978, 70(1).

$$P = \frac{v}{c} \tag{3.16}$$

因此,当 $v<c$ 时"鹰鸽博弈"有一个以概率 $P=\frac{v}{c}$ 的混合进化稳定策略。背后的直觉是,当竞争受伤的代价大于获胜取得的回报时,一味地竞争或一味地忍让都不是最优的策略。如果认为动物不会有意识地采取混合策略,则将概率 P 理解为种群中进化稳定状态下 H 策略者所占的比重就可以了。

鹰鸽博弈的基本模型可以拓展为多种复杂的形式,例如在 H 策略和 D 策略之外引入第三种策略"报复者 R",它对 H 策略采取 H 策略而对 D 策略采取 D 策略;或者考虑博弈的双方处于非对称的地位如引入所有权,让有产者 B 的策略是"如果是所有者则采用 D 策略,如果是入侵者则采用 H 策略"。对于这些策略的研究已经得到了生物学的支持,例如 J.M.Smith[1] 所引用的关于群栖蜘蛛的例子。这些蜘蛛分群生活,各自建造自己的蛛网和藏身的洞穴。如果有一只蜘蛛从自己的洞中被赶走,它会迅速离开并闯入另一只同类蜘蛛的洞穴中。因此在位的蜘蛛采取的是有产者的 B 策略。

如果基本模型假定的无限随机混合种群不成立,则个体可能遭遇到对同一个对手的持续的竞争。如果个体不能从经验中学习,则结论不会改变。如果存在学习效应,则策略不再具有固定的行为模式,而是变成对规则的学习。

第三节 复杂网络上的演化博弈

演化博弈的基本模型假定博弈是在无限大的同质种群中随机进行的,这种便于数学处理的假定运用于无意识的生物竞争时取得了巨大的成功,但是与人类社会的现实状况差异很大。最本质的区别在于,人是有智能的高级生物,会根据自己(以及他人)的行为及其后果来调整和改变自己未来的行为。为了更好地研究人类社会和自然界中普遍存在的复杂行为,20 世纪 90 年代以来逐渐出现了将演化博弈的环境假设为复杂网络的分析方法,即复杂网络上的演化博弈,或称为演化网络博弈。

---

[1] 〔英〕J.M.史密斯:《演化与博弈论》,潘春阳译,复旦大学出版社,2008 年,第 120 页。

一、自然界与人类社会的复杂性

17世纪由牛顿创立的微积分和经典力学经过18世纪的拉格朗日、哈密尔顿等一大批力学家、数学家的发展，成为一个完美的理论框架并在包括天文学、机械工程学等各个科学技术领域取得伟大的成就。这使科学界普遍接受了确定论，即只要精确地知道一个系统演化的方程和初值，就可以精确地预言它在任何时刻的运动，而且这个原则适用于宇宙间的万物。那些列不出方程或解不出方程的相对复杂的系统的行为，只是暂时不能精确预言，当人类的认识能力不断提高和解析技巧不断改进后，总有一天可以对它作出完整的认识。

但是，在19世纪研究热机理论的过程中，奥地利物理学家玻耳兹曼提出了熵和热力学第二定律的微观解释，也就是著名的玻耳兹曼公式：$S=k\ln\Omega$，其中S是系统的熵，Ω表示系统包含微观状态的数目，k是玻耳兹曼常数。这个公式说明熵与概率之间存在联系，大量随机事件构成的系统会自动趋向于它的大概率状态。反过来，系统趋向于它的小概率状态就必须有外界的干预，如输入能量、信息等，绝对不会自动进行。

除了发现微观世界的运动服从统计物理学规律外，人们逐渐发现宏观的确定性系统也可以产生复杂的随机状态，也就是混沌现象。按照经典力学，一个力学系统的演化(动力学系统)可以用一组微分方程描述，而线性微分方程原则上总是可以解析求解。但是数学家和物理学家逐渐认识到，在描述接近实际系统的微分方程中，非线性微分方程比线性微分方程要多得多，而且除了极少的特例外，绝大多数的非线性微分方程不能解析求解。19世纪末法国著名数学家庞加莱在研究小行星轨道的稳定性时发现，复杂到三体的引力相互作用就可能导致微分方程动力学描述的本质性改变，在系统的相空间中的某些特定位置产生"描述本质不同运动的图形""无限复杂地犬牙交错"的精细结构。这些结构足以使无限小的扰动产生运动结果的根本差别，从而使运动实际上不可预言。庞加莱的发现告诉我们，牛顿的经典力学法则中本来就包含了不确定、不规则、不可预言的演化可能性。混沌就是由确定性方程产生的、由于对初值或扰动无限敏感而表现出的貌似随机的运动，它是一种更复杂的随机状态。

我们可以举一个简单的例子来说明由确定性系统产生混沌现象。方程(3.6)给出的逻辑斯蒂方程是包含环境最大容纳量的种群增长模型，这是一个连续时间的微分方程。如果研究差分形式的逻辑斯蒂方程,就可以产生许多令人惊叹的结果。假定种群的最大容纳量 $K=1$,可得差分逻辑斯蒂方程:

$$x_{t+1}=ax_t(1-x_t) \tag{3.17}$$

在差分方程中,种群增长速度 a 类似于微分方程(3.6)中的 $1+r$。这一方程的动力学行为如此丰富,以至于有许多文章甚至书籍专门加以研究。

种群的多度 x 取值介于 0 和 1 之间。增长速率 a 可以在 0 到 4 之间变化。如果 $a<0$ 或 $a>4$,那么 x 是负值,这在生物学上是无意义的。

点 $x=0$ 总是平衡点。如果 $a<1$,那么系统唯一的稳定平衡点就是 $x^*=0$,这意味着种群最终将会灭亡。如果 $1<a<3$,那么系统唯一的稳定平衡点就是 $x^*=(a-1)/a$,从任何初始条件 $x_0\in(0,1)$ 出发的所有轨线将收敛到这一点。x^* 是开区间 $(0,1)$ 上的一个全局吸引子。

如果 $a>3$,则 x^* 就变得不稳定了。当 a 略大于 3 时,会产生周期为 2 的稳定振荡。随着 a 值的增大,周期为 2 的振荡将变成周期为 4 的振荡,然后是周期为 8 的振荡,以此类推。当 $a=3.57$ 时,将出现无穷多偶周期振荡。当 $a=3.6786$ 时,出现第一个奇周期。当 $3.82<a\leqslant 4$ 时,所有的周期都将出现。

当 $a=4$ 时,差分形式的逻辑斯蒂方程直接给出一个确定性混沌的例子。对于任意一个已知的值 x_t,代入方程可以直接计算下一代的种群大小 x_{t+1}。但是这个种群的动态是无法预测的,因为初始值 x_t 的一个很小的不确定性,如不清楚到底 $x_t=0.3156$ 或 0.3157,将在 10 代以后产生完全不同的结果。

自然界和人类社会的许多现象具有高度的复杂性,例如人类大脑的神经网络结构、国际贸易网络的结构、热能借助于城市供暖网络的传送、各种流行病的传播、计算机病毒在互联网上的传播、社会观念和舆论的传播、城市交通网络拥堵节点的形成等。在研究这些复杂现象的过程中,逐渐形成了复杂网络的理论和方法。

二、复杂网络

顾名思义,复杂网络是指相互联通高度复杂的网络状结构,但目前还没有一个统一的严格定义。钱学森给出了一个描述性定义:具有自组织、自相似、吸引子、小世界、无标度中部分或全部性质的网络称为复杂网络。维基百科中将复杂网络定义为由数量巨大的节点和节点之间错综复杂的关系共同构成的网络结构。

根据孙玺菁,复杂网络的复杂性主要表现在以下几个方面:[①]

(1) 网络规模巨大。网络节点数可以有成百上千万,甚至更多,但大规模的网络行为具有统计特性。

(2) 连接结构的复杂性。网络连接结构既非完全规则也非完全随机,但却具有其内在的自组织规律,网络结构可呈现多种不同的特性。

(3) 节点的复杂性。复杂网络中的节点可以代表任何事物,而且一个复杂网络中可能出现各种不同类型的节点,节点本身可以是各种非线性系统,具有分岔和混沌等非线性动力学行为。

(4) 网络时空深化过程复杂。复杂网络具有空间和时间的演化复杂性,可展示出丰富的复杂行为,特别是网络节点之间的不同类型的周期、非周期、混沌和阵发等同步化运动。

(5) 网络连接的稀疏性。一个有 N 个节点的具有全局耦合结构的网络的连接数目为 $O(N^2)$,而实际的大型网络的连接数目通常为 $O(N)$。

(6) 多重复杂性融合。若以上多重复杂性相互影响,将导致更为难以预料的结果。例如,供电系统的两个电站之间频繁地进行能量传输时,它们之间的连接权重会随之增加,供电网络通过不断地学习与记忆发生进化,这个进化的过程又决定了网络的拓扑结构。

除了以上列举的复杂性外,复杂网络一般还具有小世界特性、无标度特性和超家族特性等。

三、复杂网络演化博弈

博弈论的基本概念如静态博弈、动态博弈、完全信息、纳什均衡等无需重复。在研究复杂网络上的动力学问题时,博弈论的思想和方法得到广泛的应用,于是产生了所谓"复杂网络演化博弈",或称为"演化网络博弈"。

演化网络博弈最早应用于合作的产生问题。在人类社会和自然界中,自私个体之间产生合作是一个"惊人"的现象,得到了许多学者的重视和研究。演化网络博弈合理地假定有相当数量的个体(局中人),并且这些局中人之间的关系构成一个复杂网络,随着时间的演化每个局中人都在和他的邻居进行博弈。具体地说,网络演化博弈的定义是:

---

① 孙玺菁:《复杂网络算法与应用》,国防工业出版社,2016年,第3页。

(1) 数量 $N\to\infty$ 的局中人位于一个复杂网络上。

(2) 每个时间演化步,按照一定法则选取的一部分局中人以一定频率匹配进行博弈。

(3) 局中人采取的对策可以按照一定法则更新,所有局中人的策略更新法则相同。法则更新比博弈频率慢得多,使得局中人可以根据上一次更新对策成功与否选择、调整下一次的更新。

(4) 局中人可以感知环境、吸取信息,然后根据自己的经验和信念,在策略更新法则下更新其策略。

(5) 策略更新法则可能受到局中人所在网络拓扑结构的影响。

策略更新法则在网络演化博弈中具有特别重要的意义。常用的策略更新法则有:

(1) 模仿最优者(best-takes-over),即在每轮博弈过后,个体采取其邻居中获得最高收益的个体的策略进行下一轮交互。

(2) 比例更新(proportional updating),即个体在策略更新时,同时参考那些收益比自身高的邻居的策略,以正比于他们所得收益的概率进行策略转变。

(3) 配对比较(pairwise-comparison),即个体随机选择某一邻居进行收益的比较,以某个概率(为此两个个体收益差的函数)转变为对方的策略。

(4) 随机过程法,通常考虑生灭过程(birth-death),即在策略更新时,以正比于个体适应度的概率产生一个新的个体,然后随机取代此个体的某个邻居。

第四节 演化博弈理论在货币国际化问题上的适用性

在第二章文献综述中提到,货币搜寻模型是目前能够给出货币形成的微观机制的一类重要模型。虽然用货币搜寻模型解释国际货币的起源取得相当大的成功,但这类模型也存在一个明显的弱点,即缺乏对货币演化动态机制的清晰描述。现有国际货币搜寻文献中都存在多重均衡,并且均衡在一定条件下会相互转化,但转化机制是外生的,如本国交易者突然想尝试(experimental)使用外国货币进行交易等。本节拟借鉴进化生物学和演化博弈理论的研究思路,[1]对国际货币的产生和动态演进机制进行研究。

---

[1] J.W.Weibull, *Evolutionary Game Theory*, MIT Press, 1995.

根据达尔文的进化论思想,生物进化的基本要素是繁殖、变异和自然选择(Nowak, 2006a)。在繁殖过程中由于基因突变会产生新的物种,如果新物种对环境的适应性优于旧物种,它就会获得更多的生存机会,实现种群的扩大,与旧物种共存甚至取而代之。如果新物种的适应性劣于旧物种,它将被淘汰。这就是所谓的"物竞天择,适者生存"。达尔文进化论和牛顿经典力学、爱因斯坦相对论一样,是人类文明最重要的科学发现,其影响远远超出了生物学的范围。

国内外已经有一些运用进化博弈思想的社会科学研究,如经济制度、[①]社会习惯[②]等。进化思想同样可以应用于国际货币演化。[③]不同货币的国际信用和风险特征不同,因而对国际市场交易环境具有不同的适应性。适应于国际市场环境的货币可以逐渐扩大其使用范围和交易数量,从主权货币发展为国际货币;而不适应国际市场环境的货币则逐渐被国际市场所淘汰,甚至在其发行国主权范围内也可能被国际货币所替代,如个别国家的"美元化"现象。

下面我们用一个基本的演化博弈模型分析国际货币的起源和演化。假定存在一个集中的国际市场,所有企业均在这个市场上进行国际交易。存在两种货币 D(美元)或 E(欧元),企业可以选择在交易中使用其中一种。所有企业的群体[④]用[0, 1]区间的连续统表示。为简化分析,暂时假定企业是同质的,用两种货币均可以同样方便地完成交易。交易过程是,在每一期从企业群体中随机地将所有企业两两配对,如果两个配对企业选择的货币相同,则完成交易;否则交易失败,进入下一期。企业的收益矩阵(payoff matrix)如表 3-2 所示:

表 3-2　国际货币选择的收益矩阵

企业 I、II	D(美元)	E(欧元)
D(美元)	(1, 1)	(0, 0)
E(欧元)	(0, 0)	(1, 1)

显然,表 3-2 的博弈存在 2 个纯策略纳什均衡:$X_1=(1, 0)=Y_1$, $X_2=(0, 1)=Y_2$,分别对应于企业 I、II 同时选择货币 D(美元)和同时选择货币 E

[①] Van Assche, Kristof, *Evolutionary Governance Theory: An Introduction*, Springer, 2014.
[②] Nowak, Martin A., "Five rules for the evolution of cooperation", *Science* 2006b(314).
[③] 英文 evolution 在生物学中翻译为进化,在社会科学中通常翻译为演化。
[④] 即 population,也可以称为所有企业的总体。

(欧元)。此外,这个博弈还有一个混合策略纳什均衡,$X_3 = \left(\frac{1}{2}, \frac{1}{2}\right) = Y_3$,即每个企业以相同的概率选择货币 D 或货币 E,或者理解为整个群体中有一半的企业选择货币 D,另外一半的企业选择货币 E。

为了检验以上 3 个纳什均衡是不是进化稳定策略(Evolutionary Stable Strategy, ESS),记策略 $X=(x, 1-x)$,我们利用如下的命题 3-1:[①]

命题 3-1:

策略 X^* 是进化稳定策略(ESS)的充分必要条件是以下两个条件之一成立:

(1) $u(x^*, x^*) > u(x, x^*)$, $\forall 0 \leqslant x \leqslant 1, x \neq x^*$,

(2) $u(x^*, x^*) = u(x, x^*) \Rightarrow u(x^*, x) > u(x, x)$, $\forall x \neq x^*$。

对于策略 X_1,容易验证 $u(1, 1)=1 > u(x, 1)=x, x \neq 1$,命题 1 中的(1)式成立,因此策略 X_1 是进化稳定策略。类似地策略 X_2 也是 ESS。

对于策略 X_3,由于 $u\left(\frac{1}{2}, \frac{1}{2}\right) = \frac{1}{2} = u\left(x, \frac{1}{2}\right)$,因此 $u(x^*, x^*) = u(x, x^*)$,命题 1 中(2)式的前面部分成立。但对于任意的 $x \neq \frac{1}{2}$,$u(x^*, x) = \frac{1}{2} > u(x, x) = x^2 + (1-x)^2$ 不成立。因此策略 X_3 不是 ESS。

这个演化博弈模型虽然是高度简化的,但它仍然对我们研究国际货币的起源具有重要启示。如果两种货币的功能完全对称,则哪种货币会成为国际货币取决于初始条件。初始使用比例较大 $\left(x > \frac{1}{2}\right)$ 的货币将逐渐扩大其使用范围,最终完全取代另一种货币。如果两种货币的初始使用比例均为 $\frac{1}{2}$,这时处于一种临界的稳定状态,有利于某种货币的较小外生扰动将推动系统向完全使用这种货币的状态演化。这就是所谓的"路径依赖"。

下面我们具体分析国际货币演化的动态过程。假定国际市场上的企业可以自由选择使用货币 D 或货币 E 进行交易,收益矩阵如表 3-2 所示。由于企业是同质的,收益矩阵可以简化为一个单位矩阵:

$$A = \begin{bmatrix} 1 & 0 \\ 0 & 1 \end{bmatrix}$$

[①] Barron, E.N. *Game Theory*, An Introduction(2e), Wiley 2013.

矩阵 A 表示企业 I 与企业 II 匹配时的收益矩阵，由对称性企业 II 的收益矩阵 $B=A^T=\begin{bmatrix}1&0\\0&1\end{bmatrix}$。

记 p_j 为全体企业种群中初始使用纯策略 X_j 的企业的比例，我们有 $p_j \geqslant 0$，$\sum_{j=1}^{2} p_j = 1$。记 $\pi=(p_1,p_2)$ 为种群所处的状态，它是时间 t 的函数。对于任意的一个企业，在种群状态为 π 时它使用纯策略 X_j 的预期收益为：

$$E(j,\pi)=\sum_{k=1}^{2} a_{j,k} p_k = A_i \pi$$，其中 A_i 表示矩阵 A 的第 i 行。简单计算可知 $E(1,\pi)=p_1$，$E(2,\pi)=p_2$。

整个企业种群的预期收益为：

$$E(\pi,\pi)=\sum_{i=1}^{2} p_i \Big[\sum_{k=1}^{2} a_{i,k} p_k\Big]=\pi A \pi^T = p_1^2 + p_2^2$$

由此我们得到这个系统的复制动态方程（replicator dynamics）：

$$\begin{cases}\dfrac{dp_1(t)}{dt}=p_1(t)[p_1-p_1^2-p_2^2],\\ \dfrac{dp_2(t)}{dt}=p_2(t)[p_2-p_1^2-p_2^2]\end{cases} \quad (3.18)$$

当 $\dfrac{dp_1(t)}{dt}=\dfrac{dp_2(t)}{dt}=0$ 时，系统处于稳态，这对应于微分方程组的 3 个稳态解 $p_1=0$，$p_2=0$，以及 $p_1=p_2=\dfrac{1}{2}$。

复制动态方程给出了在两种货币竞争成为国际货币时，系统从初始状态向稳态演化的路径。我们可以直观地画图 3-1 表示。

在图 3-1 中，系统只有恰好起始于状态 $p_1=p_2=\dfrac{1}{2}$ 时，才会一直保持两种货币各占一半的比例不变，起始于其他状态时都会演化到 $p_1=0$ 或 $p_2=0$，即最终只存在一种国际货币。

根据以上的分析，从演化博弈的视角来看，货币的国际化是一个市场选择的动态过程。当两种或多种主权货币在国际市场上可以用作国际货币时，市场上的交易者会按照他们的需求选择最适合于自己使用的国际货币，所考

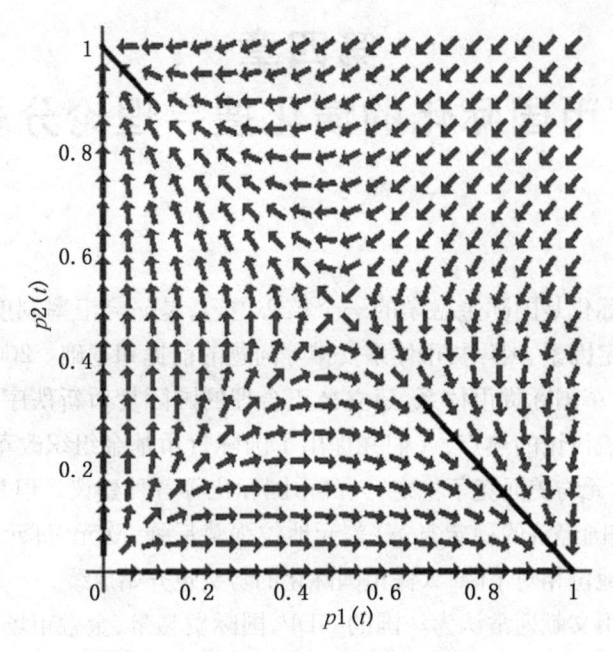

图 3-1　系统的动态演化路径

虑的因素包括货币的价值稳定性、自己使用该货币的交易成本、交易对手方的偏好等。如图 3-1 所分析的，若两种货币的作用是完全对称的，市场对这两种货币的选择将会无差异。但这是一种过于理想化的状态。因此，现实国际货币的演化过程必然比这里的分析要复杂得多。我们将在下一章对此处的国际货币对称演化模型作几个方向上的拓展。

第四章
货币国际化的演化搜寻理论分析

货币国际化是国际金融学的一个核心内容,是研究汇率制度选择、均衡汇率水平决定因素、国际货币体系安排等问题的前提和基础。2008年全球金融危机后,改革国际货币体系、建立公正合理的国际货币新秩序成为国际学术和政策领域讨论的热点,人们并提出了国际货币基金组织改革、金砖国家货币合作、欧元与美元竞争稳定、人民币国际化等各种建议。但是从2015年以来,随着美国经济的稳定复苏,美元地位强势反弹,欧元、日元和英镑等其他国际货币地位相对下降,人民币国际化的势头也开始放缓。

国际货币文献通常认为一国的GDP、国际贸易量、金融市场发展等宏观经济变量决定了货币的国际化程度,然而人民币的国际化水平却在这些宏观变量持续增长的同时发生了明显的反转。这个事实说明仅仅从宏观角度分析货币国际化是不够的,并提出了一个非常值得思考的问题:国际货币起源和演化的微观基础是什么?

显然,国际货币作为在国际市场上充当一般等价物的货币,它形成的微观基础应该从国际市场中企业的角度来寻找。在不考虑外汇管制的情况下,企业可以根据自身的利益选择在国际交易中所希望使用的货币,一次交易所涉及的两个企业对交易货币的选择共同决定了交易的结果,这本质上是一个(静态)博弈问题。更重要的是,国际市场上存在明显的"学习效应",如果一个企业使用某种货币更容易完成交易,则其他企业会观察和模仿该企业的行为,并在以后的交易中更倾向于选择这种货币。因此,国际货币的演化应该在动态博弈的环境中进行分析。

遗憾的是,目前在博弈框架下研究国际货币演化的文献相当缺乏。Barron在一个非常简化的例子中描述了欧元和美元两种货币的演化均衡,其中的企业是同质的(即单一种群企业),如第三章的图3-1。本章的边际贡献主要有两个:一是把单一种群环境下国际货币的演化扩展到多种群环境;二是把汇率预期因素作为货币国际化的微观因素,考察不同程度的汇率预期对企业选择使用国际货币的影响。这两个扩展具有重要的意义,因为在多种群环境下进行国际交易的企业可以是不同质的,汇率预期的改变会改变企业的行为。企业对货币的偏好会影响货币的国际使用量,最终决定货币的国际化程度,这是与国际货币宏观文献不同的一个新方法。

第一节 国际货币演化的非对称模型

第三章的对称演化模型假定两种货币的市场交易功能完全相同,这与国际货币的现实情况差异很大。因此我们在对称演化模型的基础上加以扩展。假定市场环境与对称演化模型相同,企业是同质的,每一期它们两两配对进行交易。有一种在位的国际货币 D(如美元),以及一种刚刚开始国际化的货币 Y(不妨设想为人民币)。由于货币 D 已经被国际市场广泛使用,企业使用 D 货币可以获得更大的收益(交易成本更低)。货币 Y 是一种新货币,其交易成本较高。企业的收益矩阵 A 如表 4-1 所示:

表 4-1 国际货币选择的收益矩阵 A(非对称货币)

企业 I	D(美元)	Y(人民币)
D(美元)	a	a
Y(人民币)	$a-r$	$a-\dfrac{r}{2}$

由于企业是同质的,我们只写出简化的收益矩阵 A。表 4-1 中的数据可以这样理解:企业使用现有国际货币 D 完成交易的收益为 a,使用新货币 Y 完成交易需要支付附加成本 r,如货币兑换成本等。如果两个企业同时选择新货币 Y,则附加成本由它们均摊。注意在支付附加成本(如货币兑换成本等)后,两个使用不同货币的企业也可以完成交易。

在表 4-1 中,由于 $a>a-\dfrac{r}{2}>a-r$,使用现有国际货币 D 是一个严格占优策略,因而也是一个进化稳定策略(ESS)。如果国际市场上大多数企业均使用现有国际货币 D 进行交易,则少量使用新货币 Y 的企业最终将退出市场。

显然,为了让使用新货币 Y 的企业有可能在大多数企业均使用现有国际货币 D 的环境中生存下来,使用新货币 Y 必须具有某种额外的收益。我们考虑两种情况:升值预期和政府补贴。

① 货币 Y 存在升值预期。假定国际市场上有货币 Y 将升值的预期,使用 Y 的企业将由于货币 Y 升值而获得额外收益 s。如果两个企业同时选择

货币 Y,则它们分享这个额外收益。此时企业的收益矩阵如表 4-2 所示:

表 4-2 国际货币选择的收益矩阵(Y 升值预期)

企业 I	D(美元)	Y(人民币)
D(美元)	a	a
Y(人民币)	$a+s-r$	$a+\dfrac{s}{2}-\dfrac{r}{2}$

如果升值预期较小,$s<r$,则新货币 Y 不能侵入 D。但如果有较大的 Y 升值预期,使 $s>r$,则我们有 $a<a+\dfrac{s-r}{2}<a+s-r$,此时使用货币 Y 成为严格占优策略。只要有很少的企业率先使用货币 Y,最终所有的企业都将从使用 D 转而使用货币 Y。因此我们有如下结论:

命题 4-1:

存在升值预期的货币将更容易实现国际化。

② 货币 Y 的发行国对使用 Y 的企业进行补贴。此时企业的收益矩阵如表 4-3 所示:

表 4-3 国际货币选择的收益矩阵(政府补贴 Y)

企业 I	D(美元)	Y(人民币)
D(美元)	a	a
Y(人民币)	$a+s-r$	$a-\dfrac{r}{2}$

当使用新货币 Y 的企业与使用货币 D 的企业交易时,它可以从货币 Y 的发行国获得补贴 s。政府补贴针对特定的 Y-D 交易,如果两个企业均使用 Y,则它们均不获得补贴。因此我们有:

$$a<a+s-r,\text{且 }a>a-\dfrac{r}{2} \tag{4.1}$$

根据演化博弈理论,表 4-3 的参数将导致一个两种货币 D 与 Y 共存的进化稳定均衡。用 A_{ij} 表示矩阵 A 的第 (i,j) 个元素,则均衡时使用货币 D 的企业占全部企业的比例为:①

$$d^*=\dfrac{A_{22}-A_{12}}{A_{11}-A_{12}-A_{21}+A_{22}}=\dfrac{r}{2s-r} \tag{4.2}$$

---

① 详细的推导从略,可参见 Nowak(2006a),第 38 页。

由于所有企业的群体为区间[0，1]，均衡时使用货币 Y 的企业占全部企业的比例为：

$$y^* = 1 - d^* = \frac{2s - 2r}{2s - r} \qquad (4.3)$$

我们关注均衡时新货币 Y 的比例，将上式分别对参数 s 和 r 求导，得：

$$\frac{dy^*}{ds} = \frac{2r}{(2s-r)^2} > 0, \qquad (4.4)$$

$$\frac{dy^*}{dr} = \frac{-2s}{(2s-r)^2} < 0 \qquad (4.5)$$

总结以上结果，我们有如下结论：

命题 4-2：

政府对使用 Y 的企业进行补贴的力度越大，使用新货币 Y 的企业越多；而使用 Y 的附加成本越高，使用它的企业越少。

本节的国际货币演化模型是高度简化的，抽象了企业在国际交易决策中选择定价结算货币的许多具体因素，因此不可能直接用货币国际交易的数据来验证模型的动态路径。考虑到数据可得性，我们将用人民币国际化与人民币升值预期的数据来验证命题 4-1，即升值预期有利于货币国际化。

中国从 2009 年 7 月开始试点跨境贸易人民币结算，初期增长速度很快，但人民币结算在世界贸易总量中的比例仍然很小。根据中国人民银行发布的数据，2010 年人民币贸易结算金额折合 738.6 亿美元（当年平均汇率 6.769 6），约占世界贸易总量的 0.48%。2011 年人民币贸易结算金额折合 3 218.3 亿美元（当年平均汇率 6.463 0），约占世界贸易总量的 1.77%。由于目前只能获得 2012 年起的人民币跨境贸易结算月度数据，我们研究的时间区间为 2012 年 1 月至 2021 年 1 月。下图 4-1 是跨境贸易人民币结算金额的变化趋势。

由图 4-1 可知，跨境贸易人民币结算从 2012 年 1 月起大致呈现逐月增加的走势，月度结算金额 2012 年 1 月为 1 284 亿元，2013 年 11 月达到 5 064 亿元。此后，人民币结算金额的波动幅度明显扩大。2015 年 8 月人民币兑美元汇率一次性贬值约 4% 之后，人民币结算金额的波动出现振荡发散的趋势，相邻两个月的差异达到 2 000 亿元至 3 000 亿元，并且结算金额在波动中趋于下降。2016 年 7 月以来，跨境贸易人民币结算金额大体保持在每月 4 000 亿元到 6 000 亿元。

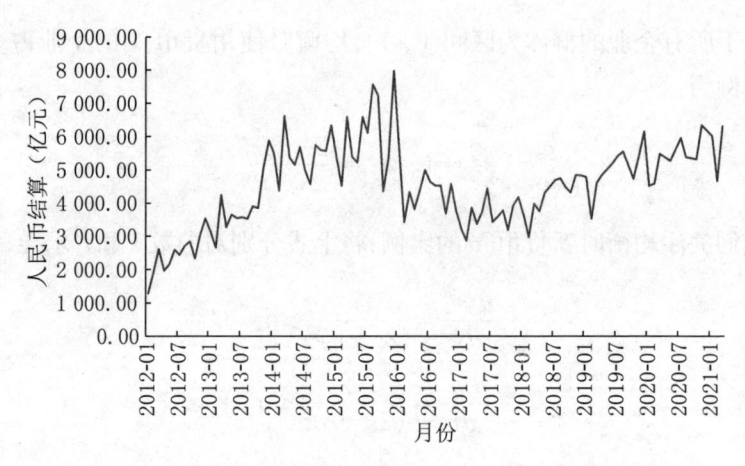

图 4-1 跨境贸易人民币结算金额(2012 年 1 月—2021 年 1 月)

我们利用计量经济学模型检验跨境贸易人民币结算与人民币升值预期之间的关系。被解释变量为人民币结算金额,其数据直接取自 WIND 数据库。主要的解释变量为人民币升值预期。升值预期是一个不可观测的变量,根据文献中通常的做法,我们用人民币兑美元的即期汇率与中国香港地区市场人民币兑美元 12 个月期限的无本金交割远期汇率(NDF)之差度量市场对人民币升值的预期,差额为正表示市场预期人民币将升值。将每个月各交易日的汇率数据取算术平均,得到人民币升值预期的月度数据,如下图 4-2 所示。

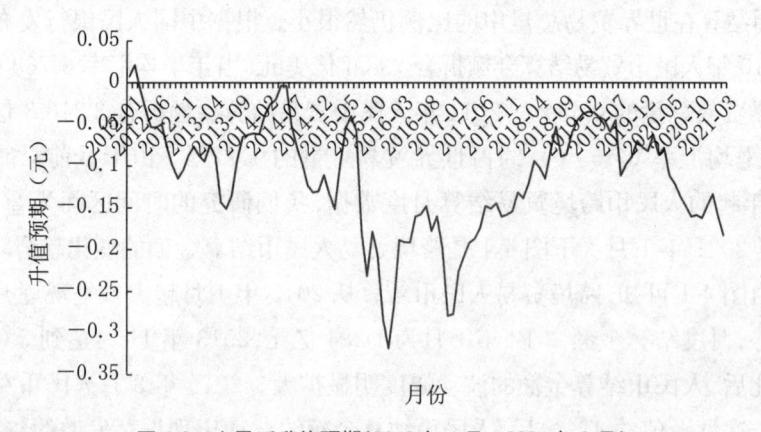

图 4-2 人民币升值预期(2012 年 1 月—2021 年 3 月)

图 4-2 显示从 2012 年 1 月起,人民币一直存在着贬值预期(升值预期为负)。这个预期在 2014 年 9 月之前并不大,其绝对值基本在 0.1 以内,不到同

期人民币平均汇率 6.3 的 1.5%。但 2014 年 10 月起人民币贬值预期迅速扩大，2015 年 8 月人民币汇率一次性贬值约 4% 后贬值预期接近 0.3，达到同期人民币平均汇率的 4.5%。2017 年 1 月之后，人民币贬值预期逐渐收窄，2018 年 7 月至 2019 年 7 月保持在 0.05 以内，不足同期人民币平均汇率的 1%。但 2019 年 8 月以来，人民币贬值预期又趋于扩大，至 2021 年 3 月达到 0.18，约为同期人民币平均汇率的 2.76%。

我们建立如下的计量经济模型：

$$\ln(rmbset_t) = \beta_0 + \beta_1(er\_exp_t) + \beta(\ln X_t) + \varepsilon_t \tag{4.6}$$

其中，变量 $rmbset$ 是人民币结算金额，变量 er_exp 是人民币升值预期，向量 X 表示模型中选取的其他解释变量，ε_t 为随机误差项。我们主要关心系数 β_1 的符号，并预期它与人民币跨境贸易结算正相关。模型中的其他解释变量包括：

① 中国对外贸易的相对规模。Grassman[①] 在研究发达国家贸易结算货币选择时发现存在一个经验规则，即国家在出口贸易中更多地使用本币作为计价货币，这被称为 Grassman 规则。因此，中国出口占世界的份额上升有利于贸易商使用人民币结算。与此同时，在人民币国际化的初期存在明显的进口支付人民币为主的现象，因此中国进口的增加也可能提高人民币的国际结算量。鉴于公布的人民币跨境贸易结算数据不区分进口或出口，我们将上述两个因素合并，用中国对外贸易占世界贸易总量的份额（trade_r）表示贸易规模因素，并预期它与人民币跨境贸易结算正相关。

② 中国相对于美国的通货膨胀率。在不兑现的主权国家货币充当国际货币的当今世界，国际货币的价值从根本上体现为它在其发行国的实际购买力。因此，国际货币发行国的通货膨胀率衡量了该种货币价值的稳定程度，从而影响国际市场对采用它进行交易的信心。[②] 由于美国是全球最大的经济体，美元是最主要的国际货币，我们用中国相对于美国的通货膨胀率（cpi_r）度量人民币对内价值，并预期它与人民币跨境贸易结算负相关。

③ 人民币实际有效汇率水平。汇率水平和汇率预期是两个不同的概念。汇率预期通常是短期的，根据完成一笔进出口贸易所需要的时间不同大体在

[①] Grassman, S., "A fundamental symmetry in international payment patterns", *Jouranl of International Economics*, 1973(3).
[②] 袁申国、徐冬梅：《升值背景下跨境贸易人民币结算影响因素的实证分析》，《广东财经大学学报》，2014 年第 1 期。

3个月至12个月以内。汇率水平则代表着长期趋势,因为一国货币的持续升值表明其对外价值较为坚挺,形成的网络外部性有利于贸易商采用它作为结算货币。此外,2006年以来人民币不断升值是中国政府推动人民币国际化的直接原因。白钦先和张志文[1]认为,货币升值会给该种货币及其标价资产的持有人带来货币升值收益,从而有利于该种货币的国际化。我们用国际清算银行(BIS)发布的人民币实际有效汇率指数(reer)表示人民币对外价值,并预期它与人民币跨境贸易结算正相关。

④ 中国的金融市场发展程度。美元的历史经验表明,发达的金融市场是推动一国货币成为国际货币的关键。Devereux 和 Engle[2]认为,稳定的货币供给能在一定程度上抵消汇率的价格转移效应对国内物价和工资的冲击,因而能够增强货币持有者的信心,厂商也就更愿意使用该种货币进行贸易结算。Ligthart 和 Da Silva[3]发现银行体系的发展是影响本币结算的主要因素之一。广义货币供应量(M2)是度量一国经济货币化程度的基本指标,与金融市场的发展具有密切的关系。因此,我们用中国的 M2 表示金融市场发展程度,并预期它与人民币跨境贸易结算正相关。

以上变量除人民币升值预期和相对通货膨胀率可正可负故取其水平值外,其余均取对数。采用 OLS 方法和 Stata 软件,回归结果列示如表 4-4。

表 4-4 升值预期对人民币结算的影响

变量名	系　数	P值
er_exp	1.490***	0.003
ltrade_r	1.116***	0.000
cpi_r	−0.034	0.522
lreer	0.044	0.973
lm2	2.767***	0.000
_cons	−28.392	0.000
调整 R^2	—	0.8319
$F(5, 44)$	—	49.5
$Prob(>F)$	—	0.000

・注:表中 ***、**、* 依次表示在 1%、5%、10%的水平下显著。

[1] 白钦先、张志文:《外汇储备规模与本币国际化:日元的经验研究》,《经济研究》,2011 年第 10 期。
[2] Devereux M. and S. Engle, "Endogenous exchange rate pass-through when nominal prices are set in advance", *Journal of International Economics*, 2004(63).
[3] Ligthart J. and Da Silva, "Currency invoicing in international trade: a panel data approach", *Tilburg University Discussion Paper*, 2007(2).

从表 4-4 可知,人民币升值预期对跨境贸易人民币结算有显著的正影响,1 个单位的升值预期平均提高人民币结算金额 1.49%。中国国际贸易占世界的比例提高 1 个百分点将平均提高人民币结算金额 1.1 个百分点。中国广义货币供应量增长 1 个百分点将平均提高人民币结算金额 2.7 个百分点。相对通货膨胀率和人民币实际有效汇率的系数符号与预期一致,但它们均不显著。

第二节 多种群对称演化博弈模型

J.M.Smith(1973)开始的经典演化博弈理论在单一种群的环境中讨论不同策略个体的适应度,以及由此导致的进化过程。此后有一些文献将博弈环境推广到多种群对称博弈,将经典演化博弈理论稍加修改,就可以用于分析国际货币的演化,并得到一个多种群对称博弈模型。随后我们将模型推广到多种群的不对称博弈。

一、模型设定

假定国际市场上有两种国际货币,分别用 D 和 E 表示。国际市场上存在两类企业,分别记为类型①和类型②。两类企业的数量相等且充分大,以至于它们的种群都可以用[0,1]区间的连续统表示。假定①类企业较为偏好使用货币 D,②类企业较为偏好使用货币 E。交易过程是,在每一期①类企业种群中的每个企业均随机地与②类企业种群中的 1 个企业进行配对,并使用各自偏好的货币进行交易。一期交易结束后,所有企业都能看到自己类型企业的平均收益,并按照自己收益与本类型平均收益的差别来调整自己的策略,然后进行下一期交易。根据 Fudenberg 和 Levine,[①]这样的调整策略将产生与生物种群中无意识的个体按照基因规定两两匹配博弈相似的复制动态路径。

两类企业交易的收益矩阵如表 4-5,其中行表示①类企业,列表示②类企业。表中的参数 $a>b>c$,这表示当两个配对的企业选择同一种货币时,它们能够方便地达成交易,而且使用偏好货币的企业收益更大($a>b$)。而当两个配对企业选择的货币不同时,它们的收益相同且较低($c<b$),这表示它们需要支付一定的货币兑换成本才能完成交易。如果 $c=0$,则表示配对企业选择

[①] Fudenberg, D. and D.Levine, *The Theory of Learning in Games*. Cambridge,MA: The MIT Press, 1998.

不同的货币就不能进行交易。

表 4-5 国际货币选择的收益矩阵

企业 1 \ 企业 2	D(比例 $1-r$)	E(比例 r)
D(比例 q)	(a, b)	(c, c)
E(比例 $1-q$)	(c, c)	(b, a)

二、演化分析

设初始使用货币 D 的①类企业比重为 q，使用货币 E 的②类企业比重为 r，则使用货币 E 的①类企业比重为 $1-q$，使用货币 D 的②类企业比重为 $1-r$。根据以上条件可以计算企业的期望收益和每类企业的平均收益。

使用货币 D 的①类企业期望收益为：

$$\pi_1^D = a(1-r) + cr$$

使用货币 E 的①类企业期望收益为：

$$\pi_1^E = c(1-r) + br$$

①类企业的平均期望收益为：

$$\pi_1 = q\pi_1^D + (1-q)\pi_1^E$$

使用货币 D 的②类企业期望收益为：

$$\pi_2^D = bq + c(1-q)$$

使用货币 E 的②类企业期望收益为：

$$\pi_2^E = cq + a(1-q)$$

②类企业的平均期望收益为：

$$\pi_2 = (1-r)\pi_2^D + r\pi_2^E$$

由此我们得到两类企业的复制动态方程。使用货币 D 的①类企业比重 q 的复制动态为：

$$\frac{dq}{dt} = q(\pi_1^D - \pi_1) = q(1-q)[r(2c-a-b) + (a-c)] \tag{4.7}$$

使用货币 E 的②类企业比重 r 的复制动态为：

$$\frac{dr}{dt}=r(\pi_2^E-\pi_2)=r(1-r)[q(2c-a-b)+(a-c)] \qquad (4.8)$$

以上(4.7)、(4.8)两式构成了国际货币两种群对称博弈模型的基本动态系统。根据微分方程理论可知,使用货币 D 的①类企业比重 q 有两个稳态 $q_1=0$,$q_2=1$,此外当 $r=r^*=\dfrac{a-c}{a+b-2c}$ 时,所有的 q 都是稳定状态。对称地,使用货币 E 的②类企业比重 r 有两个稳态 $r_1=0$,$r_2=1$,此外当 $q=q^*=\dfrac{a-c}{a+b-2c}$ 时,所有的 r 都是稳定状态。我们可以画出这个动态系统的相位图(图 4-3)。

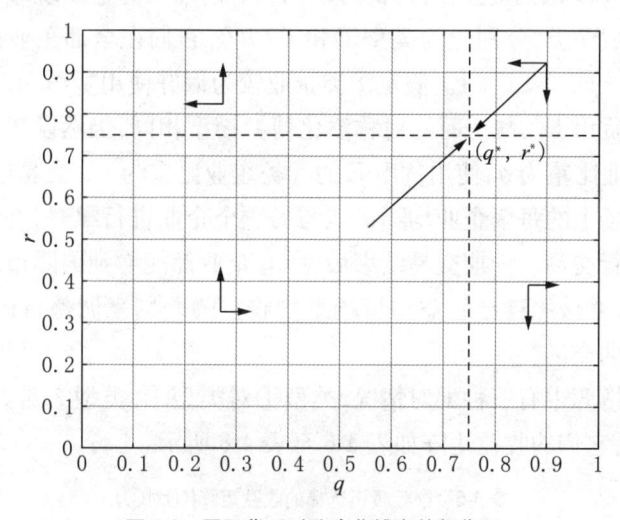

图 4-3　国际货币对称演化博弈的相位图

从相位图 4-3 可以直观地得到国际市场上两类货币的使用情况。假定不存在金融市场,只有匹配的两个企业使用同一种货币时才完成交易,分别使用不同的货币就不能进行交易,则每次交易中使用货币 D 的匹配比例为 $x^D=q(1-r)$,使用货币 E 的匹配比例为 $x^E=r(1-q)$。当系统收敛到均衡状态 (q^*,r^*) 时,货币 D 的使用比例占全部交易的 $q^*(1-r^*)$,货币 E 的使用比例占全部交易的 $r^*(1-q^*)$。

第三节　多种群不对称演化博弈模型

在前面的对称演化博弈模型中,两类企业的数量相等,每个企业均是与另一类中随机选取的 1 个企业进行匹配和交易。这种博弈环境与国际市场上的企业行为有较大的差距。在国际市场上，可能存在着大国货币和小国货币，也可能存在在位的国际货币与新兴的国际货币，因此两类偏好使用不同货币交易的企业种群的数量可能是不相等的。而且，同一类企业内部也可以发生国际交易，例如偏好使用美元交易的巴西企业与阿根廷企业之间的交易行为。下面我们将模型扩展为一个多种群不对称的国际货币演化博弈模型。

一、模型设定

假定国际市场上有两种国际货币，分别用 D 和 E 表示。国际市场上企业的数量充分大，以至于它们的种群可以用 $[0,1]$ 区间的连续统表示。所有的企业可以分成两类，分别记为类型①和类型②，它们在全部企业中的比例分别为 p 和 $1-p$，$0<p<1$。假定①类企业较为偏好使用货币 D，②类企业较为偏好使用货币 E。与前面的对称演化博弈模型相同，仍然设初始使用货币 D 的①类企业比重为 q，使用货币 E 的②类企业比重为 r。交易过程是，在每一期国际市场上的每个企业均随机地与另一个企业进行配对，并使用各自偏好的货币进行交易。一期交易结束后，所有企业都能看到国际市场全部企业的平均收益，并按照自己收益与市场平均收益的差别来调整自己的策略，然后进行下一期交易。

现在的博弈中有三种配对情况，类型①对类型①，类型②对类型②，类型①对类型②，它们的收益矩阵如表 4-6 至表 4-8 所示。

表 4-6　国际货币选择的收益矩阵(①对①)

①类	①类 D	E
D	(a, a)	(b, c)
E	(c, b)	(d, d)

表 4-6 中的参数有 $a>b>c>d$，对此可以这样理解：由于①类企业较为偏好使用货币 D，两个①类企业都选择货币 D 交易时两者都可以获得最大的收益 a。如果一个选择货币 D 而另一个选择货币 E，它们的总收益减少（$b+c<2a$），并且使用货币 E 的①类企业收益减少更多。如果它们都选择使用货币 E 交易，总收益减少更多，每个企业只能获得最小的收益 d。表 4-7 的参数与表 4-6 是类似的，只是表 4-7 中两个②类企业都选择货币 E 交易可以获得最大的收益。

表 4-7　国际货币选择的收益矩阵(②对②)

② 类 \ ② 类	D	E
D	(d, d)	(c, b)
E	(b, c)	(a, a)

表 4-8　国际货币选择的收益矩阵(①对②)

① 类 \ ② 类	D	E
D	(A, B)	(C, C)
E	(C, C)	(B, A)

表 4-8 是①类企业与②类企业匹配时的收益情况。这里有 $A>B>C$，表示当两个配对企业选择同一种货币时它们的收益较高，因为两个配对企业选择同一种货币可以立即完成交易，且使用自己所偏好的货币的企业收益最大。两个配对企业选择不同货币时需要支付一定的货币兑换成本，从而企业获得的收益较小。此外与表 4-6 和表 4-7 相比，我们还假定有 $A>a$，$B>b$，这表示两类不同企业相匹配比两个同类企业匹配会产生更高的收益。这个假定的合理性在于，类似于生物学上的"杂交优势"，在国际贸易中禀赋差异较大的企业间进行交易可以获得更大的贸易收益。

二、国际货币的演化

下面我们来考察国际货币的演化过程。根据前面的假定，在一个初始时期 $t=t_0$，国际市场上①、②类型企业占企业总体的比例分别为 p 和 $1-p$，其中使用货币 D 的①类企业比例为 pq，使用货币 E 的①类企业比例为 $p(1-q)$，使用货币 D 的②类企业比例为 $(1-p)(1-r)$，使用货币 E 的②类企业比例为 $(1-p)r$，其中有 $0<p,q,r<1$。在 $t=t_1$ 时期，所有企业两两匹配进行交易。由于企业的总量充分大，无论初始的企业类型如何分布，都无需考虑一个企业与它自己匹配的可能性。因此，对于一个使用货币 D 的①类企业，它的期望收益为：

$$\pi_1^D = p[aq+b(1-q)] + (1-p)[(1-r)A+rC] \tag{4.9}$$

使用货币 E 的①类企业期望收益为：

$$\pi_1^E = p[cq+d(1-q)] + (1-p)[(1-r)C+rB] \tag{4.10}$$

使用货币 D 的②类企业期望收益为：

$$\pi_2^D = p[Bq+C(1-q)]+(1-p)[(1-r)d+rc] \tag{4.11}$$

使用货币 E 的②类企业期望收益为：

$$\pi_1^E = p[Cq+A(1-q)]+(1-p)[(1-r)b+ra] \tag{4.12}$$

令 $\Delta_1 = \pi_1^D - \pi_1^E$，$\Delta_2 = \pi_2^E - \pi_2^D$ 表示每类企业采用偏好货币与非偏好货币的收益之差，容易得到：

$$\Delta_1 = p[q(a-c)+(1-q)(b-d)]+(1-p)[(1-r)(A-C)+r(C-B)] \tag{4.13}$$

$$\Delta_2 = p[q(C-B)+(1-q)(A-C)]+(1-p)[(1-r)(b-d)+r(a-c)] \tag{4.14}$$

当 $\Delta_1 > 0$ 时①类企业使用货币 D 是占优策略，使用货币 E 的①类企业将转变为使用货币 D。类似地，当 $\Delta_2 > 0$ 时②类企业使用货币 E 是占优策略，使用货币 D 的①类企业将转变为使用货币 E。而 $\Delta_1 = 0$ 和 $\Delta_2 = 0$ 表示两类企业策略转换的临界条件。

三、数值模拟

由于前面多种群不对称演化模型中共有 10 个参数（3 个种群比例参数 p，q，r 和 7 个博弈收益参数 a，b，c，d，A，B，C），对模型进行解析的研究非常困难。下面我们尝试给出收益参数的值，进而研究种群比例参数之间的关系及对应的国际货币使用情况。

设 $a=3$，$b=2$，$c=d=1$，$A=4$，$B=2$，$C=1$，此时(3)、(4)两式化简为：

$$\Delta_1 = 3-2p-4r+pq+4pr = 0 \tag{4.15}$$

$$\Delta_2 = 1+2p-4pq+r-rp = 0 \tag{4.16}$$

将①类企业中使用货币 D 的比例 q 作为参数，则(4.15)、(4.16)在由 p，r 构成的坐标系中划出了两类企业所采用国际货币的区域范围。

(i) $q=1$

首先考虑一种极端情况，设 $q=1$，这表示①类企业只使用货币 D 交易。此时(4.15)、(4.16)两式进一步化简为：

$$\Delta_1 = 3 - p - 4r + 4pr = 0,$$
$$\Delta_2 = 1 - 2p + r - pr = 0$$

由下图 4-4 可知,这两条曲线将由 $0 \leqslant p \leqslant 1$, $0 \leqslant r \leqslant 1$ 构成的坐标区域划分为 3 个部分,其中区域 I 满足 $\Delta_1 < 0$, $\Delta_2 > 0$,区域 II 满足 $\Delta_1 > 0$, $\Delta_2 > 0$,区域 III 满足 $\Delta_1 > 0$, $\Delta_2 < 0$。具体地说,在区域 I 内①类企业使用货币 D 的收益低于它使用货币 E 的收益,②类企业使用货币 E 的收益大于它使用货币 D 的收益。因此,在区域 I 内将只有 1 种国际货币即货币 E 被使用。类似地,在区域 III 内①类企业使用货币 D 的收益大于它使用货币 E 的收益,②类企业使用货币 E 的收益低于它使用货币 D 的收益,在区域 III 内将只会使用货币 E。只有在区域 II 内①类企业使用货币 D 的收益大于使用货币 E 的收益,②类企业使用货币 E 的收益大于它使用货币 D 的收益,会形成同时使用两种国际货币的稳定状态。

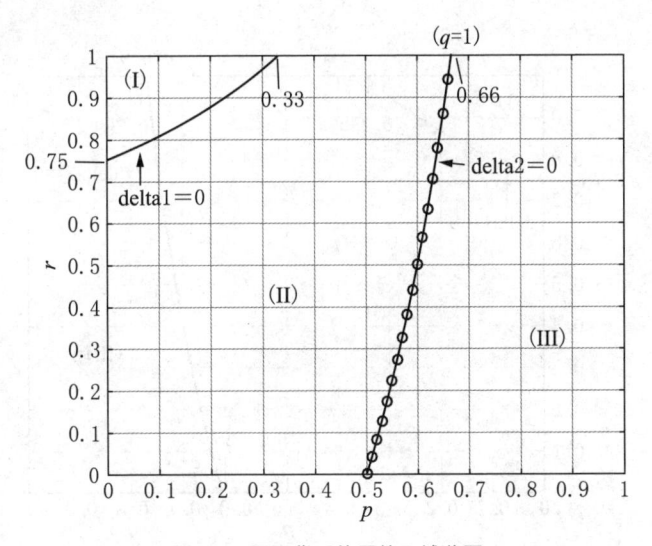

图 4-4 国际货币使用的区域范围

从直觉上讲,由于我们假定了①类企业只使用货币 D 交易($q=1$),则只有初始企业种群中①类企业的数量较少($p \leqslant 0.33$)且大部分②类企业使用货币 E 时($r \geqslant 0.75$),才会逐渐演化到只有一种货币 E 充当国际货币的情况。在初始企业种群中①类企业的数量较多($p > 0.66$)时,无论②类企业有多大比例使用货币 E,最终都会演化到只有一种国际货币 D 的均衡状态。在其他情况下则会演化到两种国际货币同时使用的均衡状态。

(ii) $q=0.9$

我们再来考虑大部分①类企业使用货币 D 交易的情况,例如取 $q=0.9$。此时(4.15)、(4.16)两式化简为:

$$\Delta_1 = 3 - 1.1p - 4r + 4pr = 0,$$
$$\Delta_2 = 1 - 1.6p + r - pr = 0$$

如下图 4-5 所示,这两条曲线同样将由 $0 \leqslant p \leqslant 1$, $0 \leqslant r \leqslant 1$ 构成的坐标区域划分为 3 个部分,其中区域 I 满足 $\Delta_1 < 0$, $\Delta_2 > 0$,区域 II 满足 $\Delta_1 > 0$, $\Delta_2 > 0$,区域 III 满足 $\Delta_1 > 0$, $\Delta_2 < 0$。第 I、II、III 区域的含义同上,只是各个区域的大小略有变化。由于现在不是所有的①类企业都使用货币 D,只存在一种国际货币 D 的区域 III 向右明显压缩,只存在一种国际货币 E 的区域 I 也相应地略有扩大。两种国际货币 D 和 E 同时使用的区域 II 的范围也扩大了。

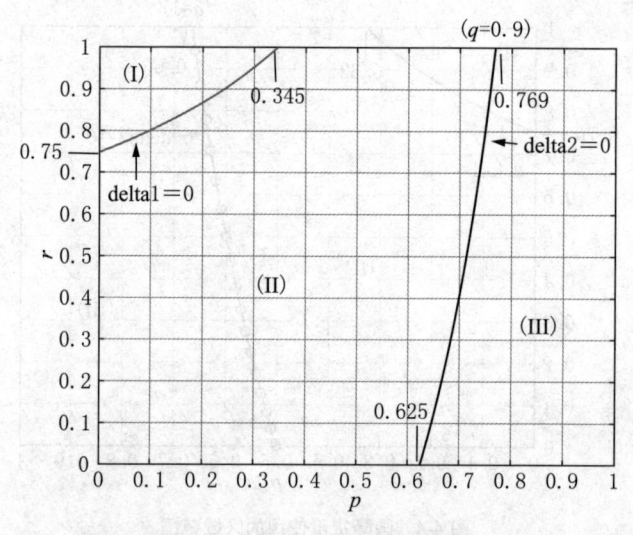

图 4-5　国际货币使用的区域范围

不难验证,在我们给定的博弈收益参数条件下,随着①类企业使用货币 D 交易的比例 q 继续下降,则图 4-5 中区域 III 的范围将继续向右压缩,直到 $q \leqslant 0.75$ 时这个区域完全消失。而区域 I 的范围只会向右略有扩大,大部分初始状态下会演化到两种国际货币 D 和 E 同时使用的稳定状态。

第四节　汇率预期与货币国际化

人民币国际化是中国政府 2009 年以来积极推动的一项国家战略,对于转变经济增长方式、推动经济金融改革、提高资源利用效率、增强中国国际影响等都有深远意义。以 2015 年 11 月 30 日 IMF 宣布将人民币纳入 SDR 货币篮子为标志,人民币国际化已经取得了长足的进展。但是,随着 2015 年"811 汇改"后人民币升值预期的基本结束,人民币国际化的进程出现了一些反复,对人民币在短期内可能成为主要国际货币之一的乐观态度也随之转变。进入贬值周期的人民币还能否实现国际化,汇率预期在人民币国际化过程中有什么作用,其内在机制如何? 这些都需要在理论上做出回答。

多数文献认为货币汇率与货币国际化之间存在重要的关联,例如汇率的趋势(升值或贬值周期)、对汇率的预期、汇率水平的波动程度等都可能影响到货币的国际化水平。但是相关的实证结论并不一致,对其原因的解释有较大的随意性,特别是没有注意到货币国际化中存在的"门槛效应"和"反转效应"。究其原因,主要是相关经验研究常常是直接对经济变量进行计量分析,缺少坚实的理论基础,更缺少从国际市场交易主体的微观角度进行的分析。针对这种状况,本节利用网络演化博弈的分析方法,建立一个微观市场主体选择交易货币的模型来研究汇率预期与货币国际化的关系。

国际货币有三种主要职能:在国际贸易中用于计价结算,在国际投资中用于买卖资产,以及在国际储备中用于价值储藏。其中,国际贸易计价结算是国际货币最基本的职能,而且主要是市场交易者自发选择的结果。当国际市场上已经存在一种普遍使用的贸易结算货币(如美元)时,新兴国际货币(如人民币)的汇率需要满足什么条件才能被市场交易者自发地使用,新货币使用范围逐渐扩大的具体路径如何? 从国际市场交易者的视角,如果把使用不同的交易货币看作不同的策略,选择何种货币进行交易不仅取决于自己的策略偏好,而且取决于交易对手的策略偏好,因此是一个博弈问题。而最初由少数交易者选择的货币在什么条件下能逐渐发展为多数交易者的选择,这又是个演化问题。

一、主要货币国际化路径中的几个典型事实

主要货币的国际化,大体包括19世纪中后期的英镑国际化,20世纪上半叶的美元国际化,20世纪下半叶的日元国际化及马克(欧元)国际化,以及21世纪以来不断发展的人民币国际化等,此外还包括一些较小货币如瑞士法郎、加元、澳元等的国际化案例。限于篇幅,本节只回顾其中的几个典型事实。

(一)国际货币的"门槛效应"

国际货币的"门槛效应"(threshold effect)指如果一种货币的国际使用量和使用范围不能较快地突破某个特定的门槛值,则它将一直徘徊在国际化的初期阶段,甚至会退回到国际化之前的国内货币状态。Ito和Kawai[①]研究了20世纪70年代到20世纪90年代美元、德国马克和日元的国际贸易计价功能,发现日元在贸易计价中的使用除在日本自己的进出口中达到过30%左右的比例外,在世界其他国家贸易计价中使用较少,因此在世界贸易中所占份额远远低于美元和德国马克。

如果考察储备货币职能,瑞士法郎就是门槛效应的一个典型例子。由于瑞士长期奉行中立的外交政策和对金融机构的立法保护,瑞士法郎被视为一种重要的国际货币,特别是在交易双方因经济制裁等顾虑不愿意使用美元等主要国际货币的时候使用较多。但是受制于瑞士的经济体量不大等原因,瑞士法郎的国际使用量始终较小。在国际清算银行(BIS)公布的2019年4月外汇市场交易数据中,瑞士法郎的日平均交易量为3 270亿美元,约占世界总量的2.56%,相当于美元日平均交易量的5.6%。在全球官方外汇储备中,瑞士法郎的占比更低。根据IMF公布的2019年第1季度数据,瑞士法郎储备价值为158.6亿美元,仅占全球可识别官方外汇储备总量10.9万亿美元的0.15%,相当于美元储备总额的0.23%。BIS和IMF的这两个调查数据都是从20世纪90年代中期开始的,但瑞士法郎的比重在20年里始终没有太大的上升。表4-9列示了部分货币在全球外汇支付和官方外汇储备中的份额,可以看到在1995年到2019年期间两个指标均稳定超过2%的货币只有美元、欧元、日元和英镑4种,这恰好是SDR在2016年以前所使用的4种定值货币。

[①] Ito, Hiro and Masahiro Kawai, "Trade invoicing in major currencies in the 1970s—1990s: lessons for renminbi internationalization", *Journal of the Japanese and International Economies*, 2016(42).

表 4-9 部分货币在全球外汇支付和官方外汇储备中的份额　　　　　单位:%

货币/年份		1995	1998	2001	2004	2007	2010	2013	2016	2019
全球外汇支付中的份额	美元	41.5	43.5	45	44	43	42.5	43.5	44	44
	欧元	n.a.	n.a.	19	18.5	18.5	19.5	16.5	15.5	16
	日元	12.5	11	12	10.5	8.5	9.5	11.5	11	8.5
	英镑	4.5	5.5	6.5	8	7.5	6.5	6	6.5	6.5
	澳元	1.5	1.5	2	3	3.5	4	4.5	3.5	3.5
	加元	1.5	2	2	2	2	2.5	2.5	2.5	2.5
	瑞郎	3.5	3.5	3	3	3.5	3	2.5	2.5	2.5
	人民币	0	0	0	0	0	0.5	1	2	2
全球官方外汇储备份额	美元	58.96	69.28	71.51	65.51	63.87	62.14	61.24	63.28	61.82
	欧元	n.a.	n.a.	19.18	24.68	26.14	25.71	24.19	20.29	20.24
	日元	6.77	6.24	5.04	4.28	3.18	3.66	3.82	4.48	5.25
	英镑	2.11	2.66	2.70	3.49	4.82	3.93	3.98	4.50	4.54
	澳元	n.a.	n.a.	n.a.	n.a.	n.a.	n.a.	1.82	1.94	1.67
	加元	n.a.	n.a.	n.a.	n.a.	n.a.	n.a.	1.83	2.00	1.92
	瑞郎	0.33	0.33	0.25	0.17	0.16	0.13	0.27	0.20	0.15
	其他	4.87	4.50	1.31	1.87	1.83	4.43	2.85	3.30	2.45

- 注:n.a.指无此数据或数据不可得。
数据来源:根据 BIS 和 IMF 数据库整理。

如图 4-6 所示,如果把一种货币占世界市场总使用量(此处取表 4-9 中两个数据的平均值)的 2% 作为人为划定的国际货币门槛值,①当今世界的货币中只有美元、欧元、英镑、日元和加元、澳元等少数货币迈过了这个门槛,瑞士

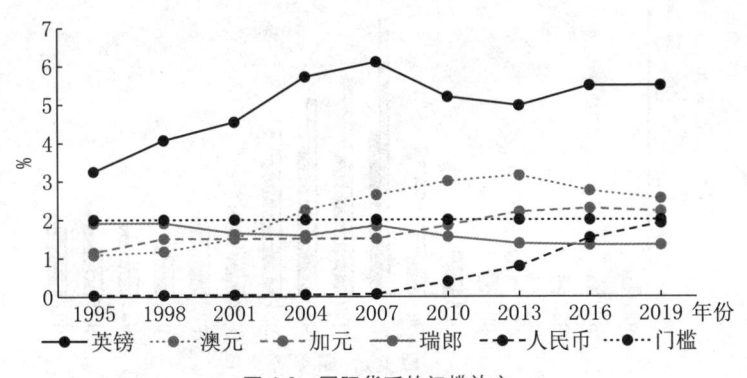

图 4-6 国际货币的门槛效应

- 注1:由于部分年份的国际储备数据存在缺失,澳元和加元的国际储备取当年国际交易比重的一半。人民币的国际储备比重 2016 年 4 季度之前无数据,均取当年国际交易比重的一半,2019 年为 IMF 公布的人民币储备比重数据 1.95%。
  注2:美元、欧元和日元的比例远大于图中各货币,在图上没有反映。
数据来源:根据表 4-9 计算。

① 实际的门槛值需要根据模型设定来计算,参见下文。

法郎在外汇交易中份额稍高,但在官方外汇储备中份额很低,因此仍然在这个门槛附近徘徊,2007年以来还出现明显的下降。2009年人民币国际化以来增长速度较快,但至2019年其平均使用比例仍低于2%的水平。

20世纪70年代一些国际化趋势曾经被看好的货币,如IMF创立特别提款权(SDR)初期16种定值货币中的挪威克朗、南非兰特等(表4-9中未列出),在其后30多年中它们国际化程度一直很低,离国际货币的门槛很远。2019年4月,挪威克朗和南非兰特的日均交易量均相当于美元日均交易量的1%左右,其他新兴经济体货币如港币、韩元、巴西雷亚尔等的日均交易量也都在美元的2%以下,更远远低于世界日均交易量总量的2%。因此,货币国际化有一个明显的门槛,只有越过这个门槛的货币才会稳定地在国际交易中使用,并不是一种货币在周边国家有所使用就可以被称为实现了"国际化"的。

(二)国际货币的"反转效应"

通常认为国际货币惯性的存在使新兴国际货币很难与在位国际货币竞争,例如美国的GDP在19世纪末已经超越英国位居世界第一,但美元直到布雷顿森林体系建立才取代英镑成为首要的国际货币。但是近年来的一些研究发现在国际货币发展路径中存在一个"反转效应"(tipping effect),即当新兴货币的国际化达到一定水平后,在适当的条件下新兴货币的国际使用量会迅速超过在位国际货币。Chinn和Frankel[1]在研究1973年至1998年间国

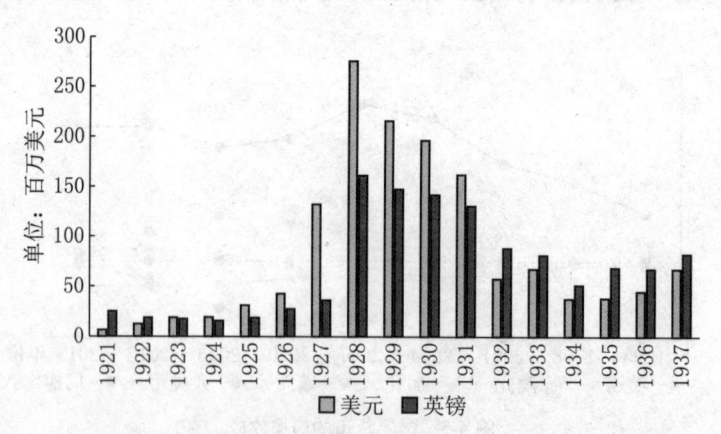

图4-7 国际货币的反转效应(一)

- 注:图中数据为4个国家(意大利、挪威、西班牙和瑞士)的外汇储备中美元及英镑的数量,其他占比很小的货币未列出。
数据来源:根据Eichengreen and Flandreau(2012)计算。

---

[1] Chinn, M., Frankel, J., "Will the euro eventually surpass the dollar as leading international reserve currency?", *NBER Working Paper*, No.11510, July, 2005.

际储备货币的影响因素时首先提出网络外部性可能导致国际货币的"反转效应",他们预计当欧元的使用程度接近美元时,欧元的国际使用量会突然迅速增长并超过美元。Eichengreen 和 Flandreau 则使用历史数据证实了"反转效应"的存在。他们分析了从各国中央银行档案资料中获得的新数据,发现在 20 世纪 20 年代的短短几年内,美元在国际储备货币中的地位就迅速超过英镑。由于这是目前仅有的关于反转效应的历史数据,我们直接加以引用。

Eichengreen 和 Flandreau[①] 分析了法国、意大利、瑞士、荷兰等 16 个国家在 20 世纪 20 年代的国际储备数据,这些国家 1929 年的外汇储备约占全球总额的 75%。1929 年这 16 个国家的外汇储备中英镑储备的比重约 43%,美元储备的比重约 54%,美元的储备货币地位超过英镑。由于时间序列数据不完整,我们只列出有时间序列数据的部分国家。如图 4-8 所示,Eichengreen 和 Flandreau 发现在 4 个数据最完整的国家(意大利、挪威、西班牙和瑞士)外汇储备中,1921 年美元的比重约为英镑的 1/4,1922 年美元比重与英镑接近,1923 年美元比重超过英镑,到 1925 年美元的比重达到英镑的 2 倍,1927 年美元的比重约为英镑的 3 倍。美元在 4 个国家外汇储备中相对英镑的比重在短短 6 年内提高了 12 倍,并保持到 1929 年经济大危机后才出现下降。因此,1923 年到 1927 年之间明显出现了美元国际化的反转效应。如果加上部分

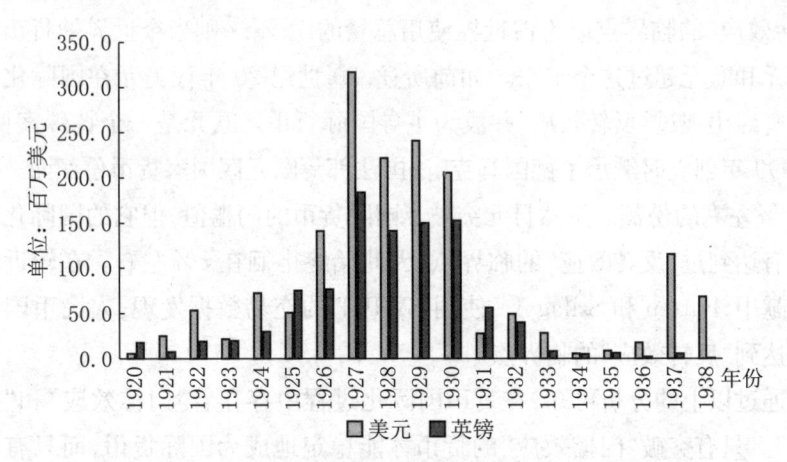

图 4-8　国际货币的反转效应(二)

- 注:图中数据为除法国外的黄金区国家的外汇储备中美元及英镑的数量,其他占比很小的货币未列出。
数据来源:根据 Eichengreen and Flandreau(2012)计算。

[①] Eichengreen, B. and M.Flandreau, "The federal reserve, the bank of England, and the rise of the dollar as an international currency, 1914—1939", *Open Econ Rev.*, 2012(23).

年度数据缺失的丹麦、日本等6个国家,1925年美元在这10个国家外汇储备中的比重约为英镑的4/5,1926年即达到英镑比重的2倍,并保持到1929年经济大危机,这说明1925年到1926年也出现了反转效应。

如图4-8所示,对除法国外的黄金区①(Gold Bloc)外汇储备数据的分析同样可以发现1921年美元比重的跃升并一举超过英镑。此后几年中美元储备的数量一直高于英镑,除1925年有一次短暂的反复。1926年后,美元储备再次大幅增加,直到经济大危机后的1931年才出现逆转。从1936年起,美元储备在除法国外的黄金区国家外汇储备中几乎占据了全部的份额。Eichengreen和Flandreau还提供了几个美元储备在短期内迅速上升的案例,如3个中欧国家(罗马尼亚、奥地利、捷克斯洛伐克)在1923年至1924年,西班牙在1930年至1931年,2个拉丁美洲国家(智利、哥伦比亚)在1926年。虽然相关的历史数据很不完整,但可以看到在两次世界大战之间美元使用量的增加并不是线性的,而是在某个较短的时期内迅速超过英镑,也就是说出现了"反转效应"。除了在国际储备中的使用,Eichengreen和Flandreau还研究了两次世界大战之间美元在贸易结算货币中的使用情况,发现同样存在美元使用量在短期内迅速上升的反转效应。

在国际货币史上是否可能再次出现"反转效应"？如果把国际货币发生"反转效应"的临界点取为占世界使用总量的10%,②则当今世界的货币中只有美元和欧元超过这个水平。如前所述,20世纪20年代美元在国际化的过程中曾经出现过"反转效应"并成为主导国际货币。欧元是一个特殊案例,它在1999年创立时继承了德国马克、法国法郎等欧元区国家货币份额而一举达到20%左右的份额。虽然日元突破了国际货币的门槛值,但它的国际化水平从没有达到过"反转效应"的临界点,因此始终徘徊在5%左右。在较近的一篇文献中,Batten和Szilagyi③使用SWIFT的交易数据发现,人民币国际化尚未达到"反转效应"的临界点。

通过以上的分析可知,在货币国际化过程中存在着"门槛效应"和"反转效应"。只有突破"门槛效应"的货币才能稳定地成为国际货币,而只有突破

---

① 黄金区成立于1933年,除法国外还包括比利时、意大利、荷兰、波兰、瑞士等5国。但法国只有1928年到1938年间的外汇储备数据,此处未列出。
② 与"门槛效应"一样,实际的临界值需要根据模型设定来计算,参见下文。
③ Batten, Jonathan and Peter Szilagyi, "The internationalization of the RMB: new Starts, jumps and tipping points", *Emerging Market Review*, Volume 28, September, 2016.

"反转效应"的国际货币才能发展为(少数几种)主要国际货币之一,甚至成为主导国际货币。作为货币国际化过程中的两个典型事实,"门槛效应"和"反转效应"得到实证文献的支持,但是仅通过经验分析不能回答为什么货币国际化不是一个线性发展的过程。下面我们建立一个微观市场主体选择交易货币的网络演化博弈模型,其中出现了明显的"门槛效应"和"反转效应",并指出货币升值预期在货币国际化过程中的作用。

二、国际货币的网络演化博弈模型

(一)市场环境

假定世界市场上有许多家企业,任意两个企业间进行交易需要使用某种货币作为交易媒介。有两种货币可以选择,一种是在位的国际货币 D(如美元),另一种是刚刚开始国际化的货币 Y(不妨设想为人民币)。企业可以选择在交易中使用其中的一种,这种选择称为企业采用的交易策略。

企业在每次交易中的收益取决于它的策略与交易对手的策略,因此这是一个标准的博弈问题。假设企业的收益矩阵(payoff matrix)如表 4-10 所示:

表 4-10 国际货币选择的收益矩阵

企业 I/II	D(美元)	Y(人民币)
D(美元)	(1, 1)	(1, 1−δ)
Y(人民币)	(1−δ, 1)	(1+ε, 1+ε)

对表 4-10 中的数据可以这样理解:两个企业使用现有国际货币 D 可以直接完成交易,不需要进行货币兑换,这时的收益标准化为 1。如果一个企业使用新货币 Y 而它的交易对手仍然使用现有国际货币 D,我们可以合理地假定使用新货币 Y 的企业必须支付一定的货币兑换成本把 Y 兑换成 D 才能完成交易,使用新货币 Y 的企业收益会减少 δ。如果使用新货币 Y 的企业遇到的交易对手恰好也使用新货币 Y,则它们不需要进行货币兑换,可以直接用 Y 完成交易并各自获得一个额外的收益 ε,这可能是由于新货币 Y 具有升值预期,或者是政府对使用新货币 Y 交易给予一定的补贴。值得说明的是,这里的交易收益(成本)均是指两个企业完成交易过程本身的收益(成本),并且不考虑企业间每次交易的金额差别。[1]

---

[1] 如果取每次交易有不同的贸易量,相当于在下面的平面网格结构中增加了每条线段的权重因子。

企业是有意识的市场交易者,因此世界市场上的企业并不是以均匀混合的方式进行随机匹配,而是具有特定的市场结构。特别地,我们假定世界市场可以用一个 $n \times n (n \to \infty)$ 的平面网格表示,[①]如图4-9中画出平面网格的 6×6 部分区域。每个方格上有1个交易商(企业),并用它的策略(货币D或货币Y)标记。不考虑边界上的方格,则每个方格的周围(上下左右)有4个相邻的方格,或者说每个企业均有4个邻居。例如图4-9中用十字框出位置坐标(3,3)的企业及其4个邻居。在每一期,每个企业均与它的4个邻居各进行一次交易,4次交易结果的平均值称为该企业在本期的收益(payoff)。

	1	2	3	4	5	6
1	D	D	D	D	D	D
2	D	D	D	D	D	D
3	D	D	D	D	D	D
4	D	D	D	D	D	D
5	D	D	D	D	D	D
6	D	D	D	D	D	D

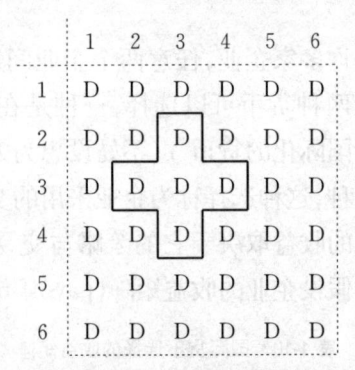

图4-9 国际货币演化博弈的网格结构

企业的学习过程是:每个企业在每一期交易结束后比较自己的收益和4个邻居收益的平均值。如果该企业的收益高于4个邻居收益的平均值,则它保持当前的交易策略(D或Y)不变;否则它在下一期将改变自己使用的策略(D改变为Y,或者Y改变为D)。我们将这称为演化博弈的学习规则,并用L表示。

(二) 演化过程

在给出国际货币演化的市场环境后,下面我们考虑具体的演化过程。假定世界市场的初始状态是所有企业均使用(现有的)国际货币D进行交易,则所有企业的平均收益都是1,没有企业会改变自己的策略。

假定在某个时期 $t = t_0$,世界市场上有某些企业突然发生了"变异",它们的策略转变为采用(新兴的)国际货币Y进行交易。[②]此时,变异企业的期望收

[①] 这种市场结构显然是十分简化的,并不反映现实的企业地理分布。
[②] 显然"变异"是借用了进化生物学的概念。这里我们用"变异企业"来指代那些在国际市场上首先决定使用新货币的企业,而不去分析它们从现有国际货币转向新货币的具体原因。

益取决于它的4个邻居中同时也发生了变异的企业个数。最简单的情况是世界市场上只有1个企业发生变异,如图4-10所示,(3,3)位置的企业变成用Y交易,而它的4个邻居仍然使用货币D交易,并且4个邻居各自的邻居中仅有1个邻居(该变异企业)使用货币Y交易。此时变异企业的平均收益为$1-\delta$,它的4个邻居的平均收益为1。变异企业发现它的收益低于4个邻居的平均值,因此下一期它会改变自己的策略,重新使用国际货币D进行交易。这个结论可以推广到有一些互不相邻的企业发生变异的情况,因为每个变异企业的4个邻居不发生变异(使用货币D),下一期所有变异企业会回到变异前的状态。因此,如果新货币在国际市场上的使用量很小,即使存在一定的升值预期新货币也不能发展成为国际货币。

	1	2	3	4	5	6
1	D	D	D	D	D	D
2	D	D	D	D	D	D
3	D	D	Y	D	D	D
4	D	D	D	D	D	D
5	D	D	D	D	D	D
6	D	D	D	D	D	D

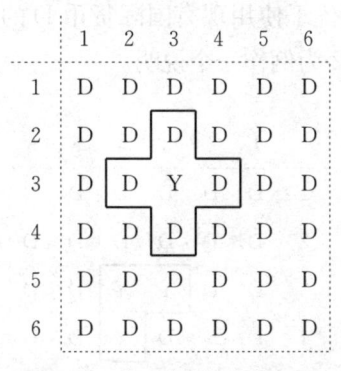

图4-10 有1个企业发生变异

如图4-11,如果在某个时期$t=t_0$,世界市场上同时有两个相邻企业发生变异,则每个变异企业的4个邻居中有1个使用货币Y,3个使用货币D。此时变异企业的平均收益为$\frac{1+\varepsilon+3(1-\delta)}{4}=1+\frac{\varepsilon-3\delta}{4}$,它的4个邻居的收益平均值为$1+\frac{\varepsilon-3\delta}{16}$,变异企业的平均收益大于其邻居收益的平均值,因此下一期变异企业会继续使用货币Y。由此可见,当两个变异企业相邻时,使用新货币Y的策略可以在演化过程中生存下来。其原因是两个相邻变异企业之间可以直接采用新货币Y交易并获得一个额外的收益,这个额外收益大于它与其他3个邻居交易时所支付的货币兑换成本。这说明当存在升值预期的新货币在国际市场上的使用量达到一定规模时,它可以稳定地生存下来,成为一种(初期的)国际货币。

```
      1 2 3 4 5 6
    1 D D D D D D
    2 D D Y D D D
    3 D Y Y D D D
    4 D D Y D D D
    5 D D D D D D
    6 D D D D D D
```

图 4-11 有 2 个相邻企业发生变异

如果变异企业的数量继续增加并且相距较近,可能出现在某个局部市场中使用新货币 Y 的策略优于使用现有国际货币 D 的策略的情况。这种情况比较复杂,我们以图 4-12 为例作一个说明。

```
      1 2 3 4 5 6
    1 D D D D D D
    2 D D D D D D
    3 D D Y Y D D
    4 D D D Y D D
    5 D D D D D D
    6 D D D D D D
```

图 4-12 有 3 个企业发生变异

在图 4-12 中,有 3 个相邻企业发生变异并使用新货币 Y,其横纵坐标依次为 (3, 3)、(4, 3)、(4, 4)。考虑坐标为 (3, 4) 的企业,它使用现有国际货币 D,自己的平均收益为 1,但它的 4 个邻居收益的平均值为 $1+\frac{\varepsilon-3\delta}{8}$。如果假定参数的取值满足 $\varepsilon>3\delta$,则 $1<1+\frac{\varepsilon-3\delta}{8}$,下一期这个企业 (3, 4) 将改变自己的策略使用新货币 Y。

由以上的分析可见,在适当的参数条件下,如果在世界的某个局部市场中有足够多的企业发生变异(使用新货币 Y),则使用新货币 Y 的策略不仅可能在原先由现有国际货币 D 主导的世界市场上生存下来,而且可以发展扩大。根据参数取值的不同和学习规则的差异,使用新货币 Y 的策略可能只局限在初始的局部市场,可能占领一定的国际市场份额并与现有国际货币 D 共存,也有可能在世界市场上取代现有国际货币 D 成为新的主导国际货币。这个动态调整的演化过程十分复杂,不能给出一般性的数学刻画,因此我们使用 MATLAB 编程技术加以模拟。

三、国际货币网络演化博弈的数值模拟

基本的市场环境如下:用一个 $X=100\times100$ 的平面网格代表世界市场,[①]每个网格上有 1 家企业,企业的总数为 10 000 家,它们均采用在位货币 D 交易。当 $t=0$ 时在其中随机地选取一部分企业发生变异(采用新货币 Y 交易)。演化博弈的收益矩阵如表 4-11,学习规则 L 如上所述。

为了确定起见,首先要给出收益矩阵中两个参数的取值。本节重点研究汇率变化与货币国际化的关系,因此我们取新货币的升值预期有低、中、高 3 种情况,依次为 $\varepsilon_1=0.05$,$\varepsilon_2=0.1$,$\varepsilon_3=0.2$,表示市场预期货币 Y 在 1 期后将相对货币 D 升值 5%、10% 或 20%。取新货币 Y 的兑换成本 $\delta=0.05$,其中包含企业了解新货币 Y 的交易信息、银行收取的外汇兑换手续费、申请外汇额度的费用等综合成本。需要说明的是,这些人为设定的升值预期和兑换成本数值只是为了模拟的方便,并不意味着它们在实际的国际金融市场中一定会存在。在中等升值预期($\varepsilon_2=0.1$)时,数值模拟使用的收益矩阵如表 4-11。

表 4-11 模拟国际货币演化的收益矩阵

企业 I/II	D(美元)	Y(人民币)
D(美元)	(1, 1)	(1, 0.95)
Y(人民币)	(0.95, 1)	(1.1, 1.1)

模拟过程中的其他主要参数:

(1) 变异企业的范围 M,它表示变异是发生在整个世界市场还是市场中的某个部分,最大情况是 $M=X$。由于世界市场对新货币 Y 的熟悉程度不高,新货币更可能在其发行国的周边地区首先使用,因此我们取变异范围 $M<X$,具体地说,取世界市场上一个 $M=10\times10$ 的区域,让其中的企业(随机地)发生变异。

(2) 变异率 $\mu\in(0,1)$,代表在变异范围 M 内企业发生变异的概率。

---

① 将世界市场设定得更大(如 1 000×1 000)得到的结果类似,但是会消耗大量的计算机内存。

由于限定了变异发生的范围(新货币发行国的周边地区),变异率可以取得适当大一些,否则难以满足新货币生存的条件。这里我们取变异率 $\mu=0.5$,即平均地在区域 M 内的 100 个企业里有 50 个发生变异并使用新货币 Y。

(3) 演化过程持续的时间 T,我们取最大的演化时期 $T=100$,通常这已经足够使演化达到稳定状态。如果 1 期的时间是 1 个月,100 期相当于 8 年多。如果 1 期的时间是 1 个季度,则 100 期是 25 年。[①]

此外,还需要说明模拟过程中的边界条件。虽然理论上世界市场是一个无限延伸的平面网格,但数值模拟时采用的网格必定是有限的,这样就会产生边界问题,即位于边界上的企业如何与其邻居交易,它的学习规则与其他非边界位置的企业有无差异。为了简化分析,我们假定在每个边界方格的外部有 1 个与它采用相同策略的"隐形"方格,这样边界上的企业仍然有 4 个邻居,它们的学习规则也与其他位置的企业相同。

我们首先给出变异企业的初始分布。如图 4-13 所示,世界市场是 100×100 的正方形网格(为清晰起见没有画出网格线),其中深色的方格表示该位置的企业发生了变异(使用新货币 Y),没有颜色的方格表示使用在位国际货币 D 的企业。下面分 3 种升值预期进行模拟。

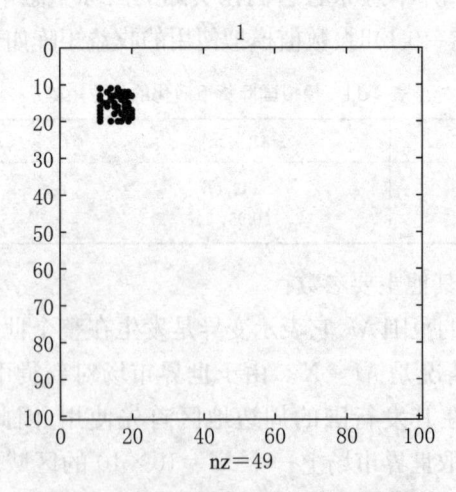

图 4-13 国际货币演化的初始变异企业分布

[①] 与前面升值预期和兑换成本数值的取值类似,这里的时期也只是模拟演化过程的需要所人为取定。

(一) 升值预期低,$\varepsilon_1 = 0.05$

在升值预期较低时,即使在发生初始变异的局部市场 M 之内,也难以达到使非变异企业改变初始策略的条件;相反地,会发生个别变异企业的周围邻居均是非变异企业,从而使变异企业改变策略重新使用国际货币 D 进行交易。经过若干时期的振荡后,演化的过程收敛到均衡状态。由于初始变异企业的具体分布具有一定的随机性,演化均衡状态时采用新货币 Y 交易的企业数量并不是一个确定值,多次演化的平均值为 60 左右。下图 4-14 是使用新货币 Y 交易的企业数量的一条演化路径。这些企业仍然位于初始变异的局部市场 M 及其附近。

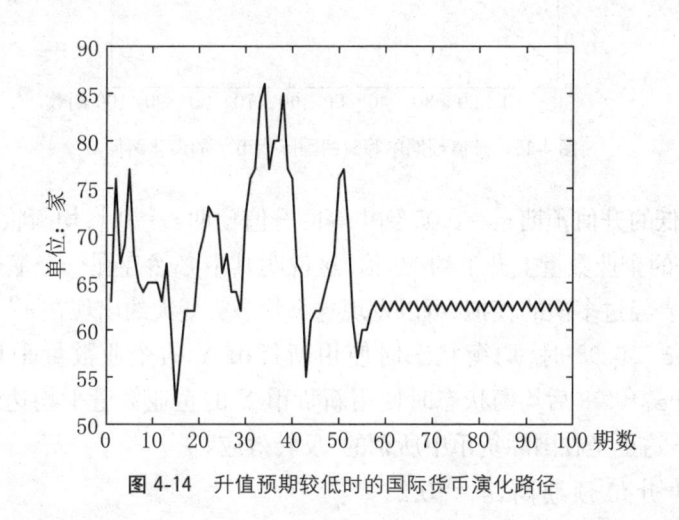

图 4-14 升值预期较低时的国际货币演化路径

由此可知,如果新货币的升值预期不大,使用新货币交易的优势并不明显,随着时间的推移新货币使用范围将局限在发行国附近的周边地区,交易量不会有显著的增加。实际上,如果新货币 Y 的升值预期很小,在 10 期左右的演化后所有的初始变异企业均会返回到使用在位国际货币 D 的策略,这就是国际货币中所谓的"门槛效应"。经过多次的模拟,这个升值预期的门槛值大约出现在 $\varepsilon_L = 0.03$ 的时候。如果新货币 Y 的升值预期小于 0.03,几乎不会有使用新货币 Y 的企业能长期生存下来。

(二) 升值预期中等,$\varepsilon_2 = 0.1$

如果新货币 Y 的升值预期较大,演化的过程会有显著的变化。这时,在初始的局部市场 M 中相距较低的几个变异企业会凝聚在一起,形成一个小的"集团"。这个小集团不断地吸引其左右或上下方向的非变异企业改变策略,加入使用新货币 Y 交易的行列。在 100 期演化后,使用新货币 Y 交易的企业数量平均稳定在 1 200 家左右,其数量增加的路径如图 4-15。

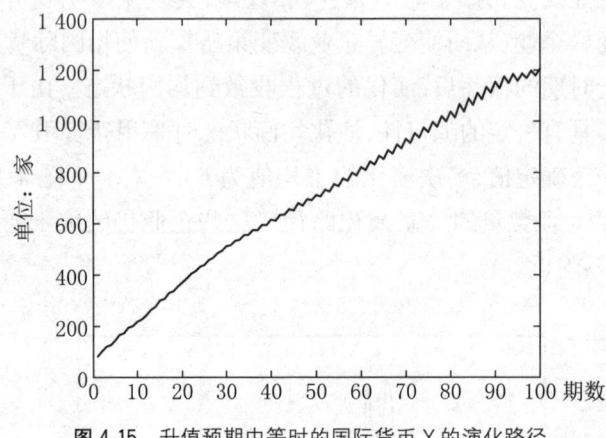

图 4-15 升值预期中等时的国际货币 Y 的演化路径

从较低的升值预期 $\varepsilon_1=0.05$ 到中等的升值预期 $\varepsilon_2=0.1$,均衡状态时使用新货币 Y 的企业数量上升了约 20 倍,这说明其中必然存在一个演化路径的突然转变。经过多次的模拟,可以发现这个状态突变大约出现在 $\varepsilon^H=0.08$ 的时候。当 $\varepsilon<0.08$ 时,均衡状态时使用新货币 Y 的企业数量平均不超过 100 家,而 $\varepsilon>0.08$ 后均衡状态时使用新货币 Y 的企业数量平均达到 800 至 1 000 家。这正是在国际货币中所谓的"反转效应"。

(三)升值预期高,$\varepsilon_3=0.2$

如图 4-16 所示,继续增加新货币 Y 的升值预期可以使演化均衡时使用 Y 的企业数量进一步上升,但是这种上升是有限度的,保持在 1 800 家以内。这说明在我们的货币演化模型中升值预期并不是企业使用新货币 Y 的唯一决定因素。事实上,模型的结构决定了使用新货币 Y 的企业只会沿着初始变异区域 M 的水平或垂直方向演化,而不会在倾斜方向发展,因为每个方格上的企业只与其上下左右 4 个邻居进行交易并根据交易结果决定自己下期的策略。如果改变这个假定,让每个方格上的企业与其周边 8 个企业交易,在升值预期很高时会出现使用新货币 Y 的企业数量在各个方向上迅速增加的演化路径,最终导致新货币 Y 在世界市场内取代现有国际货币 D。本节中不再详细分析这种可能性。

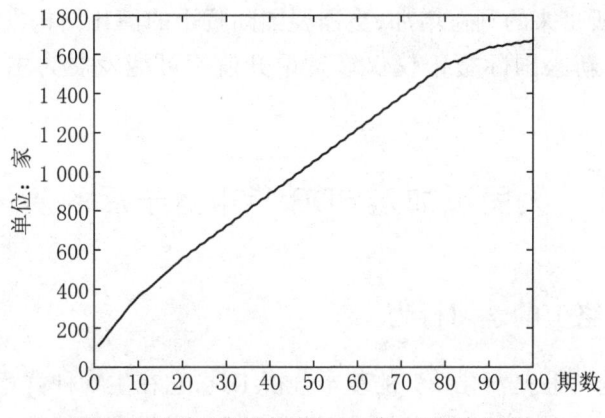

图 4-16 升值预期较高时的国际货币 Y 的演化路径

四、小结

关于汇率升值预期与货币国际化的经验文献比较丰富,本节尝试从国际市场微观主体选择交易货币的新视角来考察这个问题,把货币国际化看作国际市场中市场博弈结果的一个长期演化过程。通过对国际货币在平面网格上演化的模拟分析,本节得到关于货币升值预期与货币国际化路径关系的几个结论:

第一,在国际市场上,企业使用新货币可能获得升值收入等额外收益,也可能付出兑换费用等附加成本,收益和成本的大小取决于它所遇到的交易对手的策略。因此国际货币的发展是国际市场上企业间相互交易和学习演化的结果,是一个演化博弈的过程。

第二,在一个由在位国际货币主导的世界市场上,新兴国际货币的国际化具有一个"门槛效应"。如果使用新货币的优势(如升值幅度)达不到某个特定的门槛值,则国际市场上的企业不会使用它,偶尔使用新货币的企业也会很快转变回使用在位国际货币。

第三,在越过这个门槛值后,随着使用新货币的优势不断增加,会有一部分企业长期使用新货币,标志着新货币的国际化开始稳步发展。这些企业往往是与新货币发行国经济联系密切的企业或其周边地区的企业。

第四,当使用新货币的优势继续增加时,在某个临界点会出现一个"反转效应"。使用新货币的企业不再局限于其发行国的周边地区,新货币的使用量会在短时期内迅速增加,确立其主要国际货币之一的地位。

第五,如果新货币要取代现有国际货币成为新的国际主导货币,将不仅需要使用它所带来的利益增加,更需要国际货币的演化结构发生根本性的转变。因此,新兴国际货币仅仅靠货币升值不可能发展为主导性的国际货币。

第五节 人民币加入 SDR 货币篮子后的演化模型

一、复杂网络上的学习行为

复制动态方程是演化博弈的基本分析工具,它在生物种群竞争和演化的应用中取得巨大的成功,也可以为国际货币博弈提供有益的启示。但是机械地将复制动态方程应用于国际市场上的货币选择博弈,需要对企业的行为做出不切实际的假定,即每个企业先天地被规定使用某一种国际货币进行交易,而且在交易中处于不利地位的企业会成比例地被市场淘汰,处于有利地位的企业数量则成比例地增长。实际上并没有内在的"基因"来决定企业必须使用某种货币进行交易,因此将企业对国际货币的选择看成它对周围成功企业的模仿和学习可能更为恰当。

我们使用平面网格上的博弈来具体描述企业在选择货币时的学习过程。假定国际市场上的所有企业分布在一个 $n \times n$ 的平面网格上,每个方格上有一个企业。由于国际市场的企业数量很多,我们可以近似地认为 $n \rightarrow \infty$,不考虑边界上的方格,则每个方格的周围有 8 个相邻的方格,或者说每个企业均有 8 个邻居。在每一期,每个企业均从它的 8 个邻居中等可能性地随机地选择 1 个并进行一次交易,交易结果称为该企业的收益。

企业的学习过程是:每个企业在每一期交易结束后比较自己的收益和邻居的收益。如果自己的收益高于所有的邻居,则保持当前的交易策略不变;否则它在下一期将模仿自己邻居中最高收益者采用的策略。

市场的初始状态是所有企业均使用同样的交易策略,即使用(在位的)国际货币 D 进行交易,则从表 4-12 可知每个企业每一期交易的期望收益均是

表 4-12 国际货币选择的收益矩阵(非对称货币)

企业 I	D(美元)	Y(人民币)
D(美元)	v	$-s$
Y(人民币)	$-s$	r

$u(D,D)=v$。由于所有企业的收益相同,没有学习的必要,它们均保持使用货币 D 交易的策略。假定在某个时期 $t=t_0$,世界市场上有某些企业突然发生了变异,它们的策略转变为采用(新兴的)国际货币 Y 进行交易。此时,变异企业的期望收益取决于它的 8 个邻居中同时也发生了变异的企业个数。最简单的情况是世界市场上只有 1 个企业发生变异,即它的 8 个邻居仍然使用货币 D 交易,而 8 个邻居各自的邻居中仅有 1 个邻居(该变异企业)使用货币 Y 交易,如图 4-17 所示。为绘图方便起见,图中用数字 0 表示使用在位货币 D,用数字 1 表示使用新兴货币 Y。

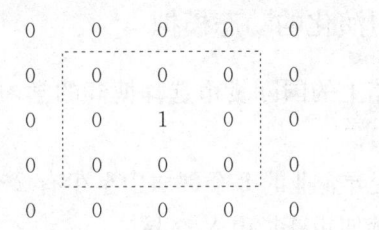

```
0  0  0  0  0
0  0  0  0  0
0  0  1  0  0
0  0  0  0  0
0  0  0  0  0
```

图 4-17　有 1 个企业发生变异

则变异企业的期望收益为 $u^M=u(Y,D)=-s$,它的邻居的期望收益均为 $u^N=\dfrac{1}{8}[7u(D,D)+u(D,Y)]=\dfrac{7v-s}{8}$。由于 $v,s>0$,显然有 $u^M<u^N$。在下一期,变异企业将停止使用货币 Y,恢复到采用货币 D 交易的原有策略。这说明在国际市场上仅有个别企业采用新货币是不能持久的,因为它很难找到其他使用新货币的交易对手。

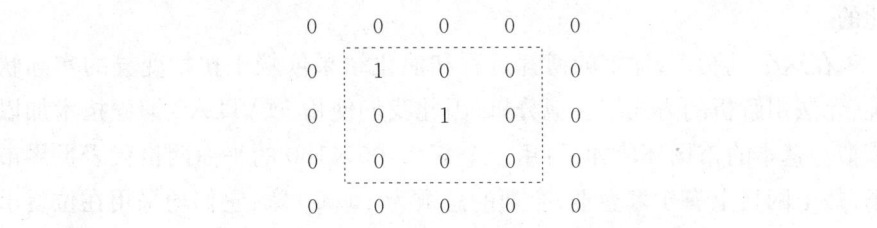

```
0  0  0  0  0
0  1  0  0  0
0  0  1  0  0
0  0  0  0  0
0  0  0  0  0
```

图 4-18　有 2 个相邻企业发生变异

如图 4-18,如果变异企业的 8 个邻居中有 1 个也发生了变异(使用货币 Y),所有其他企业均不变异,则该变异企业的期望收益为 $u^M=\dfrac{1}{8}[u(Y,Y)+7u(Y,D)]=\dfrac{r-7s}{8}$,它的 8 个邻居中 1 个变异邻居的期望收益也是 $\dfrac{r-7s}{8}$,

7个非变异邻居的期望收益最高为 $u^N = \frac{1}{8}[7u(D,D)+u(D,Y)] = \frac{7v-s}{8}$。如果满足条件 $r-7s>7v-s$,或 $r>7v+6s$,则下一期该变异企业将继续使用新货币 Y 交易,而且它的 7 个非变异邻居在下一期将模仿它的交易策略,即转变为采用新货币 Y 交易。不难想象,这将在随后的交易过程中迅速导致国际市场的所有企业均转变为采用新货币 Y 交易。当然,$r>7v+6s$ 的条件太强了,即使现实中的新兴货币 Y 存在一定的升值预期或政府补贴因素,也不大可能相对于在位国际货币 D 有这么大的优势。

二、国际货币学习演化的动态模拟

下面我们对网格上的国际货币选择博弈的学习机制作出一个较为合理的假定(学习规则 L):

(1)如果一个变异企业的 8 个邻居中至少有 2 个也是变异企业,则下一期该变异企业将继续使用新货币 Y 交易;

(2)如果一个使用在位国际货币 D 的企业的 8 个邻居中有 3 个以上发生变异,则下一期它将学习并转变为采用新货币 Y 交易。

容易验证,这个学习机制相当于要求 $r \geqslant 3s > 5u$。在这个机制下,变异企业只有在整个企业种群中变异概率超过一定阈值时才能存活下来,当变异概率很低时它将恢复到采用货币 D 交易的原有策略;如果有较多的邻居采用变异策略,非变异企业可能会模仿并学习其变异邻居们的策略。因此,在初始的变异发生后,采用 D 的企业与采用 Y 的企业之间是可以相互转化的。

在这个机制下,详细的博弈过程和演化结果依赖于初始变异的实际状况,无法用解析的方式统一地分析,因此我们使用 MATLAB 编程技术加以模拟。基本的市场环境如下:用一个 $X=100 \times 100$ 的平面网格代表世界市场,每个网格上有 1 家企业,企业的总数为 10 000 家,它们均采用在位货币 D 交易。当 $t=0$ 时在其中随机地选取一部分企业发生变异(采用新兴货币 Y 交易)。演化博弈的学习规则 L 如上所述。模拟过程中的主要参数是:(1)变异企业的范围 M,它表示变异是发生在整个世界市场还是市场中的某个部分,最大情况是 $M=X$;(2)变异率 $\mu \in (0,1)$,代表在变异范围内企业发生变异的概率;(3)演化过程持续的时间 T,我们取最大的演化时期 $T=100$。

（一）变异范围 $M=X$，变异率 $\mu=0.01$

假设变异企业的范围分散在整个世界市场，变异率较低 $\mu=0.01$，初始的 10 000 家企业中有 98 家发生变异，[①]变异企业分布如图 4-19 所示，其中每个深色圆点代表 1 家变异企业。按照学习规则 L 演化 1 步 ($T=1$)，结果如图 4-20。

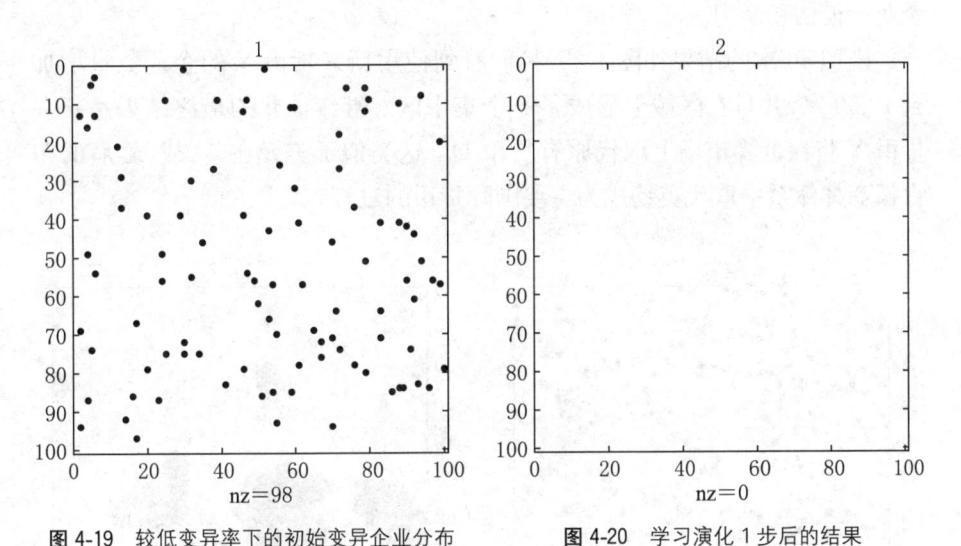

图 4-19　较低变异率下的初始变异企业分布　　图 4-20　学习演化 1 步后的结果

在图 4-20 中，所有变异企业经过 1 步的学习后都回到使用在位货币 D 的初始状态。由于变异是一次性的，随后 99 步的结果与此相同。这说明当使用新兴货币的企业数量较少又很分散时，即使新兴货币 Y 相对于使用在位货币 D 是有优势的，新兴货币也无法在世界市场上生存。原因是，在变异率较低的环境下变异企业的周围很难碰到其他的变异企业，每个变异企业都只能与非变异企业发生交易，这样的交易中它们相对于非变异企业处于劣势。模仿与学习的结果是变异企业很快放弃使用新货币 Y，与大量的非变异企业一样使用在位货币 D。这就是(在位)国际货币所具有的网络外部性。

（二）变异范围 $M=X$，变异率 $\mu=0.05$

提高变异率可以有效地改变国际货币演化的过程。如果保持变异范围为整个世界市场，将变异率提高到 0.05，初始状态如图 4-21，变异企业 493 家。现在，每个变异企业的周围出现其他的变异企业的可能性提高了。由于初始分布状态的随机性，493 家变异企业中仍然有一些会由于周围无其他变异企

---

① 由于变异是随机发生的，变异率为 0.01 并不代表变异企业数量恰好等于 100 家。

业而"死亡",但也会有一些变异企业彼此距离较近而发生相互交易。由于变异企业间使用新兴货币 Y 交易的收益高于周围使用在位货币 D 交易的企业,附近使用在位货币 D 的企业将很快地学习变异企业的行为,转而采用新兴货币 Y 交易。这将形成一个更大的使用货币 Y 交易的区域,并引起周边非变异企业的模仿和学习。

模拟50次的结果如图4-22,我们看到使用新兴货币 Y 的企业数量增加到1 299家,并且在区域上形成了5个集中区。继续演化的最终结果是新兴货币 Y 将在世界市场上取代原有货币 D。这类似于美元在"二战"之后的布雷顿森林体系中取代英镑成为主要国际货币的过程。

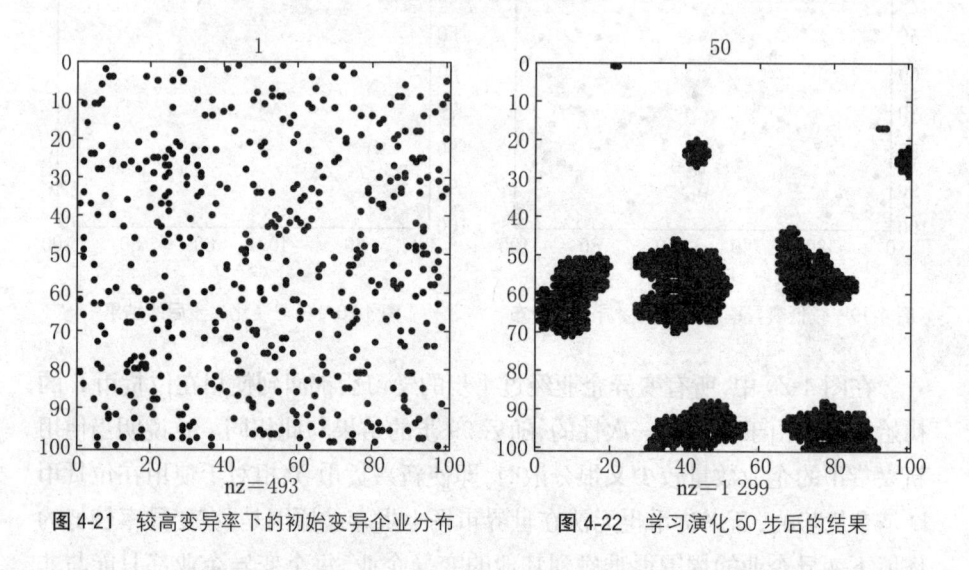

图 4-21　较高变异率下的初始变异企业分布　　图 4-22　学习演化 50 步后的结果

(三) 变异范围 $M<X$,变异率 $\mu=0.1$

对于一种新兴货币 Y,假定变异企业的范围是整个世界市场可能是不合适的,因为与新兴货币的国内市场相距遥远、缺乏联系的企业不大可能会突然转变为使用新兴货币 Y 交易。为了模拟这种情况,我们把可能发生变异的企业限定在世界市场 X 的左上角,$M=10\times10$。在这个较小的区域内,如果变异率仍然保持为0.05或更低的水平,可以验证新货币的使用范围只会局限在 M 的内部,在有些初始分布下甚至会缩减到零。这说明新兴货币 Y 的国际化如果要取得较大进展,它在有密切联系的局部市场中必须有较高的使用率。我们假定变异率较大,取 $\mu=0.1$。初始状态如图4-23,变异企业恰好为10家。

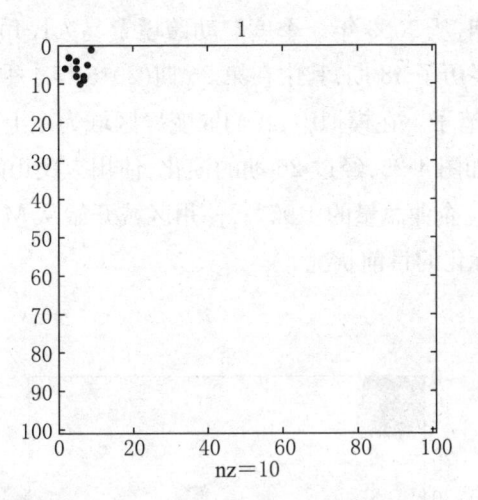

图 4-23 较高的局部变异率下的初始变异企业分布

在左上角 $M=10\times10$ 这个相对较小的区域内,由于变异发生的概率较大,每个变异企业的周围出现其他的变异企业的可能性也较高。如图 4-24 所示,经过 $T=10$ 步的学习和演化,使用新兴货币 Y 交易的企业数量增加到 40 家,占 M 区域的近一半。以此为基础继续演化,在 $T=100$ 期时使用新兴货币 Y 交易的企业数量增加到 783 家,占世界市场企业总量的 7.8%。

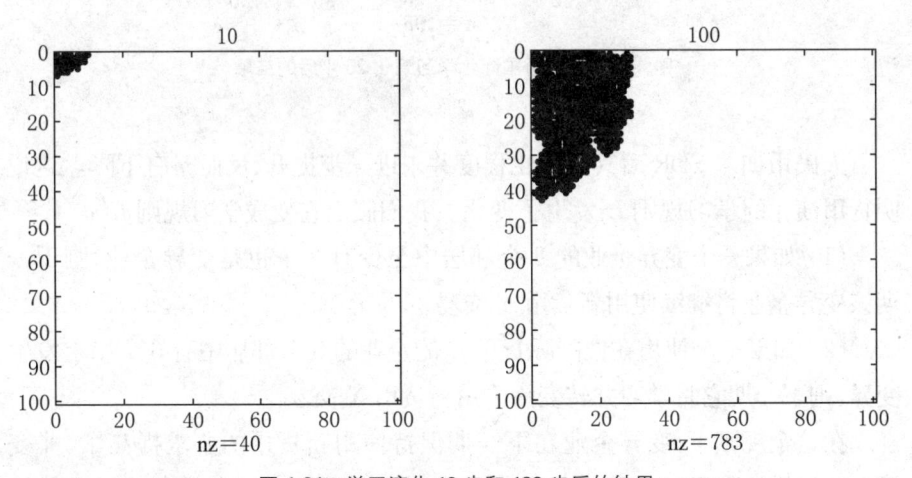

图 4-24 学习演化 10 步和 100 步后的结果

三、对人民币加入 SDR 后的模拟分析

下面我们对人民币加入 SDR 后的国际化路径进行一个简单的模拟分析。

以每个季度为1期,从2009年3季度启动跨境贸易人民币结算试点开始,人民币国际化已经经历了48期,其中在第26期(2015年4季度)IMF宣布接纳人民币进入SDR篮子。在模拟中,我们取变异区域为左上角$M=10\times10$,取变异率$\mu=0.1$。如图4-25,经过25期的演化,使用人民币的企业数量增加为195家,占世界市场企业总量的1.95%,使用区域开始从M向周边扩张,这基本符合人民币国际化的目前状况。

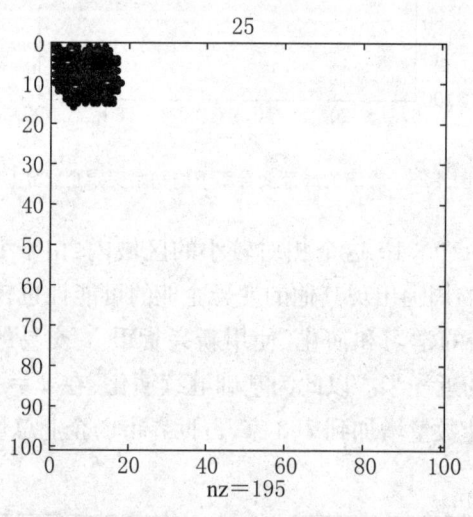

图4-25 人民币国际化学习演化25步后的结果

人民币加入SDR后其国际化程度并未进一步提升,反而略有下降。这说明货币演化的学习规则L发生了变化。我们假定它变成学习规则L':

(1) 如果一个变异企业的8个邻居中至少有3个也是变异企业,则下一期该变异企业将继续使用新货币Y交易;

(2) 如果一个使用在位国际货币D的企业的8个邻居中有6个以上发生变异,则下一期它将学习并转变为采用新货币Y交易。

在这个规则下,变异企业在下一期保持使用新货币的要求提高了,非变异企业的模仿和学习使用新货币的难度也增大了。市场交易者接受和使用新货币需要满足更高的条件。如图4-26所示,从使用人民币的企业数量为195家开始,经过15期的演化,使用人民币的企业数量下降为171家,并且在此后的60期内保持稳定水平,这代表着一种长期均衡的状态。

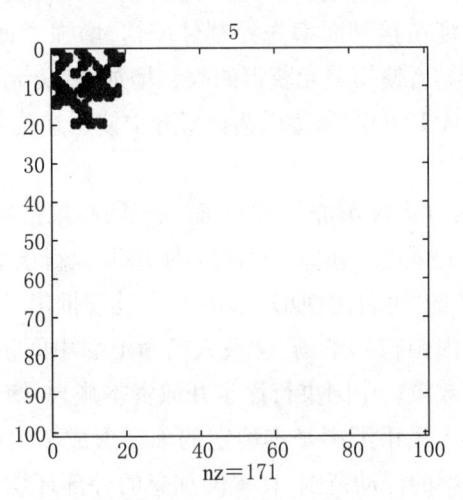

图 4-26 人民币国际化在新规则下的演化结果

四、加入 SDR 对人民币国际化的影响

在上一部分我们模拟了人民币加入 SDR 前后其国际化路径的变化，这种变化是国际货币演化规则的改变导致的。为什么人民币加入 SDR 后对国际市场交易者的吸引力不增反降？这主要有以下几个原因。

首先，SDR 本身并不是国际市场中实际使用的货币，人民币加入 SDR 不会直接增加人民币的国际使用量。IMF 对 SDR 的篮子货币规定了出口标准和可自由使用标准，将人民币纳入 SDR 篮子只代表 IMF 认可人民币满足了这两项标准，但美元、英镑、欧元和日元等主要国际货币同样也满足篮子货币的标准，国际市场的交易者完全可以根据自己的交易习惯选择使用的货币，没有义务按照 IMF 的认可相应地增加对人民币的使用。人民币加入 SDR 的直接影响是各国央行可能按篮子货币的比例配置一定量的人民币储备资产。但由于 SDR 到目前的发行总量只有约 2 800 亿美元，按人民币在 SDR 篮子中 10.9% 的比例计算最多需要 300 亿美元的人民币储备，对人民币在国际市场上的使用作用有限。

其次，2015 年以来美元走强，对国际市场交易者的吸引力增加。由于美国经济在全球金融危机后率先开始复苏。特朗普在当选总统后，兑现了他在竞选中提出的重振美国经济政策的承诺，美国股市和美元汇率全面走强。2019 年 8 月美联储宣布降息 0.25% 至 2.00%—2.25%，这是近 10 年来美国首次降息。虽然 2020 年的新冠疫情重创了美国和全球经济，但进入 2021 年后，拜登政府迅速推动疫苗接种而率先控制住疫情,增强了世界对美国的信心。这导致国际市场交易者使用美元获得的收益增加,使美元更受市场交易者青睐。这相当于在表 4-12 的国际货币选择博弈中使用在位货币 D 的收益 v 增加了。

最后,中国为推动人民币加入 SDR 而采取的政策措施,在短期内可能不利于人民币国际化的推进。在 2015 年 11 月 IMF 执行董事会开会前,为了促使人民币满足 IMF 的"可自由使用"标准,中国连续推出了境外央行类组织可以用人民币投资境内银行间市场、调整人民币汇率中间价、取消商业银行存款利率浮动上限等政策。中国央行逐步开放资本账户、增强人民币自由使用的改革目标和维持人民币汇率基本稳定的承诺形成了内在的冲突。这些措施扩大了人民币汇率的浮动范围,在美国加息的外部环境下使市场产生较强的人民币贬值预期。这相当于在表 4-12 的国际货币选择博弈中使用新兴货币 Y 的收益 r 减小。

第五章
英镑国际化的演化分析

伴随着英国率先爆发的工业革命，英镑也从一个西欧边缘岛国的货币迅速发展为世界上第一种国际本位货币。对货币国际化的研究，必须从英镑国际化的演化史开始。重点考察几个问题：英镑国际化的具体演化过程是怎样的？英镑国际化与国际金本位制度的建立有什么内在关系？英国的商品输出、资本输出和殖民扩张在英镑国际化中发挥了什么作用？

第一节 英镑国际化的演化史

一、西欧货币制度的早期发展与英国金本位的率先实施

（一）中世纪和近代早期的西欧货币制度

货币的基本职能有两种，即作为支付手段和记账单位，[①]或者如马克思所说的作为价值尺度和流通手段。在短期内，货币作为交换媒介消除了低效率的物物交换的必要性，解决了需求的双重巧合困难，从而极大地促进了商品经济的产生和发展。长期以来，货币是价值贮存的载体，使生产过程与消费过程可以暂时地独立，为资本积累和投资提供了前提。货币的职能既有时间性，又有空间性。当货币在不同国家间充当交换媒介时，就必然涉及货币之间的兑换、清算等金融活动。

按照马克思的分析，货币起源于商品，是固定充当一般等价物的特殊商品，并且由于金银等贵金属的优良属性而逐渐固定为金银货币。当然，在实际使用中，块状或条状的金银贵金属价值过大不便携带，因而常常采用金银铸币的形式流通，称为"硬币"。不同国家制造的金银铸币上有各自的名称、年号、铸造时间等标记，但由于它们均含有一定量的金银贵金属，因此也可以在其他国家使用。

---

① 〔美〕查尔斯·金德尔伯格：《西欧金融史》，第二版，中国金融出版社，2007年，第21页。

西欧货币史最生动地反映了国际货币制度的起源、演变和发展过程。西欧的地理范围不是很大,语言宗教文化等同源,自古就有较为密切的海上和陆地贸易活动,而且各个国家间有复杂的历史渊源和现实联系,国家边界经常发生变动,甚至有一国君主同时兼任另一国国王的情况。这种政治经济和地理环境导致在早期的西欧国家间比较普遍地存在着不同国家发行的货币混合流通的现象。例如,在18世纪的意大利米兰,流通于市面的硬币多达50种。

早期的统治者就认识到货币的公共商品特性,他们为辖区内的铸币厂定下标准,并督促其遵守。例如,神圣罗马帝国曾发布命令,规定铸币厂的分布与数量、硬币的重量与成色,并派人监督执行。但是,贵金属铸造的硬币在使用中不可避免地会出现磨损,再加上故意的削边、腐蚀或掺假等行为,使本来足值的硬币变得不足值。在零售交易或作为辅币使用时,硬币的不足值问题不大。但是如果掺假或缺损严重,尤其是面值较大的硬币,接受者会要求过秤和检验质量。对于硬币不能按面值接受这一缺陷,早期有一个解决办法,就是银行或钱币兑换商将检定并称量好的硬币缝入一个口袋或钱包,并在外面标明真实的价值。

中世纪和近代早期西欧的主要货币金属是银。铜也作为货币金属使用,但是铜的价值太低,只有银的百分之一,导致铜币的分量太重,不仅窃贼无法盗走,普通的支付也要使用马车运送。金币在罗马时代已经使用,中世纪的地中海沿岸城市如热那亚、佛罗伦萨均铸造过金币。但欧洲当地产金量很少,据估计13世纪到14世纪初每年产量仅为1吨,远远不能满足货币使用的需要。在1492年发现新大陆,或者更准确地说是在1545年发现秘鲁的波托西银矿之前,欧洲的银主要来源于中欧,来源于位于现在的德国、奥地利和捷克斯洛伐克的银矿。

由于美洲银矿的开采,16世纪末期平均每年有170吨银子运往欧洲,这促使欧洲的金银比价迅速上升。[1]1519年欧洲金银比价为11.3∶1,1566年欧洲金银比价为12.2∶1,1609年欧洲金银比价为13.3∶1,1643年欧洲金银比价为15.45∶1。根据汉密尔顿的估计,17世纪40年代至50年代每年约有900万荷兰银元的白银流入欧洲,1591年至1600年平均每年的白银流入量约有1 130万荷兰银元。1660年后,墨西哥银矿的大幅增产弥补了秘鲁银矿的

---

[1] 〔美〕查尔斯·金德尔伯格:《西欧金融史》,第二版,中国金融出版社,2007年,第29页。

减产,年均白银流入量上升到 1 400 万荷兰银元,并保持到该世纪末。

白银供给量的明显增加和黄金产量的相对稳定,在金银复本位条件下导致硬币的成色不断下降。金银复本位制度的理论依据是通过金银硬币的自由铸造可以保持两种硬币的市场价格相对稳定。例如,当市场上的黄金供给增加导致金价下跌时,输送到铸币厂的金子较多而银子较少,从而提高市场上的金价并抑低银价,恢复铸币厂标准的市场价格。但是这个机制只有在贵金属供给的增加不超过铸币厂吸纳的限度内才能运作。当贵金属供给变化较大时,不是铸币厂价格稳定市场价格,而是市场价格对贵金属供给的变化作出反应,并导致铸币厂价格的不稳定。受"劣币驱逐良币"的格雷欣法则影响,价值坚挺的金币被保存下来,市场中的金币流通量减少。由于市场上银价下跌,现有的足值硬币的实际价值被低估了,导致它们的重量被减少。欧洲银价下跌的另一个结果是,欧洲的白银大量外流到东亚地区,尤其是中国,因为当 16 世纪中期欧洲金银比价为 12∶1 时,中国的金银比价为 8∶1。从 1600 年到 1800 年,每年流向东方的银元大约占从美洲流入西班牙和葡萄牙两国银元的 2/3。

(二) 英镑金本位的建立

从 16 世纪到 17 世纪,欧洲的金银比价不断地发生变化,而且在佛兰德、奥地利、法国、西班牙、英国、葡萄牙和意大利等不同地区与国家,金银比价之间的差价也有相当大的幅度。[①] 例如在 1600 年,英格兰的金银比价为 13.5,西班牙为 12.1,法国为 11.4,威尼斯为 14,而邻近的米兰为 11.9。这么大的金银比价差异导致贵金属在不同国家和地区间不断流动,既扰乱了价格体系,也增加了运输途中灭失的风险。取消金银复本位、采取单一金本位制是必然的趋势,但这要求国家具有足够的经济实力。

与其他西欧国家一样,近代早期的英国货币也是金银铸币。在 1971 年十进位制改革之前,英国的主币单位是镑(英镑),由黄金铸成,也称为金镑;辅币是白银铸造的先令和铜币便士。1 英镑等于 20 先令,1 先令等于 12 便士,即 1 英镑等于 240 便士。1694 年英格兰银行成立,它的早期业务主要是为英国政府服务,把后者在几乎不间断的战争中发行的杂乱债券改变为长期债券。英格兰银行发行大面额的银行券,在大额交易中作为黄金的替代物流通。1759 年发行 10 英镑面值的银行券之前,最小的面值为 20 英镑,而面值

---

① 〔美〕查尔斯·金德尔伯格:《西欧金融史》,第二版,中国金融出版社,2007 年,第 67 页。

5 英镑的银行券在 1794 年才第一次发行。1797 年，首次发行了面值为 2 英镑和 1 英镑的银行券。

1717 年之前，英国的金价较高而银价较低，如 1699 年英国金币几尼①的价格为 22 先令，相当于银与金的比价为 15.93∶1，而在德国汉堡的比价为 15∶1。这导致欧洲的金子不断流入英国，而流通中的银币都遭到削边或磨损。面值 1 先令和 6 便士的银币严重短缺，面值 5 先令的银币大约在 1760 年完全消失。在巴西发现的黄金源源不断地运往英国铸成金币，将银币驱出了流通。为了保持金币和银币的同时流通，英格兰银行不得不提高银币的铸造价格（相当于等值地降低英国银币中白银的含量）。到 1717 年，英国率先规定了黄金的英镑价格，为每两黄金值 3 英镑 17 先令又 10.5 便士，这个价格一直维持到 1931 年，只在 1797 年到 1819 年之间和 1914 年到 1925 年之间出现过波动。银币的铸造价格仍然相对较低，白银在铸币厂价格是被低估的，导致十足的银币退出了流通。白银在英国的非货币化发生在 1774 年，当时规定银币不能作为法币，对于 25 英镑以上的货款，除非以银子的重量计算否则不得以银币支付。到 1821 年，在英国的小额交易中也废除了白银的法偿地位。

银子的非货币化、英格兰银行小面额银行券的发行和应随时以黄金兑换纸币的法令（1819 年的《皮尔条例》）一起，确立了英国的金本位制度。市场竞争使英格兰银行逐渐确立了领导地位。除英格兰银行外，19 世纪初英国有大约 60 家私人银行和近 800 家性质各异的私人地方银行，它们可能是由谷物商、杂货商、茶商或绸布商等商铺所创办，这些银行均可以发行其银行券。②因此，英格兰银行的纸币并不是到处受到欢迎的。但是小规模的地方银行良莠不齐，它们的经营者既不一定受过良好教育或精明强干，也不都是诚实无欺的。地方银行的倒闭即使不在特殊的危机时期也相当频繁，自 1815 年至 1830 年每一年至少有 3 家银行倒闭，这 15 年之间破产银行的总数达到 206 家。不同于地方私人银行发行的银行券，人们对英格兰银行发行的银行券的信任"慢慢地、不均衡地、实实在在地"不断增长。③

从长期看，在 1824 年经济复苏后，按 1717 年确定的金价恢复兑换使金本位制的支持者击败了主张银本位制、复本位制和银行券不可兑换的支持者，

---

① 几尼（Guine）不是货币单位，是英国过去一种金币的名称，1663—1813 年制造，最初由几内亚出产黄金铸造，故名几尼，一般翻译为畿尼，也叫几内亚金，一个畿尼相当于 21 个先令。
② 〔英〕克拉潘：《现代英国经济史》，上卷，商务印书馆，2014 年，第 361 页。
③ 〔美〕查尔斯·金德尔伯格：《西欧金融史》，第二版，中国金融出版社，2007 年，第 87 页。

深深地扎根于英国传统的经济体制之中,并使英国成为世界上第一个实行金本位的国家。

(三) 英国金本位与欧洲大陆复本位的并行

在英国建立起金本位制度后的50年里,以法国为主的欧洲大陆国家仍然实行金银复本位,两种货币制度的并行意味着激烈的市场竞争和中央银行间若干次有意识的合作。1825年英格兰银行面临挤兑的危机,法兰西银行运送了价值40万英镑的黄金到英格兰银行并与白银兑换,防止了英格兰银行被迫关门。1836年和1839年,法兰西银行向英格兰银行提供贷款,1847年英格兰银行贷款给法兰西银行,这些都是为了帮助应付金融危机。

继1849年在加利福尼亚和1851年在澳大利亚发现金矿后,世界的黄金供应急剧扩大,年产量上升了10倍。已经完成工业革命的英国取代西班牙成为采矿业的物资主要提供者,生产的黄金则大量流入伦敦,支持了英国的金本位制。在实行复本位制的法国,由于铸币厂对银子的估价偏低,与黄金增加后的金银市场比价不一致,法兰西银行迫切希望只用黄金支付。但法兰西银行的黄金储备只有400万英镑,远小于其价值1 300万英镑的白银储备。在使用黄金对外支付一段时间后,法兰西银行发现其储备中的黄金下降太快,已经难以起到维持国内金银固定比价的作用,迫切需要获得更多的黄金。法兰西银行用价值200万英镑的白银在伦敦购买英格兰银行的黄金,尽管汇率高于黄金输入点。此外,法兰西银行还用价值3 100万法郎的白银与俄罗斯国家银行交换黄金,与意大利兑换了900万法郎的白银,1861年10月从荷兰阿姆斯特丹银行购买了价值1 500万法郎的黄金。但法兰西银行仍然需要更多的黄金以维持其金银复本位制度。

从这个历史事例可以发现,在一个普遍实行金银复本位甚至银本位的世界中率先实行金本位的英国具有货币制度上的优势。在19世纪早期英国开始采用金本位时,欧洲大陆主要是法国在使用复本位,而包括德国、奥匈帝国、瑞典、俄国和远东的中国、日本仍然在使用银本位。由于格雷欣法则的作用,只要国际市场上金银价格之比与复本位国家规定的金银比价有足够大的差距,就存在套利的激励,导致复本位国家的金币或银币短缺。18世纪30年代黄金价格的上升导致金币流出法国,18世纪50年代的黄金大发现则促使白银从法国外流。实行金本位的英国价格是基本稳定的,而实行复本位的法国价格则随着金银比价的波动而发生较大的、有时是相当剧烈的变化。

在1850年到1875年,欧洲大陆的复本位遇到了前所未有的困境。①19世纪60年代,随着关税的削减和运输成本的降低,国际交易大量增长,导致许多国家流通着国外的银币。1862年,意大利进行了货币改革,发行铸造纯度为0.835分(即实际含银量只有法偿价值的83.5%)的小面额银币。而同期法国银币的铸造纯度为0.9分,这导致法国人将法国铸币贮藏起来,而意大利银币在法国市面上泛滥。法兰西银行被迫于1864年将其小面额银币的金属含量也从0.9分降低到0.835分。但这个时期瑞士硬币的金属含量是0.8分,瑞士银币对法国、意大利、比利时的货币又构成了威胁。

实行银本位的国家如瑞典、俄国和远东国家,在与实行金本位的英国进行贸易时面临更大的货币制度劣势。正如凯恩斯所说,"黄金是,而且一向是,一种非常稀少的商品"。②相对于白银,世界黄金的供给总是稀缺的,这导致金银价格之比在长期有上升的趋势。过剩的白银涌向实行银本位的国家,使后者有通货膨胀的压力。此外,实行金本位的国家相当于向国际市场作出了稳健货币与财政政策的承诺,从而在国际借贷时可以获得更优惠的利率。在19世纪的国际金融市场上,经常有欧美国家在伦敦、巴黎等地发行债券融资。由于信息不对称,投资者对来自外国的债券会要求一定的溢价,造成外国债券的收益率较高。如果外国政府承诺金本位,就相当于是一种严格的钉住汇率,这有助于外围国家从西欧核心国家获得资本,使得以黄金计价的政府债券的收益率降低了近40个基点。③因此,在金本位、复本位和银本位并存的19世纪国际经济体系中,金本位国家的货币具有制度优势,这也导致英镑成为国际货币体系中的核心货币。

二、国际金本位制的建立和英镑的关键货币地位

(一)国际金本位制的建立

在19世纪70年代之前,世界上采取金本位的国家除英国外,就仅有与英国贸易频繁而在1854年改为金本位的葡萄牙了。1871年普法战争的结束迫使法国支付了50亿法郎的战争赔款,德国用这笔收入积累了大量的黄金,于是从银本位转向金本位。德国此举的目的是向英国看齐,便利与英国的贸易往来,并使它从伦敦获得的以英镑定值的信贷融资价值保持稳定。

---

① 〔美〕巴里·艾肯格林:《资本全球化——国际货币体系史》,上海人民出版社,2009年,第13页。
② 〔英〕凯恩斯:《货币论》,下册,商务印书馆,1997年,第251页。
③ 〔法〕尤瑟夫·卡西斯:《伦敦和巴黎》,格致出版社,2012年,第82页。

德国这个欧洲第二位的工业强国的做法激励着其他有条件的国家也纷纷转向金本位。与德国关系密切的丹麦、荷兰、挪威、瑞典和拉丁货币联盟的国家很快随着德国的脚步加入到金本位中。奥匈帝国和意大利虽然没有官方规定黄金的可兑换性,但从19世纪末它们将其货币钉住那些实行金本位国家的货币,间接地实现了金本位制。美国在南北战争结束后经济迅速发展,并于1879年恢复了美元纸币的可兑换性,从而成为金本位国家。

在19世纪后期,后进的资本主义国家俄国和日本也采取了金本位。1898年,曾经长期实行银本位的印度将卢比钉住英镑,因而也事实上钉住了黄金。甚至在采银利益集团很强大的拉美,阿根廷、墨西哥、秘鲁和乌拉圭也先后实行了黄金可兑换。到20世纪初,只有中国和少数几个中美洲国家还保留着银本位制。①

从1880年到1914年的这个国际金本位制时期,黄金成为国际价值体系的基础。但是即使在这个时期,并不是所有国家的货币安排都是相似的。实行完全或纯金本位的国家只有4个,即英国、德国、法国和美国,它们的国内货币流通采用金铸币的形式。纸币和辅币形式的货币也参与流通,如英格兰银行发行的英镑纸币等银行券,并且可以随时向发行者要求兑换黄金。在其他的金本位国家,流通中的货币主要采取纸币、银币或符号硬币等形式,虽然它们的政府随时准备以固定的价格按照人们的需要将货币兑换成黄金。4个纯金本位国家的储备主要是黄金,而其他金本位国家的储备中都包括一定比例的外汇,即对纯金本位国家的金融要求权。

(二)英镑在国际金本位制中的关键货币地位

关于国际金本位制的运作机制,有两种相互抵触的观点。②一种可称为世界货币主义的观点,认为世界贵金属(从1875年起为黄金)的生产决定了世界货币供应和世界价格。另一种观点则认为,金本位制实际上是英镑本位制,因为英格兰银行以自己为中心在世界范围内控制和操作利率水平。

世界货币主义来源于英格兰的金银通货主义学派,认为银行存款、汇票或信贷额度等都不属于货币,银行券可以作为货币使用完全是因为有黄金为保证,它的极端形式认为利率、货币供给和价格等所有有关货币的重要变量都取决于贵金属的采矿费用,而不是中央银行的政策。

---

① 〔美〕巴里·艾肯格林:《资本全球化——国际货币体系史》,上海人民出版社,2009年,第16页。
② 〔美〕查尔斯·金德尔伯格:《西欧金融史》,第二版,中国金融出版社,2007年,第79页。

实际上,即使在最先实行金本位的英国,价格水平也不是完全由黄金存量所决定的。黄金的流向对英格兰银行贴现率变化的反应要远远迅速于对价格变化和贸易差额变化所作的反应。当德国等其他国家相继采用金本位后,由于经济实力和贸易投资地位的差异,它们与英国的货币关系是不对称的。英国可以用英镑汇票为本国的进出口融资,其他国家在与英国的贸易中则使用英镑,甚至它们与第三国的贸易也常常用英镑汇票支付。因此,其他国家必须持有英镑余额,而英国则不需持有其他货币的余额,英格兰银行的任务只是管理黄金储备,并通过管理黄金储备决定世界利率水平。而世界其他国家只能在有限的范围内影响其国内利率与国际利率的差异。英镑汇票在全球交易或成为外国的紧密替代货币,因而国际金本位制本质上就是英镑本位制。

英镑在国际金本位制中的关键地位体现在,从国际储备资产看,如表5-1所示,从1880年到1913年,英镑是最主要的储备货币,大约占所有外汇储备的40%。法国法郎和德国马克合计约占40%,其余的储备货币主要是瑞士法郎、丹麦克朗和美国美元等。

表5-1 外汇资产的增长与构成(1900—1913年) 单位:百万美元

	1899年末	1913年末	变化	1913年指数
合 计	404.2	1 622.5	1 218.3	401
英 镑	121.0	441.4	320.4	408
法 郎	27.2	275.1	247.9	1 010
马 克	24.2	136.9	112.7	566
其他货币	71.4	212.0	140.6	297
未知的货币	160.4	557.1	396.7	347

• 资料来源:转引自艾肯格林(2009),第21页。

第二节 英镑演化为主要国际货币的原因

一、帝国贸易和海外贸易是英镑国际化的基础

英国成为19世纪的世界霸主得益于18世纪的工业革命和随后延续一个多世纪的贸易增长。纺织机、蒸汽机的发明使英国的纺织品、钢铁制品产量迅速增加,带动羊毛制品、钉子、扣子、五金制品等货物的出口。1772年,美洲进口了1/5的英国精纺羊毛织品,到1880年达到2/5。英国国内许多消费品

的供给则依赖进口。在1850年至1859年,英国面粉消费量的25%是进口的,1860年至1867年面粉进口比例上升到40%,19世纪70年代超过50%,1880年之后打破了60%的大关。

1854年《谷物法》废除后,英国奉行"本国工业,殖民地农业"的政策,推动形成帝国分工体制。英国从殖民地输入大量的廉价食品和原材料,同时向殖民地出口制成品。到19世纪后期,英国已经成为一个工业国和贸易国,它靠自己制造品的出口为生,既无法按照自己习惯的方法长期满足国民的食品需求,也无法在本国为自己的工业找到适当而充分的原料。[①]1880年到1886年,英国平均每年进口原料总值约14 100万英镑,其中羊毛和棉花等纺织原料价值8 400万英镑,木材价值约1 600万英镑,金属矿约1 500万英镑,皮革、橡胶、造纸原料等共900万英镑。考察这些原料的进口来源,棉花主要来自印度和美国,羊毛来自澳大利亚、新西兰、南非和加拿大,亚麻来自俄国和比利时,木材来自北欧和美国,矿产来自西班牙和美洲,橡胶来自马来亚。英国的贸易网络遍布世界,这也推动着英镑的使用走向世界。

英国海外贸易的发展速度,从它的远洋运输数量中可见一斑。1844年,在联合王国位于世界各地的海关报关进出的船舶吨位,不包括不列颠与爱尔兰之间的贸易在内,是1 030万吨,而10年前只有630万吨。至1860年,船舶吨位达到2 470万吨,1870年达到3 660万吨,1880年达到5 870万吨。这样大的货物运输量反映了英国与其全球殖民地之间密切的贸易活动。在1879年,通过苏伊士运河的船只总吨位为226万吨,其中英国船只吨位175万吨,法国船只吨位只有18万吨。到1889年,通过苏伊士运河的船只总吨位为678万吨,其中英国船只吨位535万吨,法国船只吨位只有36万吨。

为了发展海外贸易,英国在增加远洋运输船舶和港口的同时,还积极投资在全世界的主要国家修建铁路,以方便把内陆的货物运送到沿海港口。在一个又一个大陆上,由英国资本修建的铁路比由非英国资本修建的总和还多。在1848年革命爆发时,欧洲大陆只有比利时有一个较为完整的铁路轮廓,法国才只有一些分散的独立线路。1850年在美国大陆只有9 000英里的铁路,到密西西比河以西地区还完全依赖马车。加拿大1890年的铁路长度还不及英国1870年的长度,而1870年阿根廷的铁路长度只有450英里。澳大利亚大陆到1870年铁路长度约为1 000英里。英国在印度这颗"女王皇冠上

---

① 〔英〕克拉潘:《现代英国经济史》,中卷,商务印书馆,2014年,第301页。

的明珠"倾注了极大的心力,从 19 世纪 40 年代就开始修筑铁路,到 1870 年已有 4 000 英里通车。1869 年,由法国人投资、设计和实施的开掘苏伊士运河工程通航,但很快就被证明这"花费几百万挖掘的一条运河只是供英国使用而已"。

二、率先实行金本位增强了市场对英镑的信心

如前所述,在 19 世纪及之前的西欧货币制度中,各国可以根据自己的情况采用金本位(英国)、复本位(法国)或银本位(德国、俄国等)。由于在 1717 年起的一个半世纪里,只有英国先是在实际上继而在法律上建立起金本位的制度,使白银非货币化,而所有其他国家里白银继续承担货币的职能,这极大地增强了市场对英镑的信心。当然在实际使用中,英格兰银行发行的银行券(英镑纸币)也可以代表英镑金币流通,就像法国法郎的纸币可以代表法郎硬币流通一样,但市场很清楚地认识到代表英镑流通的无论是纸币或硬币,其价值的稳定性和可靠性都要大于代表法郎流通的纸币或硬币。价值的稳定是英镑演化为世界各国承认和使用的国际货币的重要原因。

英格兰银行所发行银行券的价值稳定性得益于英国政府的支持。在 1833 年换发英格兰银行特许证时,把此前不是法币的英格兰银行纸币规定为法币。[①] 此前发行纸币的各个地方银行仍然可以发行,到 1936 年底英格兰共有这样的发行股份银行 79 家,发行的纸币流通额达到 425.8 万英镑。1844 年 5 月,英国国会通过了一项《银行纸币条例》,进一步强化了英格兰银行在发行纸币上的特权:"凡已经发行纸币的银行得继续发行;此后在联合王国的任何地区不得再行设立新的发行银行;凡英格兰旧银行的纸币发行一律不得超过现有数额。"这些规定为纸币的发行逐渐转移于英格兰银行提供了便利,并将英格兰银行的纸币同黄金联系在一起。

根据这项条例,无论合伙或股份地方银行的纸币流通额一律不得超过截至 1844 年 4 月 24 日为止的一年平均额。它们的纸币将不是法币。一家银行一旦破产,即丧失了它的发行权。如果两家或两家以上的银行合并且合并后的银行有六名以上的合伙人,则不得从事发行。任何银行不论因何种理由一旦停止发行,嗣后即不能再将它的纸币付诸流通。这些条款的目的是显而易见的,即英国国会和政府希望将英镑纸币的发行权逐渐集中于英格兰银行。

---

① 〔英〕克拉潘:《现代英国经济史》,上卷,商务印书馆,2014 年,第 688 页。

尽管如此,货币市场演化的惰性使得这个过程比立法者预计的要慢得多:在 1844 年固定于 8 611 647 英镑的最高限额以内的地方发行额,在 50 年后仍变动于 100 万到 200 万英镑之间,到 1914 年也没有完全消灭。[①]1921 年,最后一家有发行权的地方银行被劳埃德银行合并而丧失了发行权。

由英格兰银行逐渐垄断纸币发行权强化了市场对英镑,特别是对英镑纸币价值的信心。与众多的地方银行不同,英格兰银行的纸币发行有明确的法律约束。英格兰银行依法分成发行和营业两部。发行部得凭证券发行 1 400 万英镑的纸币,并得凭金币和金银条块随意增发,但银条不得超过金条和铸币的 1/4。英国枢密院同时发布命令规定,任何人均得按 3 镑 17 先令 9 便士 1 盎司的价格用纸币向英格兰银行兑换金条,并责成英格兰银行按规定的格式每星期公布其会计账目。这些规定表明,英格兰银行发行纸币的价值是有充足的黄金和白银储备作支持的,是有明文的法律作保证的,是有定期公开的财务信息支撑的。由此可以看到,对现代中央银行发行货币所作的种种要求和保障,在 1844 年已经由法律赋予英格兰银行了。

英格兰银行也确实不负众望。在 1844 年《银行纸币条例》通过时,金铸币与纸币在英国的流通数量大体相当,纸币大约 4 000 万镑,铸币约为 4 600 万镑。随着 19 世纪 50 年代的黄金大发现,金铸币流通额增加了 50%,而纸币流通额则略有下降。直到 1887 年,纸币的数量很少会比 1844 年时超出二三百万,而金铸币的数量已经增加到纸币流通数字的 2—3 倍,也就是说英国的金铸币超过了 1 亿英镑。纸币发行的严格自律确保了英格兰银行纸币的信誉。

三、伦敦国际金融中心地位有利于英镑国际化

英镑成为核心货币的另一个重要原因是英国特别是伦敦发达的金融市场。不难想象,如果英镑的优势仅仅是它与黄金挂钩并因此保持价值稳定,那么世界其他国家使用英镑的意愿不会大于它们直接使用黄金的意愿。英镑之所以成为金本位时期国际普遍采用的支付手段,还受益于英国发达的金融市场和伦敦的国际金融中心地位。

(一)英国的金融市场

欧洲最早的银行产生于 13 世纪参与地中海贸易的意大利城邦,如佛罗伦

---

① 〔英〕克拉潘:《现代英国经济史》,上卷,商务印书馆,2014 年,第 705 页。

萨、威尼斯、热那亚等，它们为国际贸易提供贷款、汇款、清算、保险等业务。16世纪，银行业的中心从北意大利移向南德意志，17世纪荷兰和瑞典的银行业也很发达。英格兰银行成立于1694年，同时期在伦敦还有几十家私人银行。这些银行主要经营汇票、政府债券和东印度公司、南海公司等大公司的股票，并提供抵押放款、旅行支票等金融服务。

伦敦很早就成为国内收支的清算中心。①伦敦的银行使用英格兰银行发行的银行券在自己的账户上或为代理行的账户与其他银行结清余额。1773年，成立了专门的票据交换所，36家伦敦的银行中有31家加入了票据交换所。伦敦以外地区的清算，起初是由当地的乡村银行家们定期聚会并交换即期债权，并用当时在伦敦以外流通的英格兰银行发行的银行券结算余额。到1837年，伦敦以外地区的清算工作在当地的英格兰银行分行里进行，因为1826年以来英格兰银行的分行已遍布全国。

发达的银行系统和清算体系，使英国在19世纪中期就实现了国内大宗交易的非现金化，金融市场发展迅速。到1855年，伦敦的清算业务和海关业务都用支票进行了。英格兰银行总裁在1857年解释说，"绝大部分的交易"都是这样进行的。利用银行的习惯在农场主和小店主之间也增加了4倍，伦敦的由鸡贩、菜贩和猪肉贩开出的支票，其金额"常常不到两镑"。②到19世纪80年代初期，铸币在伦敦缴付各银行的款项之中占比不到1％，在曼彻斯特也仅有约6％。

到19世纪末期，伦敦已经成为最重要的世界金融中心，拥有比其他地方更多的银行、发行商、投资公司和经纪行，以及世界最大、最活跃和最开放的金融市场。这表现在以下几个方面：

首先是外国债券在伦敦发行。伦敦证券交易所成立于1773年，早期主要是交易英国政府债券和大型联合控股公司的股票。1818年，普鲁士政府筹集国外资本以拯救其被战争严重削弱的经济，在英国伦敦发行用英镑为计价单位的普鲁士债券，这是英国为欧洲国家发行债券的第一步。从1822年到1825年，至少有20种、折合总数达4 000万英镑的外国债券在伦敦的金融中心发行。③19世纪30年代起，从英国开始掀起了欧美铁路建设的热潮，伦敦金融中心为铁路建设筹集了大量的资本。1853年，在伦敦证券交易所交易的铁

---

① 〔美〕查尔斯·金德尔伯格：《西欧金融史》，第二版，中国金融出版社，2007年，第88页。
② 〔英〕克拉潘：《现代英国经济史》，中卷，商务印书馆，2014年，第459页。
③ 〔法〕尤瑟夫·卡西斯：《资本之都》，中国金融出版社，2011年，第20页。

路债券总额占到交易所交易证券总额的 16%,仅次于占比 70% 的英国政府债券。从 1853 年到 1873 年,国外在伦敦发行的铁路债券从 3 100 万英镑上升到 3.54 亿英镑。伦敦证券交易所的业务高度国际化,1893 年在交易所上市的外国公司股票超过总体的 50%,到 1914 年全世界可转让金融产品中有 1/3 在伦敦证券交易所上市。①

其次是伦敦银行业的高度国际化。商业银行是伦敦成为世界金融中心的关键。伦敦市场上的承兑汇票交易量从 1875 年的 5 000 万英镑左右增长到 1913 年的约 1.4 亿英镑。对外国的贷款是商业银行的重要业务之一,从 1870 年到 1914 年,商业银行的对外贷款业务占伦敦对外贷款市场的 37%,比海外银行的 15% 要多得多。伦敦的主要商业银行,如罗斯柴尔德银行为南非、巴西的矿业帝国提供了大量贷款,巴林兄弟银行在美国铁路投资方面占据优势,摩根银行参与了 1871 年和 1879 年美国联邦政府在伦敦市场上价值 14 亿美元的债券的发行。主要业务在海外的银行称为海外银行,从 1890 年到 1913 年它们的海外分支机构数目从 739 家增长到 1 387 家,其中前十大银行的存款从 1873 年到 1913 年增长了近十倍。1913 年在伦敦设立分支机构的大型外国银行达到 30 家。

为伦敦金融中心服务的专业服务业也随之迅速发展。1891 年,在伦敦大约有 700 家会计师事务所和 2 000 家律师事务所提供服务,其中包括著名的德勤、普华永道等会计师事务所。这些事务所为那些注册地在伦敦而主营业务在海外或殖民地的公司提供财务审计,并且跟随客户在海外建立分支机构或新设事务所。普华永道会计师事务所 1890 年在纽约、1892 年在芝加哥开设了事务所或分支机构。

(二)英国的对外投资

在第一次世界大战之前的 100 年,英国始终是世界上对外投资最多的国家,这促进了英镑在国际投资中的使用。资本的流动是 19 世纪全球化进程的核心,也是金融中心所承担的最重要的国际业务。

全球的对外投资在 19 世纪 80 年代开始经历了强劲的增长。1913 年,全球投资于国外的股权资本达 440 亿美元,其中英国的对外资本输出为 183 亿美元,占 42%,比其后的三个国家法国、德国、美国对外投资的总和还要

---

① 〔法〕尤瑟夫·卡西斯:《资本之都》,中国金融出版社,2011 年,第 86 页。

多。①如果考虑对外投资的地理分布,英国的对外投资遍布全球,其中34%在北美洲,17%在拉丁美洲,14%在亚洲,13%在欧洲,非洲和大洋洲均为11%。这个地理分布比另外三个投资大国法国、德国、美国都要分散,因为法国和德国在欧洲的投资占50%以上,而美国的对外投资主要集中于加拿大和墨西哥。从1875年到1913年,英国投资于海外的股权资本增长了约4倍,其金额占英国储蓄的约40%。1913年英国的对外投资达到最高水平11亿美元,资本输出额约占英国储蓄的67%。这一年英国人在海外的投资比在他们自己国家的投资还要多。

英国对外投资的一个重要特点是有近一半的投资流向了英国在全球的属地或前殖民地,如北美洲的美国、加拿大,大洋洲的澳大利亚、新西兰,亚洲的印度、锡兰(今称斯里兰卡)和非洲的南非等。不仅如此,帝国的属地还可以用低于其他独立国家(或其他势力的殖民地)的利率从英国借入资金。例如,阿根廷在伦敦发行债券的收益率比印度债券的收益率高出200个基点。②

由于英国对其他国家投资的数据不完整,我们重点分析英国对美国的投资,以及其中英镑所发挥的作用。1812年战争后,美国的州政府就开始在海外发行公债筹集建设资金,如纽约州政府公债于1817年在伦敦上市。1853年美国财政部长提到244条铁路中有76条已经吸收了外国投资,总金额5 210万美元。内战结束后,州和地方政府的贷款减少,联邦政府的海外借款则迅速增加,1869年当年达10亿美元。到1914年,在美国境内的外国长期投资达28亿美元,涉及铁路、银行、酿酒、工商业、农业、石油采矿业和政府公共部门等美国人生活的各个方面。③

在美国所吸收的外国投资中,大部分资金来自英国。在19世纪60年代初,英国人的投资占到外国在美国投资的9/10。从那以后,英国的投资份额虽然逐渐被其他国家侵蚀,但直到1913年仍有近3/5。

虽然不能说英国在美国的投资必定是使用英镑进行的,但其中绝大部分是使用英镑。从1865年到1914年,美国在伦敦股票交易所筹集的资金总额就达到52.22亿美元,这部分无疑是用英镑完成的。光是在伦敦股票交易所交易的美国铁路有价证券的市值,就从1873年的8 270万英镑上升到1903

---

① 〔法〕尤瑟夫·卡西斯:《资本之都》,中国金融出版社,2011年,第68页。
② 〔法〕尤瑟夫·卡西斯:《伦敦和巴黎》,格致出版社,2012年,第88页。
③ 〔美〕斯坦利·恩格尔曼:《剑桥美国经济史》,第二卷,中国人民大学出版社,2008年,第525页。

表 5-2　依据国别统计的美国境内外国投资的来源　　　单位：百万美元

国　家	1899 年	1908 年	1914 年
英　国	2 500	3 500	4 046
德　国	200	1 000	904
荷　兰	240	750	605
法　国	50	500	390
其他欧洲国家	110	250	143
加拿大	—	—	263
其他国家	45	—	400
总　计	3 145	6 000	6 751

• 资料来源：恩格尔曼(2008)，第 527 页。

年的 1.075 亿英镑，到 1913 年达到 17.296 亿英镑。[1]1865 年到 1914 年，英国资本市场承担了 16 亿美元的美国公共项目股票的筹资活动。19 世纪 60 年代和 70 年代，美国政府公债几乎占到伦敦市场发行的所有公债的 70%。不过随着美国国内资本市场的逐渐成熟，到 20 世纪初美国公债占伦敦市场发行所有公债的比重下降到不足 0.1%。

第三节　英镑国际化与大英帝国殖民体系的形成

在英镑国际化的过程中，大英帝国殖民体系的形成发挥了特殊的重要作用。英国殖民者把英国的货币单位和货币制度带到遍布全球的殖民地，推动了英镑国际化的演化。

一、大英帝国殖民体系的形成

英帝国，或称"大英帝国"，是人类历史上一个前所未有的独特现象。在大英帝国最鼎盛的时期，它的领地占地球陆地面积的 1/4，统治的人口也占当时世界总人口的 1/4，是名副其实的"日不落"帝国。

自 1066 年法国诺曼底公爵威廉一世征服了英格兰之后，英格兰开始逐渐对外扩张。英格兰 1169 年征服了爱尔兰，1282 年征服威尔士，1296 年控制了苏格兰，从而形成"英国"。1485 年至 1509 年在位的亨利七世采取积极的海洋政策，创建近代英国海洋商贸体系，并发展英国的造船工业与导航技术。像马萨诸塞湾公司和英国东印度公司之类的贸易企业为大英帝国的海外扩

---

[1]　〔美〕斯坦利·恩格尔曼：《剑桥美国经济史》，第二卷，中国人民大学出版社，2008 年，第 532 页。

张做出重要的贡献。

1587年沃尔特·雷利爵士(Sir Walter Raleigh)在紧靠北美东沿岸的罗阿诺克岛(Roanoke Island,今北卡罗来纳州东部)宣布弗吉尼亚为英格兰殖民地,开始了英国在海外殖民的尝试。这批殖民者共110人,包括女人和儿童。但这块殖民地十分短命,由于食物缺乏、天气恶劣、海难以及当地原住民的反抗,所有留下的殖民者全部失踪,英格兰很快就不得不放弃这片殖民地。

1588年,正值都铎王朝的伊丽莎白一世对西班牙无敌舰队的大获全胜,英格兰王国正式确立海上霸权地位。由于南美洲已经被西班牙和葡萄牙两国捷足先登,英国开始重点向北美殖民。1607年英格兰在弗吉尼亚的詹姆斯镇建立第一块永久的海外殖民地,并由此逐渐发展为美国独立之前的13块殖民地。加勒比海上的一些小岛屿,例如牙买加、巴巴多斯及巴哈马等也先后成为英国的殖民地。

加拿大是英国与法国争夺的焦点。加拿大原为印第安人与因纽特人的居住地。16世纪后,法国和英国殖民者先后入侵。法国殖民者从北部圣劳伦斯河沿岸向南扩张,美国殖民者从南部五大湖区域向北扩张,于18世纪50年代发生冲突。1756—1763年期间,英、法在加拿大爆发"七年战争",最终法国战败,而1763年的《巴黎和约》使加拿大正式成为英属殖民地。

最早航行至澳大利亚的欧洲人是荷兰人。1606年荷兰人威·扬茨在澳大利亚北部约克角半岛登陆,安营扎寨,这是欧洲人第一次登上这片大陆。1688年,英国人W.丹皮尔在澳大利亚西北海岸的金湾附近上岸。1770年,英国人詹姆斯·库克远航太平洋,在澳大利亚东南岸的植物学湾登陆,并以英王乔治三世的名义占有这块土地,命名该地为新南威尔士。1786年,由于国内监狱人满为患,英国政府决定殖民于此,并开辟为罪犯流放地。1820年起,英国改变了过去主要以流放罪犯为主开发澳大利亚的政策,自由民开始成批地移居新南威尔士。1850年澳大利亚各殖民地政府法令通过后,新南威尔士、维多利亚、南澳大利亚、塔斯马尼亚(原范迪门地)、昆士兰等殖民地相继成立责任自治政府。1901年1月1日,澳大利亚联邦在悉尼正式成立,原6个殖民地改为州。澳大利亚成为英联邦的自治领。

新西兰成为英国殖民地的历史与澳大利亚相似。1642年,荷兰航海家阿贝尔·扬松·塔斯曼在一次远洋冒险中发现新西兰的西海岸区,但受到土著毛利人的攻击而没有上岸。1769年,英国海军舰长詹姆斯·库克及其船员成为首先踏足新西兰土地的欧洲人,随后,捕捞海豹和鲸鱼的人们也来到这里,传教士也很快接踵而来,定居点开始逐渐建立起来了。到1840年,新西兰估计有10万毛利人和2 000名欧洲定居者。1840年2月6日,毛利人和英国王室在岛屿湾的怀唐伊镇签署了《怀唐伊条约》,该条约使新西兰成为英国王室所属的一个殖民地。

印度是英国女王王冠上的明珠。1600年12月31日,英王伊丽莎白一世批准了不列颠东印度公司负责东方贸易。第一批船只于1608年到达印度,并赢得了莫卧儿皇帝贾汉吉尔的信赖。1615年,英王詹姆士一世委派托马斯·罗伊(Thomas Roe)为驻莫卧儿王朝使节,并由他与莫卧儿签订了通商条约。1670年,查理二世准许东印度公司有权获得领土,并在其控制区内建立军队、铸造钱币和行使其他权力。1858年5月,英国殖民当局将莫卧儿帝国末代皇帝巴哈杜尔·沙二世流放到缅甸仰光,随后处死了其家族的大部分成员。与此同时英国撤销了东印度公司,取而代之的是由英国政府直接统治,并向印度邦王公、酋长、印度人民宣告英国维多利亚女王即印度女皇,印度正式成为英国的殖民地,直到1947年独立。

19世纪80年代,英国开始在非洲大陆扩张,先后控制了埃及、苏丹、南非等国。1914年英国参与了第一次世界大战。在"一战"结束后的1922年,根据巴黎和会夺取了德国殖民地,这时英帝国的领土面积达到最大,覆盖了地球上1/4的土地和1/4的人口,其统治面积达到约3 400万平方公里,成为世界历史上跨度最广的国家,号称"日不落帝国"。

二、大英帝国殖民体系促进英镑的国际化

随着英帝国殖民地的扩张,英国的货币制度也扩展到各个殖民地的经济制度中,这促进了英镑和英国货币制度的国际化。

英镑是世界上持续使用的最古老的货币。英镑的正式名称为Pound Sterling,其中Sterling是指纯银,Pound是英国金衡制的重量单位(磅或金磅),1金磅等于12盎司,约等于公制下的0.373千克。盎司直到今天仍然是国际上计量黄金的标准单位。在1971年以前,配合英镑使用的辅币有两种,先令(Shilling)和便士(Penny),它们的换算分别采用20进制和12进制,即1英镑等于20先令,1先令等于12便士。由于这种换算比较麻烦,1971年2月15日英格兰银行实行新的货币进位制,取消了先令,辅币单位改为新便士,1英镑等于100新便士。

英国殖民者在世界的扩张把英国的货币制度和英镑带到了全球。以大洋洲为例,大洋洲的土著居民发展水平较低,没有成形的货币制度。17世纪以后,英国开始向澳大利亚等地殖民,先后建立的各殖民地沿用了英国国内以英镑为核心的货币制度。由于距离遥远,难以从英国本土运输足够多的英镑、先令、便士三级货币到新殖民地,澳大利亚的殖民者也采用在南亚地区流通较广的西班牙里亚尔银元为货币,并将其切割成小片用于小面额支付。这就造成了货币制度的混乱。1813年,澳大利亚新南威尔士总督麦考瑞命令将4万枚西班牙里亚尔银币切割打孔,制造成4万枚面值5先令圆环币和4万枚面值15便士的实心币。这说明,虽然在澳大利亚难以获得足够的由英国铸造的英制货币,但殖民地当局制造的货币仍然是以英制货币体制为依据。

1852年,在澳大利亚南部发现了金矿,掀起了一波淘金的热潮。淘金者需要将获得的黄金兑换成金币,因此,1855年英国皇家铸币局在澳大利亚雪梨(Sydney,今译为悉尼)设立了一家铸币厂,即雪梨铸币厂。雪梨铸币厂铸造面值为半索维林和一索维林的金币,其设计式样与英国本土铸造的英镑一致,但标有"澳大利亚"和"雪梨铸币厂"的字样。1900年澳大利亚联邦成立后,获得独立的铸币权,开始筹备发行新的联邦货币。1910年,澳大利亚联邦政府发行官方货币澳大利亚镑,其价值与英镑相同,同样采用金本位。1911年,澳大利亚联邦政府又发行了面值为3便士、6便士、1先令和1佛罗林(2先令)的银币,以及面值为1便士和半便士的铜币,这些银币和铜币的规格和含银量均与当时英国发行的硬币相同。而且,与加拿大、南非、印度等其他英帝国属地一样,澳大利亚发行的各种铸币的正面均是发行时在位的英国国王或女王的肖像,背面则是面值、国名、年份和标志当地特色的袋鼠等图案。在澳大利亚联邦成立周年、英国女王诞辰和女王访问澳大利亚等年份,澳大利亚还会发行有关的纪念铸币。

新西兰货币的情况与澳大利亚相似。由于国土较小和人口较少,早期新西兰直接采用英国和澳大利亚发行的硬币,新西兰镑与英镑、澳大利亚镑等值。1929年至1933年大危机重创了新西兰的农业出口,新西兰镑对英镑汇率大幅贬值,新西兰不得不自行铸造硬币。新西兰硬币有半便士、1便士、3便士、6便士和1先令、1佛罗林(2先令)等面值,大小规格和含银量均与当时英国发行的硬币相同。新西兰硬币的设计也与当时英国各属地硬币相同,正面是英王头像,背面是新西兰国名、发行时间和新西兰特有的毛利文化或当地动物。

　　由此可见,由于英国的殖民地遍布全球,英国以英镑为核心的货币制度也扩展到世界各地,并且随着英国的商品输出和资本输出发展到更多的国家,促成了英镑的国际化。英镑国际化的这个历史,是后来各种货币的国际化所无法经历的。

第六章
美元国际化的演化分析

关于美元国际化的历程已经有基于多个学科的丰富研究。例如,鲁世巍[1]认为国内经济实力是货币国际化的关键因素,两次世界大战期间美国经济实力的上升导致"二战"后建立起以美元为核心的国际货币体系。张振江[2]从国际政治和经济外交的角度研究了1933年到1945年间英美两国关于战后世界领导权的争夺和战后世界经济体系的设计,认为"二战"的爆发和英国实力的相对下降导致英国最终接受了美国主导战后体系的计划,包括美元取代英镑成为世界本位货币。国外学者中,著名经济史学家金德尔伯格2003年简述了美元国际化的历史,认为没有其他合适的替代品是美元成为主要国际货币的根本原因。另一位经济史学家艾肯格林[3]认同布雷顿森林体系的建立和美国援助欧洲复兴的"马歇尔计划"确立了美元的国际货币地位。

虽然对美元国际化历程的研究文献众多,但是从演化经济学视角的分析并不多见。需要解决几个问题:美元从北美殖民地货币发展为全球本位货币的具体演化过程是怎样的?哪些因素在这个过程中发挥了关键作用?

第一节 美元国际化的演化史

一、新大陆货币的演化与美元的诞生

不熟悉美国金融史的人往往把美国独立的时间视为美国的货币"美元"的诞生时间。实际上,从1776年美利坚合众国的建立到1862年美国国会通过《法定货币法案》允许发行作为法定货币的美元,其间经历了80多年的时间,这是一个新大陆货币的演化过程。

---

[1] 鲁世巍:《美元霸权与国际货币格局》,中国经济出版社,2006年,第58页。
[2] 张振江:《从英镑到美元:国际经济霸权的转移(1933—1945)》,人民出版社,2006年,第236页。
[3] 〔美〕巴里·艾肯格林:《资本全球化—国际货币体系史》,上海人民出版社,2009年,第121页。

（一）殖民地时期的"货币"

当最初的移民抵达北美大陆时，美洲并不存在任何有效的货币。移民与北美印第安人的交易常常使用哥伦布曾经用过的珠子和小装饰品，这种受印第安人欢迎的"货币"至少存在了两百年。欧洲移民之间以及与殖民地与欧洲之间的交易，则普遍使用金条、银条或金币、银币等硬通货，但这些硬通货十分稀缺，因为移民最初抵达的大西洋沿岸并不富产金银矿藏。整个17世纪，北美殖民地流行的支付方式是商品货币，如弗吉尼亚州使用烟草，或经烟草仓库检验后发行的"烟草券"。外国货币如阿拉伯的第纳尔币、法国的金路易币、西班牙的八片币等也经常用作殖民地的货币，但同样十分稀缺。

金属货币缺乏的状况最终不可避免地导致殖民地经济中引入了"纸质"货币，如商业机构签发的票据，以及由殖民地政府发行的名为"付款通知书"的票证。殖民地各州政府发行的付款通知书由州财政部门承诺兑付，如1716年马萨诸塞州发行价值15万英镑的付款通知书。1703年南卡罗来纳州、1709年纽约州、1720年罗德岛州、1733年马里兰州、1755年弗吉尼亚州等也发行过各自的付款通知书。这些由殖民地政府发行的付款通知书像货币一样在人们之间流转，而且实际使用区域常常超出其发行州的范围，使得在同一个地区里可能有多个殖民地州发行的付款通知书在同时流通。

不难理解，不同州发行的"货币"（即付款通知书）其内在价值必然会存在一定的差异。首先是各州付款通知书的兑付保证不同。除了州政府的承诺外，马萨诸塞州发行的付款通知书还有房地产作为抵押，马里兰州的付款通知书则有对烟草出口的特别税作为偿债基金。显然这样的"货币"价值更为可靠。其次是预期收益率的差异。大多数殖民地的付款通知书是不附息的，但罗德岛州、弗吉尼亚州等在独立战争前有时会发行附息的短期（最长18个月）国库券，这就提高了它们的吸引力。最后是对用途的规定。除了在个人之间转让并起到交易媒介作用外，马里兰州规定它发行的付款通知书还可以用于发放房地产抵押贷款，佐治亚州则允许付款通知书被附息借出。更加严重的是，并没有任何限制殖民地州发行付款通知书数量的规定，因此各州付款通知书的通货膨胀率有很大差异。例如，一份殖民地报告指出，北卡罗来纳州付款通知书与弗吉尼亚州货币的比值为4∶1，而罗德岛州可能是13个殖民地州中滥发纸币最严重的地方。这些兑付保证、预期收益、使用范围和通货膨胀率的差异导致各州政府发行的付款通知书并非同质的"货币"，因而它们之间的"竞争"是不可避免的。

（二）美国独立战争到南北战争之间的货币

独立战争之前，北美殖民地已经成立了一些银行，如 1686 年的波士顿银行、1739 年的马萨诸塞土地银行等。18 世纪后期，更多的银行出现了，如 1781 年成立的北美银行、1784 年的马萨诸塞银行、1792 年的亚历山大银行等。美国联邦制的国家结构决定了这些银行均是在各州申请注册，并不是由联邦政府注册成立的全国性银行。1785 年，国会确定未来的货币单位为"美元"，但没有实际发行美元。1791 年，美国国会批准了财政部长汉密尔顿的建议，授权创建一家国家银行，名为美国银行。到 1800 年，美国银行在各州设立了 5 家分支机构。但美国银行与各州银行是平等竞争的，而且州立银行发展更快。到 1800 年共有 29 家州立银行，到 1837 年各州注册的银行超过 700 家。

1811 年美国银行执照到期时，国会投票拒绝颁发新的执照，导致这家"国家银行"被迫向纽约州申请银行执照，并转为州立银行。1816 年国会批准成立的"美国第二银行"也经历了类似的命运，在 1836 年联邦执照到期时转为宾夕法尼亚州立银行。前后两家"美国银行"均没有获得发行货币的授权，实际的"美元"货币是 1792 年在费城成立的美国铸币厂铸造的，但贵金属的短缺使杰弗逊总统于 1805 年叫停了美元硬币的铸造，直到 1836 年才恢复。因此，到 19 世纪中期美国实际流通的主要货币仍然是英国、法国、葡萄牙和巴西发行的硬币。与此同时，数百家州立银行继续发行其"付款通知书"和"银行券"，以"美元"标价并在美国国内作为流通中介使用，成为并不存在的国家货币的替代品。1800 年美国共有 28 家私人银行发行银行券，到 1815 年增加到了 200 家。银行券充当货币是因为美国的硬通货储备不能满足国家的需要。

种类繁多的银行券也带来交易的混乱。1818 年的一封信描述了在华盛顿特区购买一双手套的困难：价格是每双半美元，但使用费城 1 美元银行券需要折价 2.5%；使用巴尔的摩银行券则不必折价，但是店主没有银币找零，于是用剪刀将票券剪成两半，因为半张票券也可以流通。[①]通货膨胀是更大的问题，从 1811 年到 1815 年州立银行发行的银行券规模从 2 800 万美元增加到 1 亿美元。到 1836 年，美国有 1 600 余家银行在发行钞票，每家银行的钞票都互不相同，导致投机者在不同银行发行的钞票之间套利。1837 年的《布法罗

---

① [美]杰瑞·马克汉姆：《美国金融史》，第一卷，中国金融出版社，2017 年，第 163 页。

报》报道说，①有人到西部地区购买布法罗票券，折扣为10％，并带回布法罗兑换为硬通货，再将这些硬通货带到纽约以12％的溢价卖掉，这样就获得了超过20％的利润。1842年，田纳西州种植农银行发行的1美元票券在费城仅能当作80美分使用，而伊利诺伊州立银行发行的1美元票券只能当成50美分。虽然没有详细的历史资料来描述其中的具体过程，但不难想象由各州银行发行的美元银行券之间存在激烈的竞争和生动的演化过程。到1861年南北战争爆发时，大约有7 000种各类面值的银行券在流通。当时的《伦敦时报》报道说，②在美国"不同州对待外州银行券就像对待外国的一样，互相都拒不接受，除非按照一直在变动的贴现率来折算。只有精通业务的货币兑换商才知道一张银行券是否仍在流通，而已经破产的银行发行的银行券可能在实际上一文不值的情况下继续流通很久"。

（三）南北战争与国家货币的诞生

由以上的论述可知，从1792年到1861年，虽然名义上规定了美国的货币单位是"美元"，但除了早期铸造的少量银币外，并没有多少实际的美元国家货币流通。作为法定货币的美元（纸币）是在美国南北战争爆发后，根据1862年2月25日国会通过的《法定货币法案》开始发行的。《法定货币法案》允许发行1.5亿美元的票据和5亿美元的债券，其中用作法定货币的是向持有者见票即付的不记名无息国库券。这种票券的背面是绿色的，被称为"绿背钞票"，这也成为今天美元钞票的俗称。

但是作为国家货币的美元钞票同样面临通货膨胀的问题。1862年国会授权发行的1.5亿美元钞票后来提高到4.5亿美元。在南北战争期间，这些美元钞票发生了显著的贬值。如表6-1所示，从1862年到1864年，两年内美国的批发价格指数几乎翻了一倍。1864年4月，1美元黄金的价值相当于1.73美元的钞票。在当年发生的维拉德诉泰勒案中，某个买主获得购买华盛顿维拉德宾馆的机会，他使用已经贬值的绿背美元来支付，但被宾馆的所有权人拒绝。诉讼的结果是，高等法院判决原主有权坚持收取黄金或金块，而不是接受美元钞票。内战期间，北方的物价上升了87％，1862年2月发行的绿背美元到7月就只值91美分的黄金。到1864年，在旧金山1美元的绿背美元售价只有35美分。

---

① 〔美〕杰瑞·马克汉姆：《美国金融史》，第一卷，中国金融出版社，2017年，第185页。
② 〔美〕杰瑞·马克汉姆：《美国金融史》，第一卷，中国金融出版社，2017年，第253页。

表 6-1　美国内战期间的货币与价格　　　　　　　单位：百万美元

年　份	绿背纸币	其他政府通货	总货币存量	批发价格指数
1860	0	0	554	100
1861	0	0	603	96
1862	96.6	53.3	705	112
1863	387.6	23.6	965	143
1864	447.6	192.2	1 351	208
1865	431.1	216.6	1 385	199
1866	400.8	189.8	1 337	187

• 资料来源：恩格尔曼(2008)，第 657 页。

由于绿背美元的价值同样不稳定，在南北战争之前流通的大量私人银行券继续发挥货币职能并与绿背美元相竞争。1863 年约有价值 1.7 亿美元的 1 500 种州立银行券与绿背美元一起流通。然而在短短的两年后，到 1865 年各种私人银行券基本退出了流通领域。这个快速的演化过程有几个主要原因。

首先是货币演化中的规模效应。虽然私人银行券的总价值与联邦发行的绿背美元相当，但私人银行券有 1 500 多种，每一种个别的私人银行券规模都远远小于绿背美元。因此，除非交易仅限于很小的当地范围，绿背美元的吸引力总是要高于个别的私人银行券。

其次是建立了"国家银行"体系。1863 年 2 月 25 日，国会通过《国家银行业法案》，规定现有的州立银行在满足最低资本等要求时可以申请注册为"国家银行"，颁发联邦执照并进行公司化改制。注册为"国家银行"的银行需要将 15%—25% 的存款作为准备金并以美国法定货币的形式持有，这避免了州立银行经常因客户无法提取存款而倒闭的缺陷。这样的国家银行可以发行钞票，与政府发行的绿背美元保持平价，可以用于支付大多数政府债务。国家银行体系的建立极大地压缩了众多小型州立银行发行银行券的空间。

促使州立银行券彻底消失的最后一个原因是在南北战争结束后的 1865 年，美国国会宣布对作为货币流通使用的州立银行券收取 10% 的税收。国内税收专员负责征收这一税项，但几乎没有实际收到什么税款，因为州立银行券的发行和使用迅速消失了。毫不奇怪，高达 10% 的交易成本使得州立银行券在与联邦绿背美元和国家银行钞票的竞争中全无优势。虽然有州立银行对这一税收提出诉讼，但高等法院的判决支持联邦对州立银行券的税收决定，这确保了联邦政府以后都可以限定并控制国内的流通货币。在合众国建立86年后，美国真正有了自己的货币——美元。

二、美元的早期国际化与西半球美元区的形成(1865—1913)

南北战争结束了美国南北方的对立，开启了美国经济迅速增长的新时期。美元作为美国的法定货币，不仅在美国国内得到普遍的接受，而且随着美国贸易和资本的扩张走向加拿大、拉丁美洲的墨西哥以及东南亚的菲律宾等地区和国家，开始了它的早期国际化历程。

(一) 南北战争后美元地位的巩固

1865年南北战争结束后，是否取消在内战期间由国会批准发行的美元钞票(绿背美元)引起了争论。1865年12月，美国众议院通过一项议案，要求行政部门认真考虑收缩货币的需要，尽早重新使用硬通货。1868年的总统选举中，支持硬通货的共和党候选人格兰特胜出。格兰特总统在就职演说中表示，除非另有约定，否则每一美元的政府负债都应当用黄金支付，因为"给公民提供一种价值固定不变的交易媒介是政府的责任，甚至是最高的责任之一"。美国国会也通过法案，宣布美国要用硬币支付其票据和债券，同时"以尽可能快的速度制定政策，用硬币赎回发行的美国钞票"。所幸在1869年的两个相关判决中，联邦最高法院认定发行法定货币并不违宪，并支持南北战争期间对州立银行券实施的税收，这才巩固了绿背美元作为国家货币的地位。为应对1872年的一场经济收缩，美国财政部增加了3 000万美元绿背钞票的供应。此后国会还通过了一部允许在紧急情况下额外发行美元的法案，但被格兰特总统否决了。1874年成立的"美钞党"主张货币应纯粹由纸币构成，要求增加货币的供给。同年美国国会通过一部法令，禁止使用外国的金币或银币作为偿付债务的法定货币。

信用工具和支付方式的变化进一步巩固了美元钞票的地位。1881年货币监理署署长约翰·诺克斯的一个报告发现，国家银行有90%的概率会收到支票、汇票和其他票据，只有大约5%的概率会收到纸币、金币或银币。① 到1892年，支票构成美国银行交易的主要部分，纽约清算所的清算证书、各家银行发行的支票和其他信用工具让美国超过90%的业务可以用信用方式开展，几乎不再需要大规模的硬通货交易。1896年开展的另一项调查得出结论，国家银行80%的存款活动都是通过纸币方式完成的。在美国，小额支票如

---

① 〔美〕杰瑞·马克汉姆：《美国金融史》，第一卷，中国金融出版社，2017年，第427页。

50美分甚至25美分的支票非常普遍,而在英国少于5英镑的支票都很少见。这说明支票在美国社会的各个阶层都扮演了货币的角色。在这种情况下,废除绿背美元恢复采用硬通货的提议已经显得不合时宜了。1875年,美元纸币的印制工作从纽约转移到华盛顿,随后纽约清算所和波士顿清算所也同意废除黄金存款,并在偿付互相之间的债务时接受法定货币。

美元地位巩固的另一个重要原因是美国采用金本位制。虽然内战结束后没有取消绿背钞票,但绿背美元无疑是有贵金属作为价值支撑的。1792年铸造的少量美元银币在1834年就退出了流通,因为当时银价上涨,1枚银币中所含有的贵金属价值相当于1.031 2美元的黄金。1850年到1860年,由于加利福尼亚银矿的开采,白银价格连续下跌,致使人们不再愿意接受白银铸币。1871年德国从复本位改成金本位后,许多欧洲国家暂停了白银的铸币活动。世界市场的白银供过于求,美国国会1873年通过的《铸币法案》宣布不再铸造银质美元。[1]1879年美国采用金本位。1900年的《黄金本位法案》正式宣布黄金是美国的本位货币,规定1美元相当于25.8格令的0.9成色的黄金,并规定财政部应保留必要的黄金储备以应对美元钞票的赎回要求。从这时起,美元羽翼初丰,它与黄金挂钩,像英镑一样拥有一个庞大的国内市场,可以在国际交易中一试身手了。

(二)美元开始走出国门

在考察美元的早期国际化过程时,必须注意到它是在英镑已经成为国际本位货币的背景下进行的。在19世纪末20世纪初国际金本位制的黄金时代,英镑是无可争议的国际货币,美国与英国之间的贸易投资活动也无疑主要是采用英镑计价结算。在整个19世纪,美国吸纳了欧洲对外投资的绝大部分。在1832年至1839年,国外投资的比重超过美国资本净值的15%;在南北战争中后期的10年间,可能达到了75%。[2]

从表6-2可以看到,从19世纪60年代起到90年代中期,美国在大多数年份里是资本净流入国。但是从1897年起,美国开始大量地对外输出资本,从而成为资本的净输出国。1897年初到1900年底,美国资本输出的净值总计为8.27亿美元。从1897年到1908年,美国在海外的直接投资由6.35亿美元增长到16.39亿美元,证券投资由0.5亿美元增长到8.86亿美元,两者之和

---

[1] 〔美〕杰瑞·马克汉姆:《美国金融史》,第一卷,中国金融出版社,2017年,第406页。
[2] 〔美〕斯坦利·恩格尔曼:《剑桥美国经济史》,第二卷,中国人民大学出版社,2008年,第519页。

也即全部海外投资由 6.85 亿美元上升到 25.25 亿美元。

表 6-2　美国的国际资本流动净值(流入减去流出的资本)　　　单位:百万美元

年份	净流入	年份	净流入	年份	净流入	年份	净流入	年份	净流入
1861	103	1871	101	1881	−41	1891	136	1901	−273
1862	0	1872	242	1882	110	1892	41	1902	−82
1863	13	1873	167	1883	51	1893	146	1903	−154
1864	111	1874	82	1884	105	1894	−66	1904	−117
1865	59	1875	87	1885	34	1895	137	1905	−94
1866	95	1876	2	1886	137	1896	40	1906	22
1867	145	1877	−57	1887	231	1897	−23	1907	35
1868	73	1878	−162	1888	287	1898	−279	1908	−187
1869	176	1879	−160	1889	202	1899	−229	1909	143
1870	100	1880	30	1890	194	1900	−296	1910	229

• 资料来源:恩格尔曼(2008),第 520 页。

由于历史统计资料的不完整,直接分析这些国际资本流动的币种结构是困难的。不过我们可以根据国际金融理论作一些合理的推断。一般来说,当发达国家向欠发达国家投资时,更有可能使用发达国家的货币来进行。例如 19 世纪中期以后美国筹资修建铁路时,曾多次到欧洲特别是伦敦的证券交易所发行铁路股票,所募集的资金无疑是英镑。这些资金再兑换成美元用于美国国内的铁路建设。

1897 年到 1914 年美国的对外投资集中于西半球的相对落后的国家,其中仅加拿大和墨西哥这两个美国仅有的邻国就集中了美国对外投资的近 60%,古巴、西印度群岛、中美洲和南美洲国家占了 15%。直到 1935 年,美国在西半球的投资仍然占到美国所有对外长期投资的 65%。[1]

在这个时期,美国对外投资的领域主要是那些被看作美国国内市场延伸的地区和产业。在 1897 年之前的若干年里,美国向加拿大和墨西哥的延伸建设占美国海外投资的大部分。例如,美国向墨西哥的最大长期投资是铁路投资,它占美国在墨西哥所有投资额的 55%,将美国铁路网延伸到墨西哥境内,使得墨西哥的铁路里程从 1877 年的 400 英里增长到 1897 年超过 7 000 英里。美国在墨西哥的采矿业投资占全部投资的 34%,从早期的金银矿到后来的铁矿、铅矿和铜矿。美国在加拿大的投资则更加多样化,包括制造业、采矿业、石油生产、农业、销售机构等。在美国投资者看来,加拿大的各个省和美

---

[1] 〔美〕斯坦利·恩格尔曼:《剑桥美国经济史》,第二卷,中国人民大学出版社,2008 年,第 556 页。

国的密歇根州或加利福尼亚州一样,是潜在的销售市场和原材料产地。此外,美国在加勒比海地区的投资集中于古巴,主要产业是蔗糖业和水果种植业。

1897年以后到第一次世界大战之前,美国对外国的证券投资迅速增加,从5 000万美元上升到8.62亿美元。仅在1900年到1903年之间,美国证券市场就吸引了价值2.63亿美元的外国证券发行。1904年,日本政府在美国和欧洲的市场上筹募价值5.35亿美元的贷款,其中有一半的金额被美国金融机构承担下来。在这个时期,尽管欧洲的证券有一定的吸引力,但西半球一直是美国投资的重点,加拿大和墨西哥仍旧是吸引美国投资最多的两个国家。美元的早期国际化,就这样从美国周边的美洲国家起步了。

三、两次世界大战之间的英美竞争与美元国际化

两次世界大战之间的20多年,是国际货币体系史上一个非常关键的时期。在位的国际本位货币英镑受到新兴的国际货币美元的挑战,并最终以英镑让出国际本位货币地位而告终。这是美元国际化不断发展并向全球货币演化的时期。

（一）第一次世界大战期间的美元贷款

1914年第一次世界大战爆发,中断了此前运行良好的以英镑为核心的国际金本位体系。为了应对战争的需要,各国纷纷限制黄金的自由输出和纸币的自由兑换。英国的损失最为惨重。战争期间,英国向美国运送了价值10亿美元的黄金用于购买作战物资。不仅如此,英国还迫切需要从美国获得贷款的支持。由于缺少合适的抵押物,1915年12月英国宣布了一项股票贷款计划,由英国政府购买或借用英国投资者在英国持有的美国证券,并以此为抵押从美国取得贷款。当这些抵押品到期后,英国政府在1917年开始征用英国公民持有的外国证券,并禁止出售非英国公民持有的外国债券。通过这些措施,英国政府又筹集了价值30亿美元的美国证券以资助其在美国的贷款业务。

与德国苦苦作战的法国也需要美国的借款。1915年4月,J.P.摩根公司为法国政府在美国发售了3 000万美元的1年期债券,同年6月美国政府向法国政府提供了4 000万美元的贷款。布朗兄弟公司协助安排了为法国提供的2 500万美元商业贷款。1915年10月,英国和法国政府还联合在美国发售债券,利率5%,期限5年,总额达5亿美元。1916年10月,英国和爱尔兰联

合在美国发售 3 亿美元的黄金票据,利率 5.5%,由价值 3.6 亿美元的股票、债券和证券担保。1916 年 9 月,库恩勒布公司为巴黎市在美国发行 5 000 万美元的债券,期限 5 年,利率为 6%。这些贷款都是用美元来进行的,在偿还时可以在美国以美元支付,也可以以事先商定的汇率折算成英镑或法国法郎,分别在伦敦或巴黎支付。

除了英法两个主要交战国外,面对战争期间的经济困难,其他国家也在寻求美国的融资。1915 年初,阿根廷在美国出售了 1 500 万美元、利率 6% 的黄金票据。1915 年 10 月,意大利在美国销售了 2 500 万美元的 1 年期债券,利率 6%。1915 年 12 月,挪威从美国的银行获得 500 万美元的 7 年期贷款。1916 年 3 月,加拿大政府从 J.P.摩根公司获得 7 500 万美元的黄金贷款,利率 5%。1916 年 6 月,俄罗斯政府从美国银行获得 3 年期 5 000 万美元的贷款。1916 年 11 月,中华民国在美国发售了 500 万美元的 3 年期国库券,利率 6%。1917 年,德国政府也计划在美国发行 1 000 万美元的国库券,但当年 4 月美国对德宣战中止了这项活动。①

在美国对德宣战后,美国国会批准了向盟国提供"自由贷款"的计划,其金额总计达 120 亿美元,利率也极为优惠,仅为不超过 3.5%。这些贷款的来源是向美国民众发售"自由债券"筹集的。美国民众热情支持自由债券,战争期间共有 2 000 万人购买,一半以上的成年人以一种或多种方式购买了自由债券。

在第一次世界大战期间,美国通过民间和官方的多种方式向盟国提供经济支持,美元也在英镑出现力不从心的时候承担了战时向世界提供流动性的职能。

(二)两次大战之间恢复金本位的尝试

第一次世界大战结束后,英国试图重建战前的国际金本位体系。这首先要求英国恢复英镑与黄金的可兑换。但是由于战争的重创,英国的尝试仅维持了一段时间就不得不放弃。到了 20 世纪 30 年代,只有英联邦国家组成的"英镑区"还维持英镑的核心地位,美元则演化为世界上多数国家钉住的本位货币。

"一战"后的主要货币中,只有美元还可以兑换成黄金。英国、法国等国家在战争期间从美国获得大量的贷款或政府垫款,战争的结束意味着这一支

---

① 〔美〕杰瑞·马克汉姆:《美国金融史》,第一卷,中国金融出版社,2017 年,第 78 页。

持的终结。战后重建的庞大开支与对外偿付借款一起,导致英国与欧洲其他国家的通货膨胀率超过了美国。如果英国在战后立即恢复英镑的可兑换,会面临大量黄金流失的风险。

战后恢复货币可兑换有三种方式。一种是战争期间经历了超级通货膨胀的国家,如德国、奥地利、匈牙利和波兰,它们通过货币改革采用新货币并规定其供给受到金本位法的制约。同盟国提供的贷款援助在充实它们储备的同时,也加强了其中央银行的独立性。第二种是较高通货膨胀的国家如法国、比利时和意大利,它们没有采用新货币,但是对货币的汇率贬值,在较低的水平上恢复了黄金的可兑换性。1926年底,法国法郎所能购买到的美元,只是其战争之前的1/5。[1]

瑞典和英国则是第三种国家,它们努力恢复到战前的黄金价格和传统的美元汇率。瑞典在1924年、英国在1925年分别按战前平价恢复了本币的可兑换,英镑与美元的汇率保持在战前的1英镑兑4.86美元。作为战前核心货币的英镑恢复金本位,促使澳大利亚、荷兰、南非等国家也纷纷仿效,到1931年全世界有40多个国家恢复了金本位制。

但是,第一次世界大战后,英美两国实力此消彼长,英国的经济实力已经不能支撑战前的英镑汇率。1913年,英国持有世界货币黄金的9%,到1925年下降到7%;而同期北美的份额从25%上升到45%。[2]为了维持英镑兑美元的汇率,英格兰银行提高贴现率,导致价格水平急剧下跌,失业率在一年内就从2%上升到11.3%。由于英镑高估,英国出现持续的国际收支逆差,流失了大量的黄金和外汇储备。1931年9月,在英格兰银行的储备压力加大后,英国被迫宣布英镑贬值并停止英镑的可兑换性。许多与英国有密切贸易往来并在伦敦金融市场融资的国家纷纷跟随英镑贬值并限制黄金兑换。国际金本位制就此终结了。

到1932年,国际货币体系分成了三个集团:以美国为首的少数国家继续保留金本位;英国和那些将货币钉住英镑的英联邦国家形成了"英镑区";以德国为首的中东欧国家则实行外汇管制。但是这种三极体系也没有维持多久。英镑区的贬值和德国等国的外汇管制侵蚀了仍然实行金本位的国家的支付头寸,迫使美国等国实行限制性的货币与财政措施来保护黄金储备,加

---

① 〔美〕巴里·艾肯格林:《资本全球化——国际货币体系史》,上海人民出版社,2009年,第47页。
② 〔英〕约翰·F.乔恩:《货币史——从公元800年起》,商务印书馆,2002年,第437页。

剧了失业和经济衰退。1933年,新当选的美国总统罗斯福开始采取美元贬值的政策来刺激经济,比利时、法国、荷兰等国也随之贬值并停止黄金的可兑换。

到第二次世界大战爆发时,各国迅速停止了黄金的输出,实行外汇管制。"二战"对欧洲传统强国的打击比"一战"要严重得多。如果说"一战"时同盟国和协约国还可以在法国东部的凡尔登战线上进行相持两年多阵地战,"二战"爆发后法国迅速投降,英国则在孤岛上苦苦支撑。如果没有美国的资金、装备援助以及最终参战,遭受长期轰炸的伦敦未必能坚持到反攻和胜利。等到美国参战及盟军诺曼底登陆扭转"二战"局势后,美元的国际地位与美国的国际地位一样,得到了世界的公认。

"二战"结束时,英国的民用消费品生产只有1939年的一半,出口额不足战前的1/3,对外债务高达120亿美元,黄金准备只有区区100万美元。而美国工业制成品占世界的一半,对外贸易占世界的1/3以上,黄金储备约占资本主义世界的59%,从1938年的145.1亿美元增至1945年的200.8亿美元,并成为世界最大的债权国。因此,1944年建立的布雷顿森林体系,无非是以国际协议的形式正式认可了美元的世界本位货币地位。

第二节 美元国际化的演化动力

如果从1914年"一战"爆发算起到1944年布雷顿森林体系建立为止,美元在大约30年的时间内在英镑主导的国际货币体系中逐渐演化为新的世界本位货币。这个演化过程当然是众多从事国际交易的企业、个人和政府的行为叠加和相互作用的宏观结果。受限于微观市场历史资料的缺乏,我们从宏观角度分析一下促进两次世界大战之间美元国际化的动力因素。

一、可信的价值承诺

回顾人类货币史,价值的稳定性是作为货币的最基本的属性,其他的便于分割、易于携带等性质都是在价值稳定的基础上才有意义。英镑在"一战"之前的金本位时期成为国际本位货币,得益于英国从1717年起在将近200年的时间内维持了英镑兑黄金的稳定比价关系,即每两黄金值3英镑17先令又10.5便士。美国从1879年开始采用金本位,并在1900年立法规定1美元相当于25.8格令的0.9成色的黄金。不过短短20年左右的时间并不足以让世界市场认识到和相信美元可以如英镑一样地维持其稳定的价值。但是到"二战"结束之际,美元的价值可信已经成为世界各国和市场的共识。我们把这个演化过程分为两个问题:一是为什么美元价值稳定是"可信的"？二是这种可信性如何成为国际市场的"共同知识"？

(一) 为什么美元价值稳定是可信的

1. 美国的经济实力

即使在金本位最为鼎盛的时期,各国国内和国际市场上实际流通的主要货币也并不是金块或足值的金铸币,而是由政府、中央银行发行的英镑、美元、马克、法郎等货币符号(纸币)来代表黄金流通。货币符号的价值稳定直接依赖于它所代表的国家资产的雄厚和稳定。美国在南北战争结束后迅速从一个殖民地农业国发展为先进的工业国,强大的经济实力是美元价值最可靠的支撑。

表6-3 两次世界大战之间世界主要国家的黄金储备占比   单位:%

年 份	1913	1918	1923	1928	1933	1935
美 国	26.6	39	44.4	37.4	33.6	45.1
英 国	3.4	7.7	8.6	7.5	7.8	7.3
法 国	14	9.8	8.2	12.5	25.3	19.6
德 国	5.7	7.9	1.3	6.5	0.8	0.1
意大利	5.5	3	2.5	2.7	3.1	1.6
日 本	1.3	3.3	7	5.4	1.8	1.9
俄罗斯	16.2	—	0.5	0.9	3.5	3.7

· 资料来源:IMF国际金融统计与数据文献。

第一次世界大战后,英美两国实力此消彼长。1913年,英国持有世界货币黄金的9%,到1925年下降到7%;而同期北美的份额从25%上升到45%。①第二次世界大战彻底改变了世界的政治经济格局。到"二战"结束时,英国的民用消费品生产只有1939年的一半,出口额不足战前的1/3,对外债务高达120亿美元,黄金准备只有区区100万美元。而美国工业制成品占世界的一半,对外贸易占世界的1/3以上,黄金储备约占资本主义世界的59%,从1938年的145.1亿美元增至1945年的200.8亿美元,并成为世界最大的债权国。②

2. 美联储的成立与货币政策的独立性

由于印制货币符号(纸币)的实际成本几乎为零,如果政府可以任意地发

---

① 〔英〕约翰·F.乔恩:《货币史——从公元800年起》,商务印书馆,2002年,第437页。
② 姚大庆:《国际货币——地位分析和体系改革》,上海社会科学院出版社,2016年,第70页。

行纸币,则再多的黄金储备和经济总量也无法维持纸币价值的可信性。因此,政府发行纸币的权力必须受到严格的限制,才能让市场相信纸币的价值。在美国,这是通过成立具有较强独立性的联邦储备委员会(美联储)来实现的。

美联储在创立之初,就注重从机制上保证其制定货币政策的独立性。与通常属于行政机构的中央银行不同,美联储领导的是一个公私混合的联邦储备体系。12家地区性联邦储备银行同时受政府和私人的监督,其委员会成员全部来自私人部门,在制定辖区内货币政策方面拥有相当大的自主权。而联邦的储备委员会则由政府任命成员。例如,12家地区联邦储备银行可以在不低于联邦储备委员会制定的最低贴现率的基础上自行设定本地区的贴现率。在1929—1933年的经济大危机后,国会于1935年通过《银行法》,加强了美联储在法律上的独立性,规定美国财政部部长和货币监理署署长不再是联邦储备委员会的当然成员。1951年美联储与财政部达成协议,美联储可以根据自己的判断决定联邦基金利率的目标水平,开始真正获得制定货币政策的独立性。

经过100多年的发展,美联储逐渐成为美国三权分立体系中最为独立的政府机构。法律规定美联储对国会负责,但仅限于定期向国会提供报告,国会并不干预美联储的货币政策操作。总统可以通过任命美联储主席及委员来影响美联储的决策,但总统的四年任期较短而美联储主席和委员的七年任期较长,同一位总统难以对美联储的组成人员做出太大的变更。此外,美联储的经费自理并有大量节余,不受国会拨款程序的控制和联邦审计机构的审计,这也有助于美联储根据自己的判断独立决定货币政策。[①]

(二) 美元的可信性如何演化为市场的共识

虽然美国的经济总量在19世纪末期就超过了英国,但直到"一战"前英镑一直是金本位体系中的核心货币。美元的可信性成为国际市场的共识,这是在两次世界大战之间的30年里逐渐发展和演化的结果。

1. 第一次世界大战期间的美元贷款

在"一战"之前,美元的国际使用主要是在西半球的加拿大和中美洲国家,在欧洲、亚洲和非洲、大洋洲等世界广大地区,英镑是最主要的国际货币,法国法郎、德国马克等货币也经常使用。但是在"一战"期间,欧洲主要国家陷入旷日持久的战争中不能自拔,财政经济极度困难,纷纷到美国寻求贷款或发行债券融资。这使得美元首次有机会向世界展示自己比英镑、法郎和马

---

① 蔡志刚:《对美联储独立性的评价》,《世界经济与政治》,2004年第9期,第71—75页。

克更加可信的价值。在1914—1918年,各协约国之间共产生总额近40亿英镑(合194亿美元)的债务,其中只有美国没有对外债务,而英国和法国分别从美国贷款42亿美元和29亿美元,法国同时还向英国借了折合25亿美元的贷款。①这些贷款大部分是政府之间直接签订的,例如法国向美国政府借的29亿美元中只有3.36亿美元是向商业银行借入的。在"一战"期间的金融市场上,主要从事美国业务的金融机构业务量受战争影响较小,而主要从事德国和欧洲大陆业务的金融机构业务量直线下降。例如,英国的巴林银行在"一战"之前的五年内年平均提供承兑汇票金额约700万英镑,在1914—1918年间平均每年提供承兑汇票金额约500万英镑。作为对比,主要从事德国和欧洲大陆业务的施罗德承兑公司,1913年的承兑票据业务为1 170万英镑,到1918年只有130万英镑。因此,欧洲的金融机构发现只有经营与美国相关的国际业务才能获得更多的业务量。经营美元的业务随之在欧洲大陆扩展开来。

2. 英国放弃金本位制

世界认识美元价值可信性的第二个机遇是20世纪20年代英国试图恢复但最终放弃金本位制。为了维持英镑的在战前国际货币体系中的核心地位,英国政府在"一战"结束后积极推动恢复金本位。由于当时英国国内通货膨胀严重,议会通过法案允许暂停实施金本位7年,到1925年底。作为英国的衍生国,美国也积极配合英国恢复金本位。1924年,纽约联邦储备银行降低贴现率以促使资金流向伦敦,推动英镑走强。1925年4月,英国首相丘吉尔宣布以每英镑兑7.32克黄金的比价恢复英镑的自由兑换,这相当于战前1英镑兑4.86美元的比价。

但是,英镑的升值和金平价的高估降低了英国出口商的国际竞争力,加剧了英国的失业。为了防止黄金流出,英格兰银行以打击经济为代价提高利率。到1929年资本主义经济大危机爆发后,其他国家为保护本国工业而提高关税,英国的国际收支更加困难。英国的黄金储备不断流出,英镑兑美元的汇率从1930年下半年的4.861下降到1931年元月的4.851。投机者认为英格兰银行继续提高利率以维持英镑汇率是不可持续的,这加剧了英镑的危机。1931年9月19日,英国政府被迫宣布停止英镑与黄金的可兑换性。在这个时候,美元仍然保持着与黄金的可兑换,直到1934年1月才停止。虽然

---

① 〔法〕尤瑟夫·卡西斯:《资本之都》,中国金融出版社,2011年,第129页。

各国最终都取消了本币与黄金的可兑换,但美元价值的稳定性大于英镑由此成为市场的共识。

二、发达的金融市场

在"一战"之前,美国的金融市场主要是在为本国的市场提供融资业务。第一次世界大战改变了这种状况。美国向海外发放了大量的贷款,美国的外贸融资摆脱了伦敦的控制,在战争期间迅速扩张的美国商业船队还促进了相应的海上保险业的发展。所有这些导致美国拥有了世界最发达的金融市场和金融中心,从而促进了美元的国际化。

(一) 银行和货币市场

1919年通过的《艾奇法案》批准了美国的银行可以通过建立合资公司来发展它们的国际业务,这导致美国的银行开始迅速海外扩张,其海外分支机构从1913年的26个增长到1920年的181个。[1]1919年成立的美国承兑委员会和1921年成立的国际承兑银行大大促进了承兑票据业务的发展,其业务量从1916年的2.5亿美元增长到1920年的10亿美元,1929年达到17亿美元。主要的外国银行在20世纪20年代都试图在纽约建立一个分支机构,到1929年其数量达到26个。

(二) 资本市场

在战争结束后,各大国中只有美国还有能力向海外进行资本输出。美国国内充足的储蓄存款和有丰富经验的投资银行让美国民众重新燃起对外国股票的热情。20年代后半期,在纽约发行的外债比伦敦多了50%,这些国际投资主要流向欧洲(41%),其次是加拿大(25%)、拉丁美洲(22%)和亚洲(12%)。美国华尔街的投资银行成为美国储蓄者和外国债务人之间的中介,其中最大的J.P.摩根公司,从1919年到1933年通过和其他公司的合作一共向市场发行了价值60多亿美元的股票,其中包括20亿美元的外国证券。[2]投资信托业务迅速发展。1921年,美国仅有40家投资信托机构,到1929年时已经达到770个。从1926年到1929年,这些投资信托机构的资产从10亿美元增长到70亿美元。由于美国经济的前景乐观,外国资本也被吸引到美国市场中。从1918年到1929年,外国在美国的长期投资从30亿美元增长到

---

[1] 〔法〕尤瑟夫·卡西斯:《资本之都》,中国金融出版社,2011年,第135页。
[2] 〔法〕尤瑟夫·卡西斯:《资本之都》,中国金融出版社,2011年,第136页。

58亿美元。短期存款从1925年的17亿美元增长到1928年的36亿美元。

伦敦证券交易所的国际化程度在"一战"之后有所下降。1913年到1917年间,为了筹集战争资金,英国政府的公共债务从7亿英镑上升到75亿英镑,占伦敦证券交易所所有证券价值的34.6%,而这个比例在1913年仅为11.5%。战前在伦敦发行的以铁路股票为主的美国公司股票则被大量卖出用于战争融资。战争结束后,在伦敦发行的外国证券下降到总数的一半以下,伦敦不再能吸引全世界的短期资金并进而投资到全世界的股票中去。伦敦金融城的境外证券发行第一的位置已经让给了纽约,英镑的地位也受到美元的直接挑战。

三、适时的政策支持

(一)从"一战"前的金本位外交到美元外交

1898年美国与西班牙的美西战争后,美国获得了西班牙的殖民地菲律宾和波多黎各,它们原本都属于银本位的地区。美国麦金利政府和西奥多·罗斯福政府积极推行金本位外交,强调将殖民地货币改为黄金,以在经济上与美国紧密绑定,创建一个金本位的国家集团。1900年到1905年,美国政府将7个殖民地的银本位或复本位改革为金本位货币体系。①

在其他拉丁美洲国家,美国积极推动美元的海外使用,以努力塑造美元的国际货币形象,把它看作美国权威与声望扩大的重要象征。在波多黎各,美元取代了原先的当地货币。在其他拉丁美洲国家,美元常常与当地货币一起使用。1915年,美国政府的金融顾问甘末尔提出创建"泛美货币单位"的建议,甚至呼吁创建以美元为基础的包括所有美洲国家的"美洲货币联盟",这个设想比建立欧洲货币联盟的构想要早得多。

美国的美元外交不仅表现为提出倡议,而且表现为以美元贷款为基础的对外国政府金融政策的监管和渗透。1907年,西奥多·罗斯福政府在向多米尼加共和国提供受控性贷款的时候附加了一系列的金融干预要求,例如接管多米尼加的关税、向多米尼加政府派出金融顾问等。在"一战"时期,威尔逊政府积极地倡导将美元贷款与对接受贷款国家的金融监管联系在一起,对海地、多米尼加、尼加拉瓜、利比里亚等国家的税收、预算、货币和财政支出等均施加影响和控制。

---

① 白云真:《美国崛起过程中经济外交及其启示》,《教学与研究》,2015年第3期。

"一战"结束后,美国国务院经济顾问办公室积极地为许多国家设计促进经济恢复的稳定与监管计划。在这些计划中,美国政府官员帮助有关国家安排从美国私人银行获得受控性贷款,作为条件,这些国家需要接受美国派出的金融顾问,以确立金汇兑货币体系、中央银行体系、关税与账目体系,并对关税和预算进行监管。通过这些措施,美国政府有意识地推动拉丁美洲国家逐渐摆脱欧洲债券持有人的影响,让美元在美洲地区起到关键货币的作用。

(二)"二战"结束前瓦解英镑区和"帝国特惠制"

英镑区和帝国特惠制是两次世界大战之间英国为了维持其国际经济地位而建立的两个金融与贸易体制。[①]1931年9月英国退出金本位制并宣布英镑贬值后,许多英联邦国家和英国的海外殖民地、保护国等与英国有密切经济联系的国家继续将其货币保持与英镑的平价关系,它们的国际储备也存放在伦敦,形成了一个英镑集团。"二战"爆发后,英国为了加强外汇和外贸管制,于1939年9月颁布外汇管制条例,从而在英镑集团的基础上建立了"英镑区"。英镑区内各国和各地区的货币对英镑保持固定的比价;区内的贸易和其他账务清理都用英镑结算;资本在英镑区内可以自由流动,区外国家的资本流动则须经过外汇管理机构批准;区内各国和地区收入的黄金和美元,须售给英国或其指定的银行,作为共同储备,这些国家则换回相应的英镑存款。20世纪30年代后期,英镑区除英国及其属地和保护领地以外,主要包括当时或以前的英联邦国家,如澳大利亚、新西兰、印度、巴基斯坦、锡兰、加纳、尼日利亚、牙买加、利比亚等,以及南非、冰岛、爱尔兰、缅甸、科威特等非英联邦国家。英镑区形成了一个封闭的金融贸易集团,限制了美元的全球使用,因此成为美国政府设计战后经济秩序时试图打击的重点。

1941年日本偷袭珍珠港后,美国正式参战,并由国会通过《租借法案》对英国等盟国提供物资支持。《租借法案》允许美国政府先行向盟国提供物资,待战争结束后再进行偿还和结算,从而改变了之前获取美国物资需要"现金交易、自行运输"的规则。时任美国财政部部长小摩根索和副部长怀特在《租借法案》正式生效前希望尽可能消耗英国的黄金储备。他们的目标是不让英国储备资产的余额超过在战争中存活所必需的最低水平,即10亿美元以下,以便使英国在财政上持续保持对美国的依赖,迫使英国在战后世界秩序的安

---

① 赵柯:《试论大国经济外交的战略目标》,《欧洲研究》,2014年第4期。

排上不得不遵从美国的意志。到1944年以美国和英国为首的世界各国谈判构建战后的布雷顿森林体系时，英国已经无力支持它所提出的"凯恩斯计划"了。最终以美国提出的"怀特计划"为基础，其他各国货币（包括英镑）通过美元与黄金挂钩的国际货币体系建立，确立了美元的核心货币地位。

"大英帝国特惠制"建立于1932年。1929年爆发的经济大危机让英国人意识到全面开放和自由放任的国际经济秩序不一定符合英国的利益，而是要建立有效的屏障来抵御外部风险。1932年7月，英国与加拿大、澳大利亚、新西兰、南非、印度等国在加拿大首都渥太华召开了一次帝国经济会议，签订了12份双边贸易协议，正式建立起对内部商品降低税率增加配额、对外部同类商品提高关税或加强进口控制的"帝国特惠制"。此后，其他一些国家也加入了"帝国特惠制"，以双边贸易协定的方式形成一个英国占据优势的封闭性、排他性和非中性的国际贸易体系。

"二战"爆发后，时任美国国务卿的赫尔利用英国的虚弱地位，坚持要求取消"帝国特惠制"。美国国务院将"废除帝国特惠制"与《租借法案》挂钩，认为这是美国援助英国必须得到的回报。英国首相丘吉尔最初坚决拒绝，但是在1942年2月日本占领新加坡、英国在东南亚遭受重大军事失败后，英国政府为了获得美国援助而同意消除"歧视性贸易"。在战后于1947年召开的关于国际贸易体系的谈判中，美国主张的"非歧视原则"作为《关税和贸易总协定》的基本原则之一。

（三）"二战"结束后的"马歇尔计划"推动美元全球使用

虽然布雷顿森林体系建立了美元霸权的制度基础，但美元的实际使用并不会随之立即增加。为了推动美元国际使用，美国主导了战后援助欧洲重建的"马歇尔计划"。战争的结束使美国的生产能力大量闲置，而急需物资的欧洲却没有黄金或美元用于支付进口。"马歇尔计划"提供的援助和贷款使欧洲从美国进口了价值101亿美元的物资，其中原料和半成品34亿美元，粮食、饲料和肥料32亿美元，重工业品19亿美元，燃料16亿美元。美国还从欧洲进口了大量的原料和消费品。美国公司在欧洲的投资也迅速增加，到1950年美国持有欧洲资产约120亿美元，到1969年美国持有欧洲资产约410亿美元。

美国制定的《1948年对外援助法》规定，[①]受援国必须是愿意通过合作推

---

① 严佳佳：《"一带一路"倡议对人民币国际化的影响研究》，《经济学家》，2017年第12期。

动对外开放、通过建立和维持货币自由兑换以消除贸易壁垒的国家,必须取消或放宽外汇管制。美国供给的款项必须用于购买欧洲国家必需的、从美国进口的产品,从美国购买的总吨位半数以上的物资必须由美国商船运抵欧洲。这些规定使美国产品在西欧的市场比重不断上升,1948年达到36.3%,1949年增长为62.7%,1950年高达73.2%。在这个过程中,美元在欧洲范围内被普遍使用和广泛接受。

在"马歇尔计划"的支持下,西欧通过从美国获得美元贷款的方式解决了战后重建时期的储备资金困难,美元也随之进入欧洲的货币结算体系,为美元成为国际结算货币创造了条件。1950年11月发布的《美国国际收支报告》中承认,"世界其他地区通过对美国的出口和吸引美国的投资获得美元,是它们参与战后多边贸易与支付体系的关键。只有大量美元的不断流出才能在世界范围内创造一个多边贸易的国际环境"。

(四)美国对欧洲以外国家的援助与美元使用范围的扩展

"二战"之后,美国不仅通过"马歇尔计划"支持欧洲的重建,还对亚洲、非洲和拉丁美洲的许多第三世界国家提供政府援助。当然,美国的这些援助有美苏争霸的背景和"遏制共产主义"的意图,但客观上也是推动美元在全球使用的重要因素。

1954年,美国制定了援助发展中国家的《兰代尔报告》,认为美国在推动全球发展时的重点是控制援助、鼓励投资、推动货币的可兑换性、扩展贸易。1950年到1954年,美国对发展中国家提供的经济和技术援助平均每年10亿美元,到1958年至1960年每年提高到25亿美元。在艾森豪威尔时期,美国通过安全援助向全球42个国家和地区提供支持。[①]

在亚洲,美国的援助对象主要是其"反共同盟",包括日本、韩国,以及中国台湾地区等。这些援助主要采取赠款而非贷款的方式,1955年为9.58亿美元,1956年为9.98亿美元。例如在朝鲜停战协定签署后,美国制定了对韩政策的指导方针《美国在韩国的目标和行动路线》,提出美国援助的目标是"维持韩国经济政治的自由体制,协助韩国使之能为太平洋地区的自由世界力量做出实质性贡献"。根据这个方针,从朝鲜战争结束到1965年,美国援助占韩国外援的90%以上,其中1958年以前的经济援助是无偿援助。1945年到1965年,韩国累计得到美国援助约38.26亿美元。美国对败退中国台湾

---

① 谢华:《冷战时期美国对第三世界国家经济外交研究(1947—1969)》,陕西师范大学博士学位论文,2008年。

地区的国民党当局也施加援助,1951年到1965年累计14.89亿美元。在南亚次大陆,巴基斯坦是美国的盟国,1954年到1965年接受了6.3亿美元的直接经济援助和6.7亿美元的防务援助。对于奉行"不结盟政策"的印度,美国希望通过经济援助防止其"共产主义化",使其成为第三世界国家的"民主橱窗",1951年到1971年累计对印度援助达100亿美元。这些美元援助及伴随而来的通过美元进行的贸易投资活动,都促进了美元在世界范围的广泛使用。

第三节 国际本位货币变化的历史经验

以上美元国际化的发展历程启示我们,在国际货币体系史上,真正的本位货币转换只有一次,即1944年布雷顿森林体系的建立使美元取代了英镑的本位货币地位。这次本位货币转换有以下几个特点。

首先,美元取代英镑是西方资本主义体系特别是盎格鲁-撒克逊国家内部的国际权力更替,这极大地弱化了此次本位货币转换的对抗意味。从历史上看,英、美两国之间存在着血缘上的联系,第一批到达北美大陆的殖民者就是乘坐"五月花"号抵达波士顿附近朴利茅斯的英国人。随着美国经济和军事实力的增长,到第一次世界大战后期英国等协约国不得不求助于美国的支持才取得欧洲战场的胜利,而美国也由此主导了战后巴黎和会上列强的利益瓜分。这一变化使英国政治家意识到美国的潜在能量,并且逐渐接受和认可美国在国际上发挥比英国更大的作用。1935年,英国首相鲍德温在一次演说中表示,"抵御战争最安全的办法将是英国与美国的密切合作"。[①]在"二战"中,是美国通过《租借法案》向英国提供了大量物质援助,并直接加入世界反法西斯阵营扭转了欧洲战局,使英国避免了像法国那样被德国法西斯占领的命运。这进一步促使英国接受美国的西方世界领导地位。"二战"后期的英国首相丘吉尔认为,美国的友谊和支持对英帝国未来的生存是必不可少的,并决心与美国建立"英美特殊关系"。

在上述背景下,1944年由美国主导并确立美元国际本位货币地位的布雷顿森林会议并不显得剑拔弩张。由担任英国财政部顾问的凯恩斯率领的英国代表团提出了一个"国际清算同盟"的方案,主张设立一个世界性的中央银

[①] 冯梁:《英美特殊关系:文化基础与历史演变》,《欧洲》,2002年第4期。

行,由该机构发行以一定量黄金表示的国际货币"班柯"(Bancor),作为清算单位,同时建议将"国际清算同盟"的总部设在伦敦和纽约两地,理事会会议在英美两国轮流举行,以使英国能与美国分享国际金融领域的领导权。①但是由于英美两国实力悬殊,英国最终被迫放弃"国际清算联盟"计划而接受美国财政部长怀特提出的方案,美国也对英国作了一些让步,双方达成协议,确立了以美元为核心的"双挂钩"体系。在谈判过程中,英国代表团虽然据理力争,但他们很清楚美元在新的国际货币体系中的地位必定超过英镑,甚至还庆幸新的本位货币将是有"特殊关系"的美元,而不是法国、德国或其他国家的货币。当时英国空运大臣的一段话形象地代表了英国的处境:"摆在面前的选择只有两种:美国化和国际化。如果没有错,那么就很难怀疑后一种体制更符合英国的利益"。②

其次,美元取代英镑是对"二战"之后世界经济相对实力和国际货币相对地位的制度性认可。19世纪60年代的美国南北战争彻底清除了南方落后的奴隶制度,美国新兴的资本主义经济迅速发展。根据日本学者Iwami(1996)推算,美国以实际购买力计算的GDP规模在1872年已经超过英国,到"二战"爆发前的1938年更是达到英国的3倍。③美国参战是世界反法西斯战争胜利的关键因素,而美国本土并未受到战争的破坏。到"二战"结束时,德国、意大利和日本遭到毁灭性打击,英国、法国受到重创,而美国则发了一笔战争财。1945年英国的民用消费品生产只有1939年的一半,出口额不足战前的1/3,对外债务高达120亿美元,黄金准备只有区区100万美元。而美国工业制成品占世界的53.4%,对外贸易占世界的32.4%,黄金储备约占资本主义世界的74.5%,并成为世界最大的债权国。④在较近的一篇文献中,黄海洲与张广斌⑤也论证了应该根据对全球经济增长的贡献率调整国际货币体系,美国的经济增长是美元取代英镑地位的根本原因。

随着美国经济实力的增长,美元在国际上的使用也越来越普遍。在国际货币的储备职能上,著名经济史学家艾肯格林利用从各国中央银行档案资料中获得的新数据进行研究,发现在20世纪20年代的短短几年内,美元在国际

---

① 张振江:《从英镑到美元:国际经济霸权的转移(1933—1945)》,人民出版社,2006年,第236页。
② 张振江:《从英镑到美元:国际经济霸权的转移(1933—1945)》,人民出版社,2006年,第239页。
③ 张原:《美元国际化的历史经验及其对我国的启示》,《经济研究参考》,2012年第37期。
④ 鲁世巍:《美元霸权与国际货币格局》,中国经济出版社,2006年,第58页。
⑤ 黄海洲、张广斌:《全球经济增长动力变化与全球货币体系调整》,《国际经济评论》,2017年第4期。

储备货币中的地位就迅速超过英镑。①例如,1929年法国、意大利、瑞士、荷兰等16个国家的外汇储备中英镑储备的比重约43%,美元储备的比重约54%,美元的储备货币地位超过英镑。在4个数据最完整的国家(意大利、挪威、西班牙和瑞士)外汇储备中,1921年美元的比重约为英镑的1/4,1922年美元比重与英镑接近,1923年美元比重超过英镑,到1925年美元的比重达到英镑的2倍,1927年美元的比重约为英镑的3倍。美元在4个国家外汇储备中相对英镑的比重在短短6年内提高了12倍,并保持到1929年经济大危机后才出现下降。在国际货币的贸易结算职能上,艾肯格林较近的一项研究发现,1927年12月世界以英镑提供的贸易信贷为2.4亿英镑,以美元提供的贸易信贷价值2.3亿英镑,前者仅略高于后者。到1929年12月,以美元提供的贸易信贷价值3.6亿英镑,以英镑提供的贸易信贷为2.9亿英镑。此后一直到1933年12月,用美元提供的国际贸易信贷价值均超过英镑贸易信贷价值。②因此,与其说美元通过布雷顿森林会议取代了英镑的国际本位货币地位,不如说这次会议正式确认了美元地位已经超过英镑的客观事实。

再次,布雷顿森林体系用一系列的制度设计强化了美元的国际本位货币地位。美国是一个非常重视并善于运用正式制度谋取权益的国家。早在1620年"五月花"号抵达北美海岸之前,船上102名清教徒就共同拟订了《五月花号公约》,规定"自愿结为一公民政治团体",并保证"遵守与服从"未来制定的法律、法规、条令、宪章与公职。根据国际关系理论,霸权国家实施霸权护持战略的主要方式有两种:一是强制性方式,二是合法性方式。其中后者维持霸权的成本比前者要低得多,因为"真正的权威拥有超过权力的优势,在这种情况下,只需要花较少的精力就可以行使权威——因为服从总是自动的。但是,服从权威出自对合法性的认识"。③在布雷顿森林体系中,美元是唯一直接与黄金挂钩的货币,世界其他货币则通过挂钩美元间接与黄金挂钩,这种"双挂钩"的制度安排将美元置于国际货币体系的核心地位。由于战后初期美国持有的黄金储备占世界的一半以上,而且运输和保存黄金还需要支付一笔费用,因此各国均以储备美元代替储备黄金。到布雷顿森林体系解体

---

① Eichengreen, B. and M. Flandreau, "The rise and fall of the dollar, or when did the dollar replace sterling as the leading international currency", *NBER Working Paper*, No.14154, July, 2008.
② Eichengreen, B. and M. Flandreau, "The federal reserve, the bank of England, and the rise of the dollar as an international currency, 1914—1939", *Open Economy Review*, 2012(23).
③ 〔美〕兹比格涅夫·布热津斯基:《大失控与大混乱》,潘嘉玢等译,中国社会科学出版社,1995年,第112页。

后的 1973 年,美元在世界外汇储备中的比重仍占到 64.5%,同期英镑储备的比重为 4.2%。[1]由于美元成为世界各国的主要储备资产,企业和个人在国际贸易与投资活动中优先使用美元就是很自然的了。美元同时还是国际原油市场和大宗商品贸易的基准货币。根据最新的可得数据,2020 年 4 季度美元在全球可识别官方外汇储备中的份额为 59%,2018 年 4 月美元在全球外汇市场交易中所占份额为 44%,均远高于其他货币。

IMF 份额和投票权的分配也有利于维护美元的地位。IMF 的决策机构执行董事会由 24 名委员组成,其投票规则是一种特殊的加权投票制度。[2]每个 IMF 成员国的投票权分为两部分:基本投票权和份额投票权。各国的基本投票权均为 250 票。份额投票权由一国拥有的基金份额决定,每 10 万特别提款权可增加 1 票。根据事项的重要程度,提案的通过可能采取简单多数制、70%特别多数制或 85%特别多数制。当 24 位执行董事中对一项提案投赞成票者所拥有的票数之和超过相应的标准时,该提案将获得通过。简单多数制用于一般性事务的表决,特别多数制用于重要事项的表决。按照 IMF 基金协定的规定,重要事项包括确定份额规模、特别提款权分配、贷款利率、汇率制度安排、基金黄金储备的处置等。由于美国一国的份额和投票权超过总额的 15%,美国对 IMF 的所有"重要事项"具有一票否决权。为牢固控制基金组织的决策权,以美国为首的发达国家通过对基金协定的修改,不断减少简单多数票表决事项,增加特别多数票通过事项。1968 年第一次修订基金协定后,特别多数票表决事项由原来的 9 项增至 21 项。1978 年第二次修订时,又增至 53 项。[3]这种权力分配和投票制度的设计保证了不经美国同意任何可能危及美元地位的提议都无法在 IMF 中获得通过。

---

[1] Cohen, B., "The benefits and costs of an international currency: getting the calculus right", *Open Economy Review*, 2012(23).
[2] 资料来源:http://www.imf.org/external/about.htm。访问日期 2021-05-01。
[3] 黄梅波:《国际货币基金组织的内部决策机制及其改革》,《国际论坛》,2006 年第 1 期。

第七章
欧元国际化的演化分析

欧元是人类货币史上第一种也是目前唯一的由主权国家共同创立的超主权货币。欧元国际化的演化过程与英镑、美元等主权货币的演化过程有着显著的差异。与此同时,作为发挥国际货币职能的主要货币之一,欧元又与美元承担着相似的作用,并且在一些区域和交易形式上占有优势。欧元是仅次于美元的第二大国际货币,它与美元在国际市场上的互动最接近于两个相似生物种群间竞争共存的演化过程。当然,欧元不是凭空产生的,它是继承和取代德国马克、法国法郎、意大利里拉等欧元区各国货币的结果。因此,分析欧元国际化的演化,需要从战后的欧洲货币一体化开始。

第一节 欧元国际化的演化史

一、欧洲货币一体化的历程

(一)"二战"后欧洲各国经济一体化的进程

欧洲统一的思想,在20世纪以前就已经出现。1453年,拜占庭帝国首都君士坦丁堡被奥斯曼帝国攻破后,波希米亚国王乔治就于1646年建议,欧洲基督教国家应该组成联盟,对抗奥斯曼帝国的扩张。1776年,美国独立战争爆发,当时就有欧洲人设想欧洲仿效美利坚合众国,建立欧洲合众国,支持此提议者包括法国著名的政治家拉法耶侯爵等。

20世纪上半叶接连在欧洲爆发的两次世界大战,迫使战后的欧洲各国政治家思索如何才能防止类似的惨剧再次发生。既然战争的最终目的是争夺经济利益,一个很自然的想法是通过加强欧洲各国的经济一体化杜绝战争的经济根源。美国的政治家也持有相似的观点。在美国国会1948年通过的《经济合作法》序言中,要求欧洲仿效美国,形成一个全大陆范围内的经济市场。主持欧洲复兴的马歇尔计划工作的保罗·霍夫曼在1949年10月31日的演讲中重复了同样的思想,敦促欧洲"成为一体"。欧洲经济一体化从法德两国间的欧洲煤钢联营起步,1957 年,《罗马条约》签订,组成了有比利时、法国、德国、意大利、卢森堡和荷兰 6 国参加的欧洲经济共同体(简称欧共体,EEC)。

《罗马条约》要求欧共体成员国组成关税同盟,允许劳动力和资本等生产要素在共同体内自由流动,以逐渐推进形成统一的欧洲大市场。1973 年,英国、丹麦和爱尔兰加入欧共体。1981 年,希腊加入欧共体。1986 年,西班牙、葡萄牙加入欧共体。这样就形成了由 12 个成员国组成的欧共体。1987 年 7 月 1 日,《欧洲单一法案》生效。1990 年 6 月,欧洲多国签署《申根公约》,消除过境关卡限制,使会员国间无国界,1995 年 3 月 26 日,《申根协定》正式生效。

随着欧洲一体化的深入发展,合作领域已经超出原本的经济领域,逐渐发展为政治合作。1991 年 12 月 11 日,欧共体马斯特里赫特首脑会议通过了建立欧洲经济货币联盟和欧洲政治联盟的《欧洲联盟条约》,通称《马斯特里赫特条约》,简称《马约》。经欧共体各成员国批准,《马约》于 1993 年 11 月 1 日正式生效,欧共体开始向欧洲联盟过渡。这标志着欧共体从经济实体向经济政治实体过渡,同时发展共同外交及安全政策,并加强司法及内政事务上的合作。1995 年奥地利、芬兰、瑞典成为欧盟成员国,欧盟的成员国增加到 15 个。2004 年以后,欧盟通过东扩吸收了一些原苏联东欧地区的国家,目前欧盟共有 27 个成员国(不包括 2021 年 1 月完成脱欧进程的英国)。

(二)欧元创立前的欧洲各国货币状况

虽然"二战"后欧洲各国的经济和政治一体化取得了很大的进展,但直到 20 世纪 90 年代,作为独立国家重要象征之一的各国货币仍然是各自独立的。以欧盟最初的 15 个成员国为例,它们共有 15 种货币,其发行量和使用范围相差悬殊。

在 1973 年之前的布雷顿森林体系中欧洲各国各不相同的货币还不会造成太大的麻烦,因为它们都按照各自的平价钉住美元,从而也相当于固定了各自之间的汇率水平。但是在布雷顿森林体系后的浮动汇率时代,西欧国家间汇率的波动会严重地破坏它们的经济合作,因为欧洲内部贸易占这些小型开放经济体对外贸易的很大比重。由于相互依存度很高,西欧国家在后布雷顿森林体系时期反复努力实行集体的货币钉住。例如,20 世纪 70 年代它们试图通过史密森协定建立 2.25% 的汇率波动区间,即欧洲"蛇形汇率"。在 20 世纪 80 年代,它们又试图创建欧洲货币体系(EMS)来限制汇率的波动。欧洲货币体系甚至还创造了统一的计价单位,即欧洲货币单位(ECU),并且进行了用它发行债券甚至存款的尝试。1991年前6个月,在欧洲发行的国际债券中美元计价的占31%,欧洲货币单位和德国马克计价的各占13%,英镑计价的占10%,欧洲货币体系中其他国家货币计价的占10%,日元占11%。

但是随着20世纪80年代末资本管制的消除,欧洲货币体系越来越难以运作了。强币(价值看涨的货币)国家受到国内民选政治的压力不愿意支持那些货币处于弱势的伙伴国,而且在资本高度流动的市场中这种支持的实际作用也非常有限。随后的一系列危机如英镑危机和意大利危机迫使欧共体成员国将欧洲货币体系的浮动区间从2.25%扩大到1993年的15%。

(三)欧元的诞生

1992—1993年英镑和里拉退出欧洲货币体系后,其他成员国将汇率波动幅度扩大到15%,这么大的浮动区间几乎相当于放弃了集体钉住汇率,也会让市场预期欧洲货币体系最终解体。欧洲似乎是在从固定汇率制倒退而不是前进。造成这场危机的基本原因是,各成员国的政策制定者没有令人信服地将本国的其他政策目标服从于维护汇率稳定的目标。当面临经济增长放缓和失业上升的情况时,他们不愿意提高利率以保卫货币的汇率,而是试图容忍汇率贬值以恢复外部的竞争力。市场投机者敏锐地发现了这一点,并通过做空机制加剧了贬值的压力。

在这个关键时刻,在法国总统密特朗和德国总理科尔的推动下,欧共体成员国显示了对加强欧洲一体化的坚定信心。1991年12月,欧洲理事会通过了《马约》,决定采取更加雄心勃勃的计划,建立一个欧洲中央银行来承担欧共体控制货币政策的任务,并且用单一的欧洲货币取代各成员国的国别货币,从而不可撤销地钉住各成员国之间的汇率。两个令人担心的国家,英国和丹麦,退出了这个进程,从而消除了拖其他国家后腿的因素。

在德国的坚持下,《马约》为那些想取得参与货币联盟资格的国家设定了通胀、利率、汇率和财政稳定的严格目标,预算赤字不得超过GDP的3%,公共债务不得超过GDP的10%。欧盟成员国要加入欧元区,必须达到下列标准:第一,每一个成员国年度政府财政赤字控制在国内生产总值的3%以下;第二,国债必须保持在国内生产总值的60%以下或正在快速接近这一水平;第三,在价格稳定方面,成员国通货膨胀率不高于三个最佳成员国上年的通货膨胀率的1.5个百分点;第四,长期名义年利率(以长期政府债券利率衡量)不超过上述通胀表现最好的3个国家平均长期利率2个百分点;第五,该国货币至少在两年内必须维持在欧洲货币体系的正常波动幅度以内。欧盟对成员国加入欧元区的时间并没有固定的要求,每一个成员国将根据自己国家的情况,按照自己的时间表加入,但所有加入欧盟的国家在政策方向上均承诺要"向使用欧元努力"。

1998年5月在布鲁塞尔举行的欧洲经济理事会上,法国、德国、奥地利、比利时、卢森堡、荷兰、爱尔兰、意大利、西班牙、葡萄牙和芬兰成为首批加入货币联盟的11个成员国。1999年1月,欧元进入国际金融市场,并允许银行和证券交易所进行欧元交易。欧元纸币和硬币于2002年1月正式投入市场,与各成员国货币共同流通;2002年7月,欧元区各国的本国货币退出流通,欧元成为欧元区唯一的合法货币。

2001年1月1日,希腊加入了欧元区。2007年1月1日,斯洛文尼亚加入了欧元区。2008年1月1日,塞浦路斯、马耳他加入了欧元区。2009年1月1日,斯洛伐克加入了欧元区。2011年1月1日,爱沙尼亚加入了欧元区。2014年1月1日,拉脱维亚正式成为欧元区成员国。2015年1月1日,立陶宛正式成为欧元区成员国。欧元区成员国从最初的11个已增至2015年的19个,至今保持为19个。

二、欧元国际化的发展历程

(一) 欧元取代各成员国货币的"大爆炸"式国际化

从1999年1月成为欧元区记账货币起,经过3年的过渡期,欧元纸币和硬币于2002年1月1日起正式取代12个成员国的国别货币流通(希腊于2001年加入欧元区)。这是人类货币史上最大的一次法定货币转换。欧洲中央银行共印制和铸造了140亿张欧元纸币和520亿枚欧元硬币,其中仅在2002年1月初就有78亿张欧元纸币和400亿枚欧元硬币通过21.8万个银行和邮局网点投入流通。在12个成员国,有280万零售网点和3.02亿个人参与了国别货币向欧元的转换。与此同时,原先由12个成员国发行的90亿张纸币和1070亿枚硬币退出了流通。

通过取代各成员国原有货币的方式,欧元在创立初期实现了"大爆炸"式的国际化。例如表7-1,在IMF公布的全球官方外汇储备数据中,1999年1季度起欧元储备从无到有,其总额一下子达到价值2 246亿美元,占全球官方外汇储备总量(含不可识别储备)的18.12%,仅次于第一位的货币美元储备的占比71.19%。货币国际化水平的这种增长方式,显然是特殊情况下的特殊案例。从表 7-1 中也可以看到，1998 年德国马克、欧洲货币单位、法国法郎和荷兰盾 4 种货币的储备总额为 2 178 亿美元，与 1999 年 1 季度它们退出流通后的欧元储备额基本相等，这说明欧元在创立初期的国际化实质上是直接继承了欧元区各国货币，特别是其中大国货币的国际使用份额。

表 7-1 欧元创立前后的全球可识别官方外汇储备   单位：十亿美元

年份或季度	1997	1998	1999Q1	2000Q1	2001Q1	2002Q1
总　　额	1 273.3	1 282.8	1 239.4	1 400.6	1 507.6	1 576.8
美　　元	828.9	888.7	882.3	1 000.9	1 090.7	1 129.4
欧　　元	—	—	224.6	245.2	267.0	310.2
英　　镑	32.9	34.1	34.0	40.9	41.8	42.1
日　　元	73.5	80.0	74.7	88.8	83.1	69.1
瑞士法郎	4.4	4.2	3.6	3.6	4.1	4.9
德国马克	184.4	176.9	—	—	—	—
ECU	77.3	16.6	—	—	—	—
法国法郎	18.3	20.8	—	—	—	—
荷兰盾	4.5	3.5	—	—	—	—
其他货币	49.2	57.8	20.1	21.3	21.5	21.1

- 注：ECU 为欧洲货币单位，"—"表示无此数据。
资料来源：IMF 的 COFER 数据库。

需要指出的是，新生的欧元直接继承它所替代的欧元区原有货币的国际市场份额，这不应看作简单的、理所当然的过程，它实际上表现了国际市场对欧元的信心和支持。在布雷顿森林体系解体后，各国货币都不再直接或间接地与黄金挂钩，一种国际货币的价值取决于国际市场对发行货币的国家和政府的信赖程度，美元、英镑、日元等均是如此。但欧元是一种前所未有的尝试，发行欧元的欧洲中央银行并没有相应的财政、税收等资源来支持欧元的价值。如果在 1999 年之前储备德国马克、法国法郎等欧洲货币的国家在欧元投入流通前将这些储备转换为美元、英镑等其他货币，欧元储备的总量势必比它所取代的原有货币储备要少得多。既然实际的数据没有发生这种减少，说明国际市场对欧元是持有很大信心的。对比表 7-2 和表 7-1 可以发现，在 1999 年 1 季度的欧洲各货币向欧元的储备转换过程中，发达国家原来持有的德国马克、欧洲货币单位、法国法郎和荷兰盾 4 种货币储备为 1 486 亿美元，转换为欧元储备后增加到 1 688 亿美元，而全世界的对应数据则是从 2 178 亿美元增加到 2 246 亿美元。这说明发达国家在欧元创立初期对它的信心更大。

表 7-2 欧元创立前后的发达国家可识别官方外汇储备　　　　单位：十亿美元

	1997	1998	1999Q1	2000Q1	2001Q1	2002Q1
总　额	913.9	927.3	901.2	1 020.6	1 090.9	1 130.8
美　元	557.8	620.3	628.6	721.5	776.8	797.7
欧　元	—	—	168.8	176	190.7	224.5
英　镑	24.7	26.1	26.2	29.8	30.9	29.9
日　元	57.2	66	60.5	73.8	73.5	59.3
瑞士法郎	2.3	2.2	1.7	2.6	3.3	4.4
德国马克	140	130.5	—	—	—	—
ECU	76.9	16.5	—	—	—	—
法国法郎	10.7	13	—	—	—	—
荷兰盾	3.3	3	—	—	—	—
其他货币	41.2	49.7	15.5	16.9	15.8	15.7

- 注：ECU 为欧洲货币单位，"—"表示无此数据。
资料来源：IMF 的 COFER 数据库。

（二）欧元国际化演化过程

显然，欧元投入流通并取代原来欧洲货币的"大爆炸"式的国际化是一次性的，使欧元一跃成为世界第二大国际货币。从货币演化的视角看，更值得考察的是在这种"大爆炸"之后欧元国际化的具体过程。

1. 欧元作为国际储备货币的演化过程

我们首先看一下总体情况。如图 7-1 所示，在全球可识别的官方外汇储备中，1999 年 1 季度欧元创立时占比为 18.12%，美元占比为 71.19%。到 2009 年 3 季度，欧元储备的占比达到历史最高值 28.02%，美元储备相应地下

图 7-1 欧元和美元在全球可识别官方外汇储备中的比重

- 资料来源：IMF 的 COFER 数据库。

降到最低水平61.56%。此后由于欧债危机的爆发,欧元的稳定性受到市场的怀疑,欧元储备大体呈下降趋势,2018年以后保持在20%上下,2020年新冠疫情暴发后欧元的比重略有上升。

由于IMF不公布全球官方外汇储备的国别构成(这属于高度机密的信息),我们不可能知道欧元储备在全球范围内变动的具体情况。所幸IMF曾经公布全球官方外汇储备按发达国家和发展中国家的构成(到2015年1季度为止),这让我们可以对欧元储备的变化作一个大致的推测。

如图7-2所示,在欧元投入流通到正式取代原来各国货币的3年里,发达国家的欧元储备占比与发展中国家的欧元储备占比大体相等,在18%上下,并呈相同的变化趋势。但是从2002年3季度起,发展中国家的欧元储备占比迅速上升,到2003年4季度达到29.45%,并且在30%左右的水平上保持到2009年4季度。这说明在2002年欧元正式取代原来各国货币流通后,许多发展中国家增加了它们的欧元储备,而发达国家的欧元储备占比没有发生大幅的增长。

图7-2 欧元在全球可识别官方外汇储备中比重的构成(至2014年4季度)

- 注:EUR1为发达国家的欧元储备占比,EUR2为发展中国家的欧元储备占比。
  资料来源:IMF的COFER数据库。

虽然不可能得知是哪些发展中国家从2002年起增加了它们的欧元储备,但根据国际经济理论可以合理地推断,其中相当一部分是与欧元区国家有密切贸易和投资联系的国家,特别是与欧洲邻近的西亚、北非国家和非洲、拉丁美洲的前欧洲各国殖民地国家。这说明欧元国际化的演化路径主要有两条:向地理邻近区域的演化和向前殖民地国家的演化。

2. 欧元作为国际债券发行货币的演化

欧元在国际债券发行量中所占的份额增长更快。如图 7-3 所示,从 1993 年 3 季度开始在国际市场上有以欧洲货币单位(欧元的前身)计价的国际债券发行,但数量仅有 1.62 亿美元,此后直到 1998 年 4 季度才增加到 28.9 亿美元,跟当季度美元计价的国际债券量 1 810 亿美元相比不值一提。但是从 1999 年 1 季度欧元进入取代原来各国货币的过渡期开始,以欧元计价发行的国际债券迅速增加到 1 604 亿美元。在 2002 年 1 季度欧元正式流通后,欧元计价发行的国际债券增长更快,到 2004 年 2 季度达到 3 920 亿美元,首次超过了美元计价的国际债券量 3 840 亿美元。到 2008 年 2 季度,以欧元计价发行的国际债券量达到 1.012 万亿美元,几乎是当时美元计价的国际债券量 5 820 亿美元的 2 倍。这说明自欧元创立到 2008 年全球金融危机之前是欧元国际化迅速发展的一个时期。

图 7-3 按币种分的全球国际债券发行量

• 资料来源:国际清算银行(BIS)的国际债券统计数据库。

3. 欧元作为国际贸易计价结算货币的演化

国际结算是指国际由于政治、经济、文化、外交、军事等方面的交往或联系而发生的以货币表示的债权债务的清偿行为或资金转移行为。国际结算货币的选择本质上是由贸易双方共同决定的,使用何种货币结算也是贸易双方讨价还价的重要内容。对于贸易双方来说,最重要的是货币价值保持稳定,减少交易风险。国际结算货币的一般原则是,出口商力争以"强币"结算,进口商力争以"弱币"(价值看跌的货币)结算。与商品的成交价格一样,在结算货币上进出口商的利益恰好相反。最终选择的结算货币必然反映了进出口商的国际定价权大小。对于发达国家,通常会要求在自己的进出口贸易中使用本币结算以消除本国企业的汇率风险。

欧元区作为一个整体,是世界上最大的发达经济体,在高科技产品、工业成套设备、汽车等高档消费品以及知识产权贸易、旅游等服务贸易上均拥有很强的国际竞争力。因此,欧元区在对外贸易中有较强的谈判能力要求使用欧元计价结算。数据确实反映了这个特点。

表 7-3 欧元区商品出口中以欧元计价结算的比重 单位:%

年份	欧元区	法国	希腊	葡萄牙	斯洛伐克	爱沙尼亚
2001	—	50.8	23.5	40.3	—	—
2002	—	50.5	39.3	44.1	—	—
2003	—	49	47.3	50.4	—	—
2004	—	49.2	44.3	55.6	—	—
2005	—	49.8	39.1	56.8	—	—
2006	—	50.8	38.8	55.8	—	—
2007	—	51.3	39.2	61.4	—	—
2008	63.6	49.3	32.6	63.1	96.5	—
2009	64.1	52.3	36.3	64.2	94.8	50.8
2010	63.4	51.8	33.7	63.4	94.4	46.2
2011	69.9	52.4	35.5	62.1	96	66.1
2012	66.7	49.3	32.3	59.3	96.5	67.9
2013	60	48.9	31.1	55.9	96	76.4
2014	59.6	48.3	48.3	58.1	95	76
2015	57.8	46	53.3	60.9	93.4	77.9
2016	57	45.6	56.6	65.3	94.6	75.2
2017	57.1	46.4	53.7	63.7	94.3	73.8
2018	61.6	51.4	50.6	67.9	94.3	61.7
2019	60.9	49.8	56.9	64.5	92.1	66.4

• 资料来源:欧洲中央银行《欧元的国际地位》,2007—2020 年历年各期。

表 7-4 欧元区商品进口中以欧元计价结算的比重 单位:%

年份	欧元区	法国	希腊	葡萄牙	斯洛伐克	爱沙尼亚
2001	—	42.6	29.3	50.3	—	—
2002	—	40.8	35.8	54.7	—	—
2003	—	44.1	39.6	57.9	—	—
2004	—	45.7	40.6	57.9	—	—
2005	—	46.3	34.1	54.3	—	—
2006	—	44.3	33.6	52.4	—	—

(续表)

年份	欧元区	法 国	希 腊	葡萄牙	斯洛伐克	爱沙尼亚
2007	—	44.2	34.9	51.3	—	—
2008	47.5	44.2	37.3	53.7	82.1	—
2009	45.2	44.3	37.9	56.6	77.8	43.7
2010	49.4	44.4	30.8	51.4	76.5	42.4
2011	52.2	40.6	32.9	45.9	69.2	55.9
2012	51.3	39.9	23.6	39.8	67.6	61.6
2013	42	40	23.4	37.5	65.5	68.8
2014	45.9	42	32.3	42.7	82.4	67.2
2015	46	42.4	41.7	47.8	86.5	68.7
2016	46.2	43.4	46.8	53.9	87.8	69.7
2017	45.4	42.1	43.5	53.3	86.6	69.5
2018	51.4	39.9	38.9	53.9	86.5	63.8
2019	51.3	39.8	38.8	52.8	86.4	67.7

- 资料来源:欧洲中央银行《欧元的国际地位》,2007—2020年历年各期。

表 7-5　部分非欧元区国家商品进出口中以欧元计价结算的比重　　　单位:%

年份	商品出口				商品进口			
	保加利亚	捷 克	罗马尼亚	瑞 典	保加利亚	捷 克	罗马尼亚	瑞 典
2008	61.5	73.6	68.5	—	65.7	68.3	70.9	—
2009	68.6	76	75.9	—	70.9	68.9	73.2	—
2010	56.1	76.4	71.3	22	46.2	68.5	66.8	18.8
2011	52.9	77	67.1	22	45.4	68	64.2	18.5
2012	48.6	77.2	70.1	23.4	46.5	68	60.5	17.3
2013	55.9	79.1	73.2	23.4	44.6	68.9	64	19
2014	57.9	78.4	77	20.6	51.7	68.4	64.2	20.4
2015	59.7	78.5	76.9	20.6	53.9	68	68.6	21.7
2016	64.7	78.4	76.3	16.8	70.7	68.4	71	22.7
2017	65.1	78	77.6	16.8	73.6	69	74.2	20.8
2018	61.1	78.8	80.4	19.8	56.3	69.2	69.2	20.9
2019	64.0	79.4	81.3	—	60.9	67.7	69.6	—

- 资料来源:欧洲中央银行《欧元的国际地位》,2007—2020年历年各期。

三、欧元国际化的演化方式

(一)欧元区扩大

欧元国际化的一条重要路径是欧元区的扩大。从理论上说,这是一种更加彻底的货币国际化形式,因为随着欧元区的扩大,新成员国的原有货币不复存在,欧元进入新成员国内部流通,并且新成员国在对外贸易投资中更有可能使用欧元。

在欧元之前的国际货币史上,货币国际化就是指一个主权国家的货币在国际上和其他国家内行使货币的一项或多项职能,例如中国购买沙特阿拉伯的石油使用美元计价结算、中国香港地区将美元用作发行港币的准备金等。这种典型意义上的货币国际化的覆盖面可以遍及全球,但在不同的国家和不同的交易中国际化的程度有所差别。欧元区扩大这种形式的国际化则与此相反,它涉及的地域受到严格的限制,但国际化的程度很高,达到了取代新成员国原有主权货币的最高形式。不妨设想一下,如果有一天欧元区扩大到包括欧盟全部27个成员国,甚至扩大到包括英国、瑞士等在内的所有欧洲国家,则欧元的国际地位赶上以至超过美元也是完全有可能的。

实现国家之间的货币统一,是人类货币史中一个久远的梦想。例如在中国的春秋战国时期,除了黄金白银等称量货币外,各个诸侯国政府还各自铸造铜币,如赵国的刀币、韩国的布币、楚国的蚁币(铜铸)、秦国的圜钱等。多种货币的混合使用给不同城邑间的商业贸易活动造成很大的阻碍,这种现象直到公元前221年秦王嬴政统一中国才结束。秦始皇在圜钱的基础上废除了原六国的刀币、布币、贝币等多元货币体系,以秦制"半两"圜钱为法定货币,通行全国。这种以政治统一为前提的货币统一在现代作为特例仍有发生,如前民主德国与联邦德国实现国家统一后民主德国马克也被联邦德国马克所取代,统一为德国马克。

在欧洲,历史上国家林立、战乱不断,从来没有建立过能够控制整个欧洲的大帝国,导致欧洲各国间在语言文字、宗教信仰、民族心理等方面产生很大的分化,完全的政治统一已经不现实了。但是要求欧洲各国货币统一的呼声始终存在。1588年,意大利学者达万则提在佛罗伦萨学院发表《关于货币的演说》,提出"王侯们可以用铁、皮革、木料、纸或其他类似的东西造出货币,正如过去已经做过的那样;但是这些货币离开了王国的土地就无法流通,因而也就算不上是全球货币"。1845年,当时的法国财政部长弗兰科斯在其《财政备忘录》中表示,"所有人都使用统一的计量体系是令人向往的;在这个统一的体系中,能给国家带来最大便利的,毫无疑问是货币的统一"。1867年,法国学者德·帕里克在巴黎国际货币会议上提出了统一货币的若干具体议题,包括:是创造一个全新的体系,还是在现存体制的基础上进行相互合作更容易达到货币的统一?

正是由于有这样的历史基础,欧元的创造者们在设计欧元时就考虑到欧元区扩大的问题并制定了具体方案。值得指出的是,虽然欧元区和欧盟是两个不同的概念,但它们之间有密切的联系。欧元区成员国是在欧盟成员国中达到《马约》确定的标准,从而可以申请并经一定程序加入欧元区的那些国家。1999年1月1日,欧元作为11个创始成员国的共同货币正式问世。2002年欧元正式流通时,有12个国家加入欧元区,即创始的11国(奥地利、比利时、法国、芬兰、德国、卢森堡、荷兰、爱尔兰、意大利、西班牙、葡萄牙)和2001年加入的希腊。随着欧盟本身的东扩,一些新的欧盟成员国由于达到《马约》的标准而加入了欧元区,它们是2007年加入的斯洛文尼亚、2008年加入的塞浦路斯和马耳他、2009年加入的斯洛伐克、2011年加入的爱沙尼亚、2014年加入的拉脱维亚、2015年加入的立陶宛。截至2018年12月,欧盟成员国中尚未加入欧元区的有9个国家:丹麦、瑞典、波兰、匈牙利、捷克、罗马尼亚、保加利亚、克罗地亚和英国。其中丹麦于2002年经全民公决确定不加入欧元区,但丹麦克朗与欧元实行钉住汇率,瑞典2003年经全民公决确定不加入欧元区,英国则在2017年经全民公决启动了退出欧盟的程序,并于2021年1月起正式退出欧盟。

(二)在欧洲邻近国家和地区的使用

在欧洲的那些非欧元区或非欧盟成员国中,虽然欧元并不是法定货币,但由于它们离欧元区非常近,必然会受到欧元国际化的直接影响。在摩纳哥、圣马力诺、梵蒂冈、安道尔、黑山、科索沃等几个非欧盟成员国的欧洲小国,直接采用欧元作为本国的法定货币,这类似于在中美洲小国出现的"美元化"现象。

这些非欧元区的欧洲小国直接以欧元为本国的法定货币,是由于它们特殊的政治、经济和地理环境。例如,全世界领土面积最小、人口最少的国家梵蒂冈,是位于意大利首都罗马西北角高地的一个内陆城邦国家,其国土面积只有0.44平方公里。由于四面都与意大利接壤,故称"国中国"。是全世界天主教的中心——以教皇为首的教廷的所在地。公元756年,法兰克国王把罗马城及其周围区域送给教皇,这样就在意大利中部出现一个独立的教皇国,最大时其直辖领土达4万平方公里以上。1870年意大利统一后,教皇被迫退居梵蒂冈宫。1929年意大利同教皇签订《拉特兰条约》,承认梵蒂冈为政教合一的主权国家。梵蒂冈为中立国,其国土神圣不可侵犯。梵蒂冈既无工农业,也无自然资源,财政收入主要靠旅游、邮票、不动产出租、特别财产款项的银行利息、梵蒂冈银行盈利和向教宗赠送的贡款以及教徒的捐款等。梵蒂冈在北美、欧洲许多国家有数百亿美元的投资,其资本渗透到意大利众多的经济部门,特别是银行信贷和不动产系统,仅地产一项就达46万余公顷,黄金、外汇储备达100多亿美元。很显然,在这样的"城中之国"里再使用一套独立的货币系统是徒劳无益的。

丹麦、瑞典、波兰、匈牙利、捷克、罗马尼亚、保加利亚、克罗地亚和英国等9个未加入欧元区的欧盟成员国,又可分为三种情况:英国作为曾经的世界霸主,至今仍维持着遍及五大洲的英联邦,不会轻易地放弃作为帝国荣耀的英镑而加入欧元区(英国于2021年1月起正式退出欧盟);丹麦和瑞典符合加入欧元区的标准,但由于国内政治原因选择不加入;波兰、匈牙利等原东欧国家希望加入欧元区,但暂时还达不到《马约》的标准。

不过,虽然这些国家目前不愿或不能加入欧元区,但是通常意义上的货币国际化,也即欧元在这些国家贸易投资和储备中的使用还是相当普遍的。例如,根据国际清算银行的统计,截至2018年4季度英国银行发行的国际债券余额中,以英镑为发行货币的价值为2 912亿美元,以美元为发行货币的共5 566亿美元,以欧元为发行货币的共4 151亿美元,以其他货币发行的共859亿美元。如果统计其中期限为1年及以上的中长期债券,以英镑为发行货币的价值为550亿美元,以美元为发行货币的共983亿美元,以欧元为发行货币的共1 237亿美元,以其他货币发行的共158亿美元。

如果说拥有重要国际货币的英国尚且有1/3的国际债券以欧元发行,其他欧洲国家对欧元的依赖更加明显。在丹麦的银行发行国际债券余额中,截至2018年4季度以其本币丹麦克朗发行的仅有18亿美元,以美元为发行货币的共107亿美元,以欧元为发行货币的共379亿美元,以其他货币发行的共57亿美元。欧元的占比超过60%。在波兰,由银行发行国际债券余额中截至2018年4季度以其本币发行的可忽略不计,以美元为发行货币的共10亿美元,以欧元为发行货币的共73亿美元,以其他货币发行的共6亿美元,欧元的占比超过80%。因此,由于欧元区巨大的经济体量,它周边无论是英国这样的大国或者是丹麦、波兰这样的中小国家,在不加入欧元区的时候仍然会大量地使用欧元。

在非欧元区的国家的欧元贷款或存款,被称为欧元"平行货币"(Parallel currency)。这又包括两类国家:一是欧盟成员国中的非欧元区国家,如东欧的保加利亚、波兰、罗马尼亚等;二是欧盟的候选成员国和潜在候选成员国,如阿尔巴尼亚、塞尔维亚和土耳其等,从表7-6和表7-7可见,它们使用欧元的比例是很高的。

表 7-6　部分非欧元区的欧盟成员国中欧元存贷款的比重(2019 年 12 月)

单位:%,百万欧元

	保加利亚	克罗地亚	捷克	匈牙利	波兰	罗马尼亚
欧元贷款	10 414	14 953	16 866	11 676	28 172	16 983
占比全部贷款	32.3	50.8	13.8	23.0	9.8	30.0
占比外币贷款	97.2	98.5	95.2	96.4	51.0	92.8
外币贷款总额	10 713	15 173	17 724	12 112	55 212	18 113
欧元存款	12 203	19 712	11 009	10 875	24 399	22 913
占比全部存款	28.0	49.2	6.7	16.2	7.9	29.8
占比外币存款	79.1	89.5	76.3	76.5	67.9	86.9
外币存款总额	15 427	22 022	14 424	14 214	35 955	26 360

· 资料来源:欧洲中央银行《欧元的国际地位》,2020 年。

表 7-7　部分非欧元区的欧盟候选成员国中欧元存贷款的比重(2019 年 12 月)

单位:%,百万欧元

	阿尔巴尼亚	波黑	北马其顿	塞尔维亚	土耳其
欧元贷款	2 036	5 539	2 265	13 595	72 932
占比全部贷款	45.5	52.2	41.4	66.5	19.9
占比外币贷款	93.2	99.7	99.0	99.5	51.4
外币贷款总额	2 183	5 554	2 287	13 666	141 845
欧元存款	4 307	4 872	2 229	12 407	71 306
占比全部存款	44.9	40.0	35.0	59.5	19.2
占比外币存款	87.5	90.7	86.5	91.0	37.0
外币存款总额	4 922	5 376	2 577	13 636	192 647

· 资料来源:欧洲中央银行《欧元的国际地位》,2020 年。

（三）在非洲、拉丁美洲等前殖民地国家的使用

欧元国际化的第三种也是很有特色的一种演化方式,是向非洲、拉丁美洲的前欧洲国家殖民地扩展。在 15 世纪末由欧洲人主导的地理大发现之前,撒哈拉以南非洲和南北美洲的土著人与当时领先的欧亚大陆居民基本没有任何接触,处于极其原始的早期文明甚至采集社会阶段。欧洲殖民者的到来改变了这一切。

在 16 世纪,伊比利亚半岛的两个小国西班牙和葡萄牙率先开始了欧洲的扩张。哥伦布发现新大陆,葡萄牙航海家迪亚士和达·伽马开辟了绕过非洲南端好望角到达印度的新航道,预示着人类历史进入了新纪元。16 世纪中期,仅仅数千名西班牙殖民者就征服了美洲的阿兹特克帝国和印加帝国。非

洲沿海地区则分布着众多的贸易站。17世纪,荷兰、法国和英国先后崛起,最终18世纪中叶英国击败法国成为全球霸主。到19世纪,非洲大陆被欧洲列强瓜分完毕。1914年,整个非洲大陆只有两个独立国家(利比里亚、埃塞俄比亚),其余均为法国、英国、德国、比利时、葡萄牙、意大利和西班牙等欧洲国家的殖民地,其中法国控制的殖民地面积最大,达到408.7万平方英里,占非洲大陆总面积的36%。虽然"二战"后的民族解放浪潮使各个殖民地纷纷独立,但它们与原宗主国仍然保持着政治、经济、文化、种族等千丝万缕的联系。时至今日,法语仍是非洲科特迪瓦、乍得、马里、喀麦隆、刚果(布、金)等20多个国家的官方语言,摩洛哥、阿尔及利亚、毛里求斯等十几个国家也通用法语。而在南美洲,除巴西使用葡萄牙语外,其他国家均使用西班牙语,西班牙(或葡萄牙)人与当地原住民的后裔构成了南美洲各国人口的主体。

值得一提的是,上述7个欧洲殖民国家中除英国外,其余6个均为现在的欧元区成员国。可想而知,非洲和拉丁美洲的前欧洲殖民地国家对欧元会产生特别的熟悉和信任,这是其他新兴货币国际化时所难以出现的。虽然这些国家的贸易投资和储备中使用欧元的数据难以获得,但从它们的汇率制度中还是可以看到欧元的重要作用,因为欧元是许多非洲和拉丁美洲的前欧洲殖民地国家的锚货币。例如,贝宁、尼日尔、塞内加尔等8个西非国家组成的"西非国家经济共同体"共同使用货币"西非法郎"。这种货币诞生于"二战"结束后殖民地独立运动刚刚兴起的1945年,最初与法国法郎挂钩,1999年欧元问世后改为与欧元挂钩,汇率固定为655.96西非法郎兑1欧元。法国的央行法兰西银行持有西非法郎全部储备的一半,不收取任何费用且每年向存放储备的国家支付最高0.75%的利息,法国并向有关国家的货币管理机构中派出代表协助管理共同货币。这种制度安排增强了西非法郎的信用,也促进了区域内部的资金流动。甚至,连西非法郎的纸币和硬币也是由法兰西银行下属的一家机构印刷和铸造的。2019年底,这8个西非国家同意将其共同货币的名称改为"埃科",以减少殖民地时遗留下的"法非特殊关系"的印象。

第二节 欧元国际化的演化动力与制约因素

一、坚定的政治推动

在欧元及其前身德国马克的国际化中,相关国家坚定的政治推动与合作发挥了关键的作用。

（一）用制度安排保障的货币国际化

早在1979年创立欧洲货币体系时，马克就在其中发挥了关键货币的作用。在欧洲货币体系所创立的欧洲货币单位（ECU）中，马克的比重为33%，是货币篮子中的第一大货币。由于各成员国的汇率均与ECU相联系，从而也就间接地与德国马克相联系，马克成为事实上的欧洲核心货币。为了维持欧洲货币体系的汇率稳定机制，德国的对外债权不断增加，从1981年的5 640亿马克上升到1992年的17 781亿马克。[1]为了给其他成员国提供便利的马克交易和结算，德国的金融机构也迅速在欧洲扩张，从1975年的68家增加到1990年的225家。1980年到1990年，非居民持有的马克资产总额从3 200亿马克上升到8 850亿马克，马克负债从2 340亿马克增加到6 820亿马克。在此期间，马克还成为欧洲货币体系内的主要干预货币，而美元的比重从73.7%下降到28.3%。

（二）由工业竞争力支撑的货币国际化

赵柯（2013）指出马克国际化是以德国强大的工业竞争力为支撑的。[2]在马克国际化的初始阶段，德国国内并没有形成一个发达的、有足够深度和广度的金融市场，但是德国具有强大的工业生产体系，其出口额长期居世界第一，并且德国出口产品中约80%用马克计价结算。德国在高端工业制成品领域的出口能力在世界市场上创造了对马克的稳定需求，特别是汽车、机械、化工、钢铁和电子电气设备五大类出口产品中，德国企业具有极高的国际声誉，在国际贸易谈判中优势明显，有能力要求进口商以马克作为结算货币。1980年，德国的出口产品中以马克计价的占82.3%，相比之下当年日本出口产品中以日元计价的只有29.4%。

（三）稳妥的国际化策略

在国际化过程中，欧元坚持增量改革，不直接挑战美元的本位货币地位。与日元国际化时所采取的咄咄逼人的高调路线不同，马克和欧元的国际化一直是在欧洲一体化的框架下进行的，并不试图在世界范围内与美元直接争夺市场份额。"二战"期间严重的通货膨胀使德国央行把维护价格稳定作为货币政策的首要目标，1970年至1989年德国的平均通胀率只有3.9%，是西方

---

[1] 许少强：《货币一体化概论》，上海人民出版社，2009年，第123页。
[2] 赵柯：《工业竞争力、资本账户开放与货币国际化》，《世界经济与政治》，2013年第12期。

大国中最低的,这吸引其他国家把马克作为稳定价格水平的名义锚,[①]并使马克成为欧洲货币体系内的关键货币。至于欧元,它在 1999 年投入使用后,直接继承了它所取代的马克、法郎等货币的国际货币作用,如 1999 年 1 季度欧元在全球官方外汇储备中的比重为 18.73%,与 1998 年全球官方外汇储备中马克、法郎、荷兰盾等货币的比重之和 17.58% 十分接近。随着欧元区的不断扩大,欧元在全球官方外汇储备中的比重最高上升到 2009 年 3 季度的 25.7%,此后由于欧洲债务危机的爆发而逐渐下降到 21% 左右的水平。[②]但无论欧元的地位如何变化,欧盟各国并不把提高欧元的国际使用量作为政策目标。

二、极强的价值承诺

(一)价值稳定对货币国际化的意义

在布雷顿森林体系解体后,现有的美元等各种国际货币均不再与黄金等实际资产挂钩,这就带来了信用货币的价值稳定性问题。不难想象,价值不稳定的货币难以胜任国际货币的地位。历史上,金银复本位制度下白银价值的不稳定就曾经导致白银退出货币职能,逐渐过渡到单一的金本位制度。对当代主要国际货币的经验研究也发现,货币对内对外的价值稳定性是影响货币国际使用量的重要因素。

货币对内价值稳定,主要表现为通货膨胀率低;货币对外价值稳定,主要表现为对其他主要货币的加权有效汇率波动幅度小。而这两个外在表现的背后,货币价值稳定的根本原因在于有一个专业的、独立的、以保持货币价值稳定为首要职责的中央银行。为什么中央银行的独立性至关重要?大量研究中央银行的文献发现,货币政策从制定到实施再到传导到社会经济的各个部门并发挥效果,有一个相当长的时滞。但政治家和公众出于竞选等自身的短期利益考虑,不能或不愿认识到货币政策的这个特点,往往会希望牺牲未来的长期好处(货币稳定的可信性)来追求短期的政治目标。理论和实证的研究一致认为,货币价值的稳定性与中央银行的独立性之间有密切的正相关性。

(二)欧央行保证欧元价值稳定的机制

欧洲中央银行(简称"欧央行")从建立伊始就注重从机制上保证其制定货币政策的独立性,并把维持欧元稳定作为货币政策的首要目标。1998 年

---

① [美]麦金农:《美元本位下的汇率:东亚高储蓄两难》,中国金融出版社,2006 年,第 178 页。
② 数据来源:http://data.imf.org/?sk=E6A5F467-C14B-4AA8-9F6D-5A09EC4E62A4。访问日期 2017-05-01。

6月欧洲中央银行根据《马约》的规定成立,7月1日正式投入运作。《马约》明确规定欧洲中央银行的首要目标是保持物价稳定,在保证这一目标的前提下,"可以"支持欧盟的总体经济政策。欧洲中央银行认为,价格稳定是实现欧盟的两个重要目标——经济增长和创造就业——所必需的条件,而且这也是货币政策为此所能够做的最大贡献。

为了确保将货币政策用于保持物价稳定,欧央行建立了一套特殊的决策机制。欧央行的执行董事会由行长、副行长等6名成员组成,他们与19个欧元区成员国的央行行长一起,组成欧央行的决策机构——理事会。欧央行理事会负责重大货币政策的制定,如决定是否提高或降低利率等,在做出决定时实行25位成员一人一票制。这样的决策机制保证了任何个别成员国不能操纵欧央行的货币政策。欧盟的财政部长会议和欧盟委员会可以各向欧央行理事会派出一名代表参加会议并提出建议,但他们都没有投票权。因此,欧盟的整体经济增长和财政状况等因素也不会左右欧央行的货币政策。

《马约》还建立了防止成员国干预欧央行货币政策的制度。《马约》第107条及附件第7条明确指出:"欧洲中央银行、欧洲经货联盟内的所有成员国中央银行及其决策机构的成员不得向任何欧共体机构、组织、成员国政府以及其他机构寻求或接受指令。"《马约》还禁止欧洲中央银行为成员国政府财政赤字提供资金融通。欧洲中央银行和各成员国的中央银行不得允许政府透支,不准向政府提供任何信贷便利,不准在一级市场上购买政府发行的债券。

三、欧元国际化的限制因素

由于欧元是一种超主权货币,各个成员国货币政策的统一与财政政策的分别执行也造成深层的矛盾,对欧元的价值稳定构成威胁,限制了欧元在国际货币体系中的作用。

(一)欧元区国家缺少最后贷款人

欧元区19个成员国,其经济基本面情况差异很大,特别是希腊等南欧国家产品竞争力较低,福利水平过高,导致财政赤字较高。在2010年的欧洲债务危机中,这些国家主权债券价格迅速下跌,导致其融资成本高涨。由于它们失去了货币政策的调节手段,只能通过紧缩财政支出来应对债务危机,这导致经济前景更加黯淡,投资者规避风险抛售其债券的动机更强。在此情况下,希腊等国只能向欧盟或IMF寻求资金援助。但IMF的资金救助有严格的条件限制,2009年冰岛危机时就曾经被迫接受 IMF 的各项条件。欧盟的援助资金来源于各成员国的财政拨款,其总量有限,而且要说服财政状况较好的德国等国纳税人支持用德国等国的资金去救助财政纪律松散的其他国家也非常困难。

事实上,欧债危机暴露了一个更深层次的问题,即货币政策的短期目标与长期目标间的冲突。在短期内有助于保持物价稳定和货币价值的政策措施,有可能在长期内由于损害了金融稳定和经济增长而导致更严重的通货膨胀和货币贬值。美国在 2008 年全球金融危机中所受的冲击更直接、更严重,但由于美联储迅速制定了量化宽松的货币政策,给金融体系大量注入流动性,避免了危机的进一步蔓延,有效地扭转了市场预期,最终也有利于保持美元的价值稳定。

在欧元区的机制设计上,欧洲中央银行只负责防止通货膨胀、稳定欧元价值,并没有"最后贷款人"的职责。因此,欧元区各成员国发行的所谓"国债",本质上都属于"外币债券",因为成员国央行不能通过发行货币对这些国债的偿付提供保证。欧元区国家缺少最后贷款人,这是欧元作为超主权货币的制度缺陷。

(二) 欧元区扩大过快使成员国间差异超过收敛标准

欧洲经济共同体最初的 6 个成员国均是发达国家,经济联系紧密。扩大为欧共体 15 国后,仍然主要是西方发达国家。但是随着欧盟的不断扩大,欧元区也吸纳了一些东欧和地中海国家,如爱沙尼亚、拉脱维亚、立陶宛、塞浦路斯和马耳他等。这些国家的经济结构和基本面状况与典型的西欧发达国家有较大的差距。欧元建立的理论基础是蒙代尔提出的最优货币区理论,它要求组成最优货币区的国家具有极高的生产要素流动性,特别是劳动力的流动性。

在世界范围内,邻近国家间更容易进行经济往来,共同边界对国际贸易的促进作用是毋庸置疑的。随着区域一体化的发展,共同边界的作用趋于弱化,因为不相邻的国家在加入区域一体化进程后,可以和相邻国家一样便利地开展国际贸易。如果区域一体化水平很高,接近于同一国家内各个地区的水平,共同边界的作用将会趋于消失。通过对欧元区国家间是否存在"共同边界效应"进行检验,我们可以发现,在欧元区核心国家之间,不存在共同边界效应。法国、德国、意大利、荷兰、比利时、卢森堡 6 国是欧共体的创始成员国,也是欧盟和欧元区的核心国家。1951 年 4 月,6 国签署了《欧洲煤钢共同体条约》。经过 5 年的成功实践，6 国于 1957 年 3 月签订《罗马条约》，建立了欧洲经济共同体，标志着 6 国全面实施经济一体化的开始。欧共体包括工业品关税同盟、共同农业政策等。因此，6 国的经济一体化已经实施了近 60 年，经济高度融合。在地理上，6 国均陆地接壤，主要城市通过高速公路、铁路网络紧密联系，人员、商品流动便利，国家边界对 6 国间贸易没有阻碍。但是，由于欧元区成员国数目在短期内增加到 19 个，规模扩大了许多。后加入的这些国家经济发展水平与原有的成员国相差很大，地理上相对分散，交通等基础设施不足。在它们加入欧元区后，整个 19 国组成的欧元区的一体化水平明显下降了。

第三节　欧元诞生后国际货币体系的演化

通常认为，当今的国际货币体系仍然属于从 1973 年开始的牙买加体系，它的基本特征是取消了作为之前布雷顿森林体系支柱的美元与黄金挂钩、各国货币与美元挂钩、汇率水平固定等要求，转而实行黄金非货币化、浮动汇率合法化、各国可以自主决定其汇率的体制。从制度转换的角度来看，这种观点无疑是正确的。但如果考察国际货币体系的实际运作就会发现，建立布雷顿森林体系以来国际货币体系的根本变革发生在 1999 年，即欧元的诞生使国际货币体系从美元一种国际货币主导转变为美元欧元两种主要国际货币并存。

为什么国际货币体系会从一种国际货币主导演化为两种主要国际货币并存，演化的微观机制是怎样的？对此问题，现有文献往往语焉不详，简单地认为欧元的出现直接继承了它所替代的德国马克、法国法郎等欧洲货币原有的国际市场份额。但是，即使欧元区国家的企业愿意直接用欧元取代原有各国货币进行国际交易，交易的实现还需要欧元区以外的企业也接受欧元。因此，必须要考察微观企业进行国际交易时对所使用货币的选择过程，才能了解国际货币体系演化的内在动力机制。

本节试图从国际市场上微观企业对国际货币的选择角度解释国际货币体系的形成与演化机制。在综述国际货币体系演化的相关文献后，本节借鉴进化生物学理论建立了一个基于二倍体种群的 Markov 链模型。对模型的数值模拟符合当前国际货币体系的基本特征。笔者用模型分析欧元诞生后国际货币体系的演化过程。

一、文献综述

(一) 欧元诞生后国际货币体系的特征

艾肯格林[①]对从史前时期到欧元诞生为止的国际货币体系史作了细致的描述,其中欧元诞生之前国际货币体系的发展历程和主要特征已经成为国际金融学的常识。但是对欧元诞生后的国际货币体系,艾肯格林只是谨慎地表示,随着欧元区的扩大可能会出现国际货币竞争。在欧元投入流通之前,态度乐观的学者如 Bergsten[②]预测国际货币体系将在3到5年内就从纯美元为中心的单极体系转变为美元和欧元并存的双极体系,其中欧元与美元的市场份额大体相当。接近美国政府的经济学家如 Summers[③]则认为欧元投入使用不会对美元的国际核心货币地位产生很大的影响,美元仍将是最主要的国际货币。

欧元投入使用后,欧元对国际货币体系的影响成为一个实证问题。总的来说,在2009年欧洲债务危机之前,学术界对欧元的前景是比较乐观的,认为欧元的出现改变了国际货币体系中美元独大的不合理状况。Mundell[④]认为欧元区各国的 GDP 之和仅次于美国居世界第二,这使得欧元比起它所替代的各国货币更有能力与美元竞争,他预测10年后各国中央银行的欧元储备与美元储备大体相当。2008年欧元兑美元汇率曾经上升到1.59美元兑1欧元,使市场认为欧元是相对于美元的强势货币,对欧元的前景更加看好。如 McNamara[⑤]认为欧元区巨大的内部市场、日益增强的金融一体化和总体稳健的财政政策将使欧元在未来10年对美元形成更大的挑战。

但是在全球金融危机和欧洲债务危机相继爆发后,更多的学者认为欧元自身的先天缺陷导致它难以承担改变美元主导的国际货币体系的重任。Cohen[⑥]认为,欧元区扩大过快会减少欧元作为美元竞争者的吸引力,因为新

---

① 〔美〕巴里·艾肯格林:《资本全球化——国际货币体系史》,上海人民出版社,2009年,第13页。
② Bergsten, C. F., "The dollar and euro", *Foreign Affairs*, July-August, 1997, 76(4).
③ Summers, L.H., "Testimony before the senate budget committee. Europe's monetary union and its impact on the U.S. economy", October 21, 1997. Washington, DC: Government Printing Office.
④ Mundell, R., "The significance of the euro in the international monetary system", *The American Economist*, Vol.47, No.2, Fall, 2003.
⑤ McNamara, R., "A rivalry in the making? The euro and international monetary power", *Review of International Political Economy*, Vol.15, No.3, Aug., 2008.
⑥ Cohen, B.J., "Enlargement and the international role of the euro", *Review of International Political Economy*, Vol.14, No.5, Dec., 2007.

成员国的差异性比 11 个创始成员国更大,对货币政策的偏好也更加不同。Otero-Iglesias[①] 的一项实证研究发现,对中国、海湾国家和巴西的高净值人士,欧元主要是作为防止过分暴露于美元资产的投资多样化工具来使用,而不是用来完全替代美元的资产。Ponsot[②] 认为,欧盟在国际商务谈判中已经采取协调一致的态度了,但是在国际金融和货币领域仍然没有形成一个声音,这限制了欧元在国际货币体系中的作用。

随着 2009 年以来人民币国际化的快速发展,有些学者认为国际货币体系已经出现了美元、欧元和人民币三种主要货币竞争的态势。Ito 和 Kawai[③] 考察了截至 2016 年人民币在全球官方和私人的计价结算、价值贮藏、外汇干预等方面的使用情况,认为亚洲正在形成一个不断扩大的人民币区。Sato 和 Shimizu[④] 使用对东亚各国的日资企业调查数据发现,在中国的日资企业使用人民币的比重有较快上升,但是在东盟国家的日资企业使用人民币仍然较少。

(二)现有文献的不足

虽然讨论欧元诞生 20 年来国际货币体系变化的文献很多,但现有文献基本上是从宏观角度进行分析的。大多数文献根据国际货币基金组织(IMF)、国际清算银行(BIS)等提供的有限的加总数据分析国际货币体系及其中主要国际货币的地位变化。因此,现有文献的一个明显不足是"用现象解释现象",缺少对国际货币体系演化过程的微观机制分析。我们认为,国际货币体系演化的宏观表现是各主要国际货币相对地位的升降调整,而其微观基础则是国际贸易和金融市场上众多的企业对交易中所使用货币的选择。下面我们用一个二倍体种群模型分析国际货币体系的演化过程。

二、国际货币体系演化的二倍体模型

二倍体(diploid)是进化生物学中的一个重要概念,指一些生物的基因组有两个拷贝,如人类和许多其他动物都是二倍体的。根据经典遗传学的孟德尔定律,对于基因序列长链上的任意一个位点,二倍体生物的子代分别从其

[①] Otero-Iglesias, M., Steinberg, F., "Reframing the euro vs. dollar debate through the perceptions of financial elites in key dollar-holding countries", *Revive of International Political Economy*, 2013, 20(1).

[②] Ponsot, Jean-Francois, "The 'four I's' of the international monetary system and the international role of the euro", *Research in International Business and Finance*, 2016(37).

[③] Ito, Hiro and Masahiro Kawai, "Trade invoicing in major currencies in the 1970s—1990s: Lessons for renminbi internationalization", Journal of The Japanese and International Economies, 2016(42).

[④] Sato, Kiyotaka, and Junko Shimizu, "International use of the renminbi for invoice currency and exchange risk management", *North American Journal of Economics and Finance*, 2018(46).

父和母的相应位置上随机地继承其中的一个等位基因,这两个等位基因的不同组合决定了子代的相应性状。[①]例如,人类 X 染色体和 Y 染色体组合的后代为男性,而 X 染色体与 X 染色体组合的后代为女性。我们借鉴孟德尔的思想提出一个国际货币体系演化的二倍体模型。

(一) 模型设定

假定国际市场上有 3 种国际货币,分别用①、②、③表示。国际市场上企业的数量充分大,以至于所有企业的群体[②]用[0, 1]区间的连续统表示。企业按照它所偏好使用的国际货币相应分为①、②、③的三种类型。我们的关键假定是,企业的三种类型是由企业内部的两个因素 A 和 B 所决定,不妨称它们为企业的"基因"。两个基因共有 3 种组合方式,AA 组合的企业偏好使用货币①,AB 组合的企业偏好使用货币②,BB 组合的企业偏好使用货币③。交易过程是,在每一期从企业群体中随机地将所有企业两两配对,每个配对企业从它的两个等位基因中随机选取 1 个,两个企业所提供基因的组合类型决定了它们选择使用的货币。一期交易结束后,所有企业按照孟德尔的遗传规则更新为它们的子代企业,然后进行下一期交易。

举例来说,如果两个①类企业相遇,由于①类企业的基因类型是 AA,配对时每个企业提供的基因均是 A,则配对的基因组合肯定是 AA,即它们肯定使用货币①交易。在交易结束后,两个企业仍然更新为①类企业。如果两个企业分别为①类和③类,基因类型分别为 AA 和 BB,则配对的基因组合肯定是 AB,即它们肯定使用货币②交易。在交易结束后,两个企业均更新为②类企业。如果两个企业分别为①类和②类,基因类型分别为 AA 和 AB,则配对的基因组合有 1/2 的可能性为 AA 型,有 1/2 的可能性为 AB 型,即这两个企业交易时有 1/2 的可能性使用货币①或货币②,并且在交易结束后以相同的可能性更新为①类和②类企业。

需要说明的是,上述关于企业类型和选择国际货币规则的假定并不像看起来那么不切实际。确实,企业没有生物意义上的"基因",但是二倍体模型的核心思想是生物的性状由两个因素的组合来决定,这一点对企业是可以适用的。例如,一个企业在签订国际合同时希望以什么货币结算,这可能需要由企业的两个负责人(如董事长和总经理,或财务主管和业务主管等)共同决定。如果两个负责人意见一致(如使用美元交易),则企业肯定选择他们所偏

[①] 高崇明:《生命科学导论》,第三版,高等教育出版社,2013 年。
[②] 即 population,也可以称为所有企业的总体。

好的货币(美元);如果两个负责人意见不一致(一个用美元,另一个用欧元)且权限相同,则企业以 1/2 的可能性使用他们所偏好的货币。如果签订合同的另一家企业也是同样地决策,最后就会产生符合上述孟德尔规律的国际货币使用情形。至于企业在完成交易后更新为子代企业的假定,可以看作企业负责人在签订当期合同的过程中接受了新的信息并以一定的概率更新了他在下一期交易中使用货币的偏好,因此产生了一个(在使用货币决策意义上)的"新企业"。我们不再详细解释这个问题,有关的讨论可以参见 Fudenberg 和 Levine。[①]

(二) 国际货币体系的动态演化

下面我们来考察国际货币体系的演化过程。假设在一个初始时期 $t=t_0$,国际市场上①、②、③三种类型企业占企业总体的比例依次为 x,y,z,显然有 $0<x,y,z<1,x+y+z=1$。在 $t=t_1$ 时期,所有企业两两匹配进行交易。由于企业的总量充分大,无论初始的企业类型如何分布,都无需考虑一个企业与它自己匹配的可能性。因此,在全部的交易中出现两个①类企业匹配交易的概率为 x^2,它们的基因配对为 AA,在交易中使用货币①,并且在交易结束后更新为两个仍为①类的子代企业。在全部的交易中出现①类企业与②类企业匹配交易的概率为 xy,它们有一半的可能性 $\left(\dfrac{xy}{2}\right)$ 发生 AA 配对,在交易中使用货币①并在交易结束后更新为两个仍为①类的子代企业;它们也有一半的可能性发生 AB 配对,在交易中使用货币②并在交易结束后更新为两个②类的子代企业。其他的配对类型我们不再一一叙述,列表如下。

表 7-8 国际市场上企业匹配的类型与结果

企业1 \ 企业2	① AA (x)	② AB (y)	③ BB (z)
① AA (x)	① x^2 ② 0 ③ 0	① $xy/2$ ② $xy/2$ ③ 0	① 0 ② 0 ③ xz
② AB (y)	① $xy/2$ ② $xy/2$ ③ 0	① $y^2/4$ ② $y^2/2$ ③ $y^2/4$	① $yz/2$ ② $yz/2$ ③ 0
③ BB (z)	① xz ② 0 ③ 0	① $yz/2$ ② $yz/2$ ③ 0	① 0 ② 0 ③ z^2

[①] Fudenberg, D. and D.Levine, The Theory of Learning in Games. Cambridge, MA: The MIT Press, 1998.

在表 7-8 中,行表示企业 1 的类型,列表示企业 2 的类型,它们的基因型和分布也标示在表中。每个行列交叉的单元格表示对应两类企业匹配的结果,并分别按孟德尔规律的 3 种结果列示它们发生的概率。需要指出,这些概率值既表示当期匹配时所使用货币类型,也表示本期结束后所更新成子代企业的类型。

将表 7-8 中的概率值按照匹配结果的类型累计,整理为表 7-9,其中行表示当期的企业类型,列表示它在交易中所使用的货币类型和交易后更新为子代企业的类型,每个行列交叉的单元格表示相应的概率。例如对于当期的①类企业,它以概率 x 与一个①类企业相匹配,使用货币①并形成 1 个子代的①类企业;以概率 y 与一个②类企业相匹配,并且有一半的可能性在匹配中使用货币①并形成 1 个子代的①类企业。则当期的①类企业在国际市场上使用货币①并形成 1 个子代①类企业的总概率为 $x+\dfrac{y}{2}$。这就是表 7-9 中左上角单元格中的概率值。

表 7-9 国际市场上使用货币和企业类型的转移矩阵

当期企业 \ 子代企业	① AA (x')	② AB (y')	③ BB (z')
① AA(x)	$x+\dfrac{y}{2}$	$\dfrac{y}{2}+z$	0
② AB(y)	$\dfrac{x}{2}+\dfrac{y}{4}$	$\dfrac{x+y+z}{2}$	$\dfrac{y}{4}+\dfrac{z}{2}$
③ BB(z)	0	$x+\dfrac{y}{2}$	$\dfrac{y}{2}+z$

不难看出,表 7-9 中的概率值构成了一个 3×3 阶的随机矩阵,它表示当期国际市场上企业交易所使用货币的类型,同时也是从当期到下一期国际市场上企业类型的转移矩阵。用 $w_0=(x,y,z)$ 表示三种企业类型的初始分布,对表 7-9 的每一列求期望,得到下一期($t=1$)国际市场上企业类型的分布 $w_1=(x',y',z')$,其中

①类企业(AA 型):$x'=x^2+xy+\dfrac{y^2}{4}$

②类企业(AB 型):$y'=xy+yz+2xz+\dfrac{y^2}{2}$

③类企业(BB 型):$z'=\dfrac{y^2}{4}+yz+z^2$

容易验证 $x'+y'+z'=1$，子代企业的总量保持不变，只是不同类型的比例发生了变化。

记 t 时期国际市场上所使用的货币类型分布为 $M_t=(m_t^1, m_t^2, m_t^3)$，其中上标表示货币类型，下标表示时期，则 $t=1$ 时期市场上使用的货币类型为：

①类货币：$m_1^1=x^2+xy+\dfrac{y^2}{4}$

②类货币：$m_1^2=xy+yz+2xz+\dfrac{y^2}{2}$

③类货币：$m_1^3=\dfrac{y^2}{4}+yz+z^2$

因此，国际市场上货币使用和企业类型的动态变化构成了一个 Markov 链，并且当期 3 种货币使用的分布与当期结束时 3 种子代企业类型的分布与在数值上是相等的。用 P 代表这个 Markov 链的转移矩阵，并假定由于惯性因素 P 在一定时期内保持恒定，$w_t=(x_t, y_t, z_t)$ 表示 t 时期企业类型的分布，则国际市场上货币使用和企业类型的演化过程可以用下面的方程描述：

$$w_t=w_{t-1}P \tag{7-1}$$

为了给模型增加一定的随机因素，我们引入基因突变，假定在两个①类企业相遇时以一个很小的概率 δ 使用货币③，交易结束后两个企业更新为③类企业。类似地，两个③类企业相遇时以一个很小的概率 δ 使用货币①，交易结束后两个企业更新为①类企业。此时的转移矩阵为：

$$P=\begin{bmatrix} x+\dfrac{y}{2}-\delta & \dfrac{y}{2}+z & \delta \\ \dfrac{x}{2}+\dfrac{y}{4} & \dfrac{x+y+z}{2} & \dfrac{y}{4}+\dfrac{z}{2} \\ \delta & x+\dfrac{y}{2} & \dfrac{y}{2}+z-\delta \end{bmatrix} \tag{7-2}$$

转移矩阵 P 的所有元素均严格为正，满足矩阵理论中的 Perron-Frobenius 定理，因而给定企业类型的初始分布 w_0，存在企业类型的极限分布 w：

$$wP=\lim_{n\to\infty}wP^nP=w\lim_{n\to\infty}P^{n+1}=w_1w=w \tag{7-3}$$

三、数值模拟

以上国际货币体系演化的模型随系统参数的变化将呈现出多种差异很

大的动态过程。为说明起见,记国际市场上三种类型企业的初始分布 $w_0 = (x, y, z)$,我们选取不同的初始条件,用 MATLAB 软件模拟国际货币体系的演化过程。

(情形一)有一种主导国际货币

如果初始国际市场上绝大多数企业是①类企业,则货币①将成为主导国际货币。例如取 $w_0 = (0.92, 0.04, 0.04)$,$\delta = 0.01$,由(7-2)式得转移矩阵为

$$P = \begin{bmatrix} 0.93 & 0.06 & 0.01 \\ 0.47 & 0.5 & 0.03 \\ 0.01 & 0.94 & 0.05 \end{bmatrix}$$

利用递推关系 $w_{t+1} = w_t P$,进行 30 次迭代后收敛到企业的平稳分布 $w_{30} = (0.8592, 0.1277, 0.0131)$,这也等于系统稳定时三种货币使用量的分布。如图 7-4 所示。因此,绝大部分企业在国际交易中使用货币①,一小部分企业在国际交易中使用货币②,只有很少部分企业在国际交易中使用货币③。

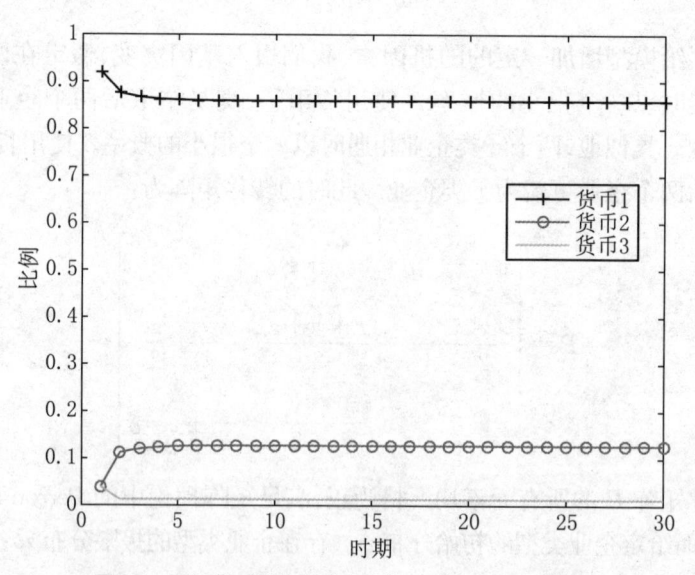

图 7-4 国际货币演化的动态路径(只有一种国际货币)

(情形二)一种主要国际货币和一种次要国际货币并存

如果初始国际市场上①类企业的比重并不占绝对优势,则货币①将成为主要国际货币,同时还存在一种次要国际货币。例如取 $w_0 = (0.80, 0.08,$

0.12),$\delta=0.01$,由(7-2)式得转移矩阵为

$$P = \begin{bmatrix} 0.83 & 0.16 & 0.01 \\ 0.42 & 0.5 & 0.08 \\ 0.01 & 0.84 & 0.15 \end{bmatrix}$$

利用递推关系 $w_{t+1}=w_t P$,进行 30 次迭代后收敛到国际货币使用的平稳分布 $w_{30}=(0.6881, 0.2777, 0.0342)$,如图 7-5 所示,这非常接近于当前国际货币体系中美元、欧元和其他货币的使用情况。

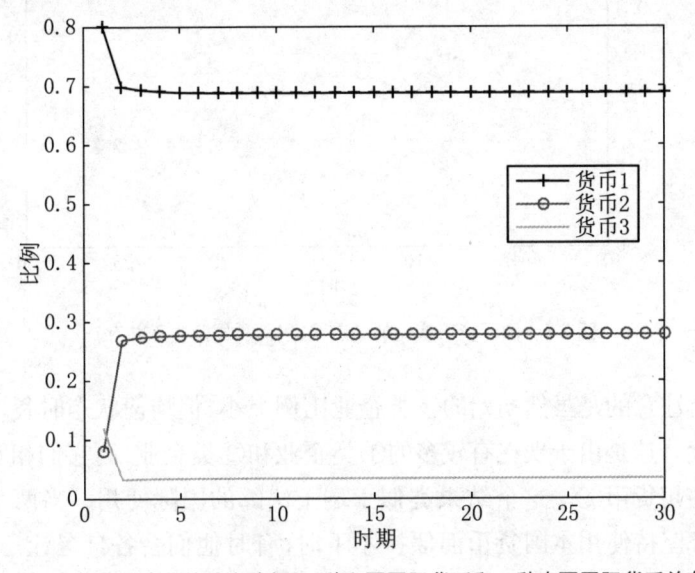

图 7-5 国际货币演化的动态路径(一种主要国际货币和一种次要国际货币并存)

（情形三）两种主要国际货币并存

如果初始国际市场上①类企业的比重只是相对较大,则将出现两种主要国际货币,同时还存在一种次要国际货币。例如取 $w_0=(0.60, 0.08, 0.32)$,$\delta=0.01$,由(7-2)式得转移矩阵为

$$P = \begin{bmatrix} 0.63 & 0.36 & 0.01 \\ 0.32 & 0.5 & 0.18 \\ 0.01 & 0.64 & 0.35 \end{bmatrix}$$

利用递推关系 $w_{t+1}=w_t P$,进行 30 次迭代后收敛到国际货币使用的平稳分布 $w_{30}=(0.4035, 0.4623, 0.1342)$。如图 7-6 所示,这时三种货币都在

国际市场上得到使用,货币②和货币①的使用量较大,属于主要国际货币,而货币③的使用量较小为次要国际货币。

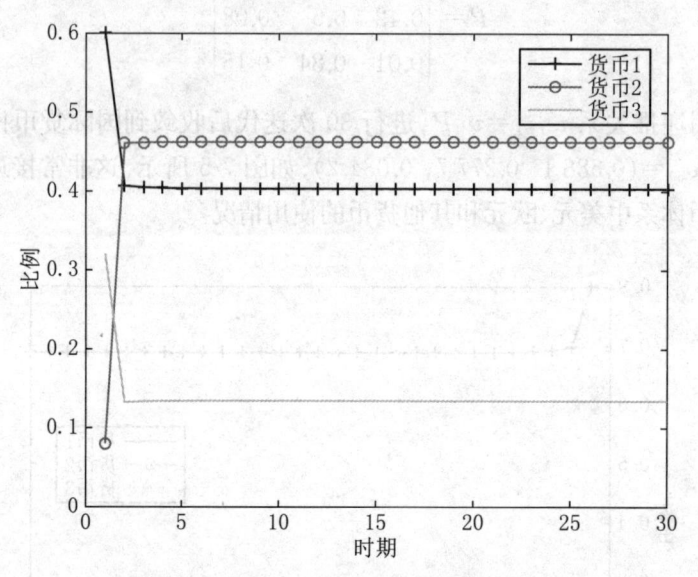

图 7-6　国际货币演化的动态路径(两种国际货币并存)

值得注意的是虽然初始的②类企业比例很小,但均衡状态时货币②的使用量最大。这是由于现在有较多的①类企业和②类企业,而它们相互匹配时会选择使用货币②。这个结果类似于瑞士法郎的国际使用。当两个国家的交易者都坚持使用本国货币而僵持不下时,有时他们会各自退让一步,转而选择某个第三国的货币来进行交易。

四、布雷顿森林体系以来国际货币体系的演化特点

以上是非常简化的国际货币体系演化模型及其数值模拟结果,却对 1944 年布雷顿森林体系建立以来国际货币体系的发展变化做出了相当准确的描述。"二战"以后的 70 多年,国际货币体系大致经历了我们模型中从情形一向情形二的演化过程。在 1999 年之前,国际货币体系是以美元一种国际货币为主导,而 1999 年以来是美元作为主要国际货币和欧元作为次要国际货币并存。我们对这个演化过程的特点作一些分析。

(一)美元主导国际货币体系的原因是没有可以比肩的竞争者

从 1944 年到 1999 年的半个世纪里,美元是国际货币体系中毋庸置疑的

唯一核心。1973年布雷顿森林体系结束之前自不待言，1973年到1999年之间也是如此。

从1972年到1998年，通常认为是国际货币体系美元地位开始下降的时期。这个时期一个显著的事件是日元国际化。如图7-7所示，以日元计价发行的国际债券，1972年1季度仅占美元计价国际债券的7.3%，到1977年1季度下降到只占美元计价国际债券的2.5%。此后，日元计价国际债券的发行出现一个明显上升，到1978年4季度达到约占美元计价国际债券10%的水平。1985年起，随着《广场协议》的签署，日元国际化迅速上升，至1995年2季度达到历史最高值47%。但这只是昙花一现，日元计价国际债券占美元计价国际债券的比重又迅速下降到1998年底的23%左右。另一种国际货币英镑的比重更低，不足20%。

图 7-7　按币种分的全球国际债券发行量(占美元的百分比)

• 资料来源：国际清算银行(BIS)的国际债券统计数据库。

与美元相比，日元在官方国际储备、国际贸易结算等国际货币职能上的差距更加悬殊。由于这方面的历史数据严重不足，我们只作一个大致的描述。

如下表7-10所示，1969年日本对世界的出口总额中，以美元计价的占90%，而以其本币日元计价的不足1%。随着日本经济的发展，日元计价的比例有了很大的增加，1973年超过10%，1980年接近30%，1983年首次超过40%。但此后，日元计价的比例有所回落，在30%到40%之间波动，很少再超过40%。相应地，美元计价的比例从90%降低到1992年最低值46.6%后，基本稳定下来,仍然是日本出口商品计价的第一位货币。

表 7-10　日本出口商品的计价货币　　　　　　　　　（单位:%）

	1969	1970	1975	1980	1985	1990
日元	0.6	0.9	17	28.9	39.3	37.5
美元	90.1	90.5	78.5	66.3	52.2	48.8
	1995	1997	1998	2000	2001	2002
日元	36	35.8	36	36.1	35.6	36.7
美元	—	—	—	—	—	—

- 数据来源:1982 年以前数据来自日本银行,1982 年以后数据来自日本通产省。转引自 Fukuda 和 Ono(2006)。

如果说日元国际化在日本自己的出口商品计价中尚且不能超过美元,可想而知,在东亚和世界其他国家中使用日元作为出口商品计价的比重只会更低,因为货币国际化的规律是首先表现在货币发行国的对外贸易中使用。在日元国际化程度最高的 20 世纪 80 年代,主要只有日本本国企业以及少数接受日本政府援助、与日本保持密切贸易和投资联系的国家及其企业愿意在国际交易中使用日元,这是导致日元国际化难以持续推进的重要原因。日元以外的其他货币如英镑、德国马克、瑞士法郎、法国法郎等,更不能对美元的国际核心货币地位产生威胁。

(二) 欧元诞生后成为美元的竞争者

欧元的诞生使国际货币体系的格局发生重大的变化。欧元虽然不能与美元比肩,但是已经可以让美元感到切实存在的挑战和竞争。

首先是外汇储备。如表 7-11 所示,1998 年德国马克在全球可识别的官方外汇储备中的总额为 1 769 亿美元,约合美元储备的 19.9%,是第二大国际储备货币。但是在 1999 年欧元创立后,欧元合并了它所替代的各欧洲货币的储备份额,总额达到 2 246 亿美元,占美元储备的比重上升到 25.5%。

表 7-11　欧元创立前后的全球可识别官方外汇储备　　　单位:十亿美元

	1997	1998	1999Q1	2000Q1	2001Q1	2002Q1
总　额	1 273.4	1 282.8	1 239.4	1 400.6	1 507.6	1 576.8
美元	828.9	888.7	882.3	1 000.9	1 090.7	1 129.4
欧元	—	—	224.6	245.2	267.0	310.2
英镑	32.9	34.1	34.0	40.9	41.8	42.1
日元	73.5	80.0	74.7	88.8	83.1	69.1
瑞士法郎	4.4	4.2	3.6	3.6	4.1	4.9

(续表)

	1997	1998	1999Q1	2000Q1	2001Q1	2002Q1
德国马克	184.4	176.9	—	—	—	—
ECU	77.3	16.6	—	—	—	—
法国法郎	18.3	20.8	—	—	—	—
荷兰盾	4.5	3.5	—	—	—	—
其他货币	49.2	57.8	20.1	21.3	21.5	21.1

- 注：ECU 为欧洲货币单位，"—"表示无此数据。由于四舍五入误差，表中各列数据加总后可能不等于总额。
  资料来源：IMF 的 COFER 数据库。

在全球可识别的官方外汇储备中，1999 年 1 季度欧元创立时占比为 18.12%，美元占比为 71.19%。到 2009 年 3 季度，欧元储备的占比达到历史最高值 28.02%，美元储备相应地下降到最低水平 61.56%，欧元储备占美元储备的比重上升到 45.5%。

欧元在国际债券发行量中所占的份额增长更快。如图 7-8 所示，从 1993 年 3 季度开始在国际市场上有以欧洲货币单位（欧元的前身）计价的国际债券发行，但数量仅有 1.62 亿美元，此后直到 1998 年 4 季度才增加到 28.9 亿美元，跟当季度美元计价的国际债券量 1.81 万亿美元相比不值一提。但是从 1999 年 1 季度欧元进入取代原来各国货币的过渡期开始，以欧元计价发行的国际债券迅速增加到 1 604 亿美元。在 2002 年 1 季度欧元正式流通后，欧元计价发行的国际债券增长更快，到 2004 年 2 季度达到 3.92 万亿美元，首次超过了美元计价的国际债券量 3.84 万亿美元。到 2008 年 2 季度，以欧元计价发行的国际债券量达到 10.12 万亿美元，几乎是当时美元计价的国际债券量 5.82 万亿美元的 2 倍。

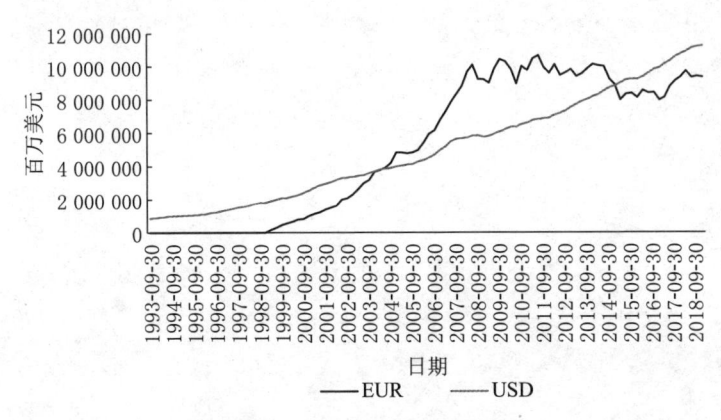

图 7-8 按币种分的全球国际债券发行量

- 资料来源：国际清算银行(BIS)的国际债券统计数据库。

欧元国际地位的迅速上升,表明国际货币体系已经从美元一枝独秀的单极体系过渡为以美元为主、欧元为次的准双极体系。当然欧元的地位仍然与美元相比有明显差距,但更重要的是美元从此开始有了一个现实的竞争者。这个局面的形成,大致有以下几个原因:一是欧元区和欧盟作为一个整体在经济实力上与美国大体相当,二是在欧元区周边国家和非洲、拉丁美洲的欧洲前殖民地国家更愿意在与欧洲的贸易和投资中使用欧元,三是一些交易由于地缘政治等原因希望避免使用美元,现在有了一个自然的替代者。虽然没有相关的统计数据,鉴于欧元区的经济体量和在全球政治经济体系中的影响力都远超过日本,我们可以合理地推测在国际市场中愿意使用欧元的企业比起20世纪80年代愿意使用日元的企业有了显著的增加,导致国际货币体系的演化从我们模拟的情形一变为情形二,即一种主要国际货币与一种次要国际货币并存。

第八章
日元国际化的演化分析

日元国际化的历史，与日本作为国家的历史一样，是世界近现代史上的一个特例。日元是截至今日全世界非西方货币中能称为"国际货币"的唯一案例。但是，与日本成为西方国家第二大经济体的辉煌不同，日元的国际化并不算很成功，其中的教训可能更多于经验。人民币的国际化，与中国的现代化一样，都需要认真地对待和学习日元及日本在发展过程中的历史经验和教训，借鉴其成功之处并防止重蹈其犯过的错误。

第一节 日元国际化的演化史

一、明治维新后日本货币制度的近代化改革

（一）明治以前的日本货币制度

日本原本只是东亚海上一个无足轻重的岛国，在漫长的历史时期中经济文化远远落后于亚洲大陆的中国，并且以向中国学习作为基本国策。但是进入 19 世纪后，随着中国清政府在鸦片战争中败给英国，日本迅速意识到中国已经不再是它学习的榜样。1854 年，美国东印度舰队司令佩里将军率领 7 艘军舰进入东京湾，强迫日本签订了《日美亲善条约》。1858 年，美国总领事哈里斯又恐吓日本幕府签订《日美修好通商条约》，打开了与日本进行贸易、通商的大门。在国内外革新与保守力量激烈交锋后，1867 年刚刚继位 1 年、年仅 16 岁的明治天皇颁布《王政复古大号令》，决定废除幕府，成立新政府，一切权力收归天皇。粉碎少数地方的反叛后，1868 年日本正式开始"明治维新"，实行了全面向西方学习的政治、经济、文化和社会改革。

在明治维新以前，日本基本是模仿中国唐代的货币制度。在第一个封建主义时期镰仓时代（1185—1333 年），日本的商品经济有了较大的发展。新的耕作技术和灌溉工程增加了农业的产量，使更多的农副产品可以进入市场，新的手工艺人也大量出现。由于日本政府已经很久没有铸造过硬币，市场中

主要的交易媒介是来自中国的铜钱。当然未经铸造的金银贵金属可以按照其重量使用。封建主开始以多少贯钱来衡量他们的封地,而不再用粮食。随着交换经济的扩大,商品买卖也都远距离地进行,货币变得十分需要,出现了专职或兼职的货币兑换商和典当业者。贵族和寺庙由于拥有大量的储备,通过商业及高利贷谋取了更多的利润。1404年日本与中国明朝达成官方贸易协议,日本向中国出口纯铜、硫磺等矿产品和折扇、屏风、腰刀等制作物,并从中国获得大量的现钱(1454年达到5万贯)及生丝、瓷器、绘画、书籍等。①

江户时代的日本流通市场实行的是金、银、铜钱并存的三货币体制。在元禄以前,市面流通的金银基本都是关原之战以后德川氏所铸的庆长金银,其中金币分为大判、小判、一分判等;银币分为丁银、豆板银等。庆长大判的成色为金67.2%、银29.4%,其余部分为铜。不过,一般情况下大判并不作为正式的货币进入市场流通,而是用作将军赏赐、大名进献及上层社会之间的赠答。小判的成色高达85.69%,一枚小判即通常所称的"一两",更小的一分判则相当于小判的1/4。银货方面,通常的成色为银80%、铜20%。除了金银之外,铜钱更多地在普通庶民之间流通,一枚铜钱称为一文。

由于财政困难,1688年发生了"元禄改铸",增加货币的数量而降低金银的成色。金币则减少金增加银,银币则减少银增加铜,如元禄小判的含金量下降到57.37%,但规定的流通价值却与庆长小判相同。幕府通过货币改铸获得价值500万两白银的收益,而物价则上升了近5成。此后,又曾经先后于1711年改铸发行银含量只有20%的"四宝银",于1714年将金银成色恢复到庆长金银的"正德改铸",于1736年两次降低金银成色,即"元文改铸",于1818年进行"文政改铸"。

(二)明治维新确立的日本货币制度

明治维新之时,日本国内的货币流通十分混乱。市场上除了明治政府发行的太正官钞外,各藩发行各自的藩钞(纸币),德川时代铸造的各种金银货币也继续使用。为了巩固国家的经济基础,1871年明治政府公布《新币条例》,规定日本的货币单位为日圆(円),又称作日元。明治政府将1日圆的币值订定为与纯金1 500毫克等值,并设有次一级的币值单位钱,相等于0.01日圆。金币为无限通用的本位货币,银币和铜币作为辅币同时使用。1874年日

---

① 〔美〕霍尔:《日本史》,商务印书馆,2015年,第86页。

本走向银本位,规定 1 日圆等于 90% 成色的 416 格令白银,与同期西洋银元白银含量非常接近。1875 年,政府发行了仅在开港地区使用的贸易银,并于 1878 年承认贸易银可以在国内无限制流通。1897 年(明治 30 年),日本实行金本位,规定 1 日圆等于 750 毫克黄金(0.75 克),1 美元等于 2.005 日圆,一直维持到 1917 年。

1882 年,日本政府设立了日本银行,并于 1885 年开始发行可兑换的银行券(日本银行兑换银券)。1883 年,日本大藏省修改《国立银行条例》,取消了国立银行的纸币发行权,从而确立了作为中央银行的日本银行为唯一纸币发行机构的地位。1885 年日本银行券的流通额仅占总流通货币额的 2%,但在 1889 年就上升到总流通货币额的 42%。1899 年,以前由政府和国立银行发行的纸币停止使用,日本国内流通的纸币统一为日本银行发行的银行券。1888 年颁布的《兑换银行券条例修正案》规定可以以政府公债为抵押担保发行,使纸币的发行可以超过准备金,这种中央银行的形式已经接近于当时的先进国家。①

第一次世界大战期间,日本与各国一样暂时取消了金本位,并于战后恢复,汇率保持在 2.5 日元兑 1 美元左右的水平上。20 世纪 20 年代,日本受到通货膨胀、关东大地震和金融恐慌的不断冲击,国际收支恶化,日本银行的黄金储备由 1929 年末的 13.43 亿日元减少到 1931 年末的 5.57 亿日元。在 1931 年英国被迫取消金本位后,日本在 12 月 17 日也宣布取消金本位,禁止黄金出口。1932 年 1 月,日本颁布《关于停止银行券与黄金兑换的敕令》,从此彻底退出了金本位制。此后,日元汇率呈小幅下降趋势,1934 年为 1 美元兑 3.45 日元,太平洋战争爆发前的 1941 年为 1 美元兑 4.2 日元。

二、伴随日本扩张的日元早期国际扩张

(一)日元在朝鲜半岛的使用

由于国内资源匮乏,日本在历史上就有过侵占朝鲜半岛染指东亚大陆的野心。1592 年,刚刚统一日本的丰臣秀吉就发兵 14 万人入侵朝鲜并攻克平壤,后被中国明朝援军击败。1894 年,明治维新后羽翼渐丰的日本统治集团利用朝鲜国内"东学党运动"之机派兵登陆仁川,并于 7 月占领朝鲜王宫,扶持傀儡政权,迫令其"请求"日本军队驱逐在朝鲜的清朝军队,引发了中日甲午

---

① 〔日〕浜野洁:《日本经济史:1600—2015》,南京大学出版社,2018 年,第 100 页。

战争。结果清军战败,清政府在《马关条约》中承认朝鲜独立。1905年日本战胜俄国后,逐渐吞并了朝鲜半岛。

日元在朝鲜的流通许可起始于1876年《日韩修好条约》的签订。1884年,日本第一银行与朝鲜王国签订协议,代理朝鲜的关税管理业务。1901年,日本第一银行获准发行银行券在朝鲜国内流通。1905年1月,日本通过《韩国货币整理案》获得了使用韩国国库金、无限流通日本第一银行券的权力。1910年日本迫使朝鲜政府签订《日韩合并条约》,吞并了朝鲜为其殖民地。日本第一国立银行在朝鲜的央行业务则由作为日本特色银行的"韩国银行"接管,并按照与日元1∶1的比例发行朝鲜银行券作为货币流通。1911年,根据日本制订的《朝鲜银行法》将"韩国银行"改名为"朝鲜银行",继续办理在朝鲜的央行业务。

(二) 日元在中国台湾地区和中国东北地区的使用

日本通过《马关条约》侵占了中国台湾地区。1897年3月日本国会通过《台湾银行法》,11月成立"台湾银行创立委员会",开始筹备台湾银行的工作,并于1899年设立特殊银行"台湾银行",这是日本在台湾最早的银行。日本"台湾银行"作为中国台湾地区的"中央银行"发行"台湾银行券"并与日元挂钩,作为中国台湾地区的通用货币使用。最早期版本的台湾银行券采取银本位制,其面额有:1897年9月29日发行之壹圆银券,12月25日发行之伍元银券,1900年12月3日发行之伍拾元纸钞,2月5日发行之拾元券。为改造银券发行后的弊端,1903年9月16日,由台湾总督府建议将银券改为与日本所流通相同的金券。1904年7月1日发行壹圆金券,8月26日发行伍元券,1906年8月1日再推拾元券。这些钞券的图案均未另行设计,直接采用日本钞券图案,只修改了颜色与文字。

1931年"九一八事变"后,日本在中国东北扶持"伪满洲国"傀儡政权,同样与日元挂钩发行"伪币",在中国东北地区流通。"满洲国圆"发行之初和中国的货币一样,都是采用银本位制,定位为23.91克的纯银,相当于银元一枚。一共发行了五种面额的纸币,分别是一百圆、十圆、五圆、一圆和五角。1935年11月,在"日满货币一元化"原则下,"满洲国圆"以1∶1固定比价依附于日元。自1940年开始,"满洲国圆"就开始用来衡量与美国、德国、日本等国的进出口贸易情况。到1935年,日本对其亚洲扩张圈(包括中国台湾地区、"伪满洲国"、关东州,以及朝鲜)的贸易进出口占其对亚洲贸易总量的六成左右,这些贸易均以日元为最终结算货币,这些区域在当时体系下形成

"日元区"。

（三）第二次世界大战期间日元在东南亚的国际使用

1941年，日本几乎同时进攻英国控制的马来半岛和偷袭美国珍珠港，导致太平洋战争爆发。此后，日本迅速占领了菲律宾、马来西亚、缅甸、新加坡、所罗门群岛，以及中国香港地区等地，推行"大东亚共荣圈"政策。日本大藏省公布了所谓"大东亚共荣圈"内的货币对外价值基准，由原来的英镑或美元改为日元，并导入了日元结算制度和综合清算制度。随着1945年日本战败，以殖民侵略为背景的日元早期国际扩张也以失败告终。

三、"二战"后的日元国际化

通常研究日元国际化的文献把研究时间限定在第二次世界大战以后，因此这个阶段的文献和数据比较丰富。我们把战后70多年的日元国际化分成三个阶段:战后的汇率改革和经济恢复阶段；日元国际化的快速发展阶段；日元国际化的长期停滞阶段。

（一）战后的汇率改革和经济恢复阶段（1945—1971年）

在"二战"结束时的1945年9月，汇率被规定为1美元兑15日元。但当时日本几乎已成为一片废墟，日元汇率被严重高估，因此1947年3月改为1美元兑50日元，1948年7月又改为1美元兑270日元。即使这样，日本产品的出口仍然没有国际竞争力，因此在实践中采取复汇率制度，例如生丝出口的汇率为420日元，轮胎出口的汇率为570日元。为了限制进口，则规定棉花的进口汇率为250日元，橡胶的进口汇率为154日元。这种复杂的汇率制度造成国际贸易的困难，并加重了日本政府的补贴负担。

1949年，时任底特律银行总裁的约瑟夫·道奇作为美国总统公使、占领军经济顾问来到日本。他认为要安定日本经济，稳定物价、平衡财政收支是关键，因此有必要实行统一的汇率制度，并提出了被称为"道奇路线"（Dodge Line）的经济方针，其中包括了实行1美元换360日元的、比1948年杨格使节团提议的300日元更低的固定汇率制度。这个日元价值更低的汇率水平从1949年4月开始实施，到1971年因美元冲击而崩溃，一共维持了20多年，极大地促进了日本的出口。此外，受益于1950年朝鲜战争爆发所产生的"特需景气"，日本在第二次世界大战后十年间，实现了国民经济的恢复，完成了从战后统治经济向市场经济的转轨。到1955年，日本经济已全面恢复甚至超过战前水平。同年，日本加入了关税与贸易总协定（GATT），实行原则上自由的贸易政策,在50年代提出的"贸易立国论"指导下,日本对外贸易迅速发展。

在1955—1972年间,日本国民生产总值实现了飞速增长,年均增速接近10%。如表8-1所示,日本政府曾分别于1955年和1957年制订了《经济自立五年计划》和《新长期经济计划》两份五年经济增长计划,均提前大幅实现。日本政府1960年又出台名为《国民收入倍增计划》的经济十年规划,再次极大地刺激了日本经济增长,日本国民生产总值先后于1967年和1968年超过英国和联邦德国,成为仅次于美国的世界第二大经济体。在日本成为世界第二大经济体之际,1967年5月日本经济调查协议会发布了《日元国际化地位》报告,提出应使日元的国际地位与日本经济发展水平相匹配。

表8-1 战后日本经济计划及完成情况(1955—1971年)　　　　　　单位:%

计划名称	制定时间	计划期间	计划目标	实际增长
经济自立五年计划	1955年12月	1956—1960年(5年)	5.0	8.8
新长期经济计划	1957年12月	1958—1962年(5年)	6.5	9.7
国民收入倍增计划	1960年12月	1961—1970年(10年)	7.8	10.0
中期经济计划	1965年12月	1964—1968年(5年)	8.1	10.1
经济社会发展计划	1967年3月	1967—1971年(5年)	8.2	9.8

• 资料来源:冯昭奎,《日本经济(第二版)》,高等教育出版社,2005年,第61页。

(二) 日元国际化的快速发展阶段(1971—1991年)

在布雷顿森林体系时期,从交易成本来考虑,在对外贸易中采用美元计价是企业的最优选择,这一时期的日本对外贸易中少有企业采用日元计价,即便是在经历了第二次美元危机后的1970年,日本出口中也只有0.9%使用日元计价,而进口中则只有0.3%。但是从1971年布雷顿森林体系解体后,日本开始积极主动地推行日元国际化的战略,日元的国际使用也随之进入一个近20年的快速发展阶段。

这个快速发展阶段表现在以下几个方面:首先是日元在日本的对外贸易中得到了较多的使用。如表8-2所示,1970年时日元结算在日本的出口贸易中的比重只有0.9%,在日本的进口贸易中的比重更低,为0.3%。在1970年,日本进口中美元结算的比例为80%,出口中美元结算的比重更高达90.4%。随后,日元首先在日本的出口贸易中得到较多使用,1975年占比上升到17.5%,1980年达到28.9%,1983年上升到最高水平42%,与当年的美元结算占比相差只有约8个百分点。此后,日元结算占比小幅下降到35%左右的水平。美元结算在日本出口贸易中的占比则稳定在50%左右。

表 8-2 日本进出口贸易中日元和美元结算的比重(1970—1990 年) 单位:%

年 份	出 口		进 口	
	日元占比	美元占比	日元占比	美元占比
1970	0.9	90.4	0.3	80.0
1975	17.5	78.0	0.9	89.9
1976	19.4*	—	—	—
1977	18.8*	—	1.2*	—
1978	19.8*	—	1.6*	—
1979	24.9*	—	2.4*	—
1980	28.9	66.3	2.4	93.1
1981	31.8	62.8	—	—
1982	33.8	60.9	—	—
1983	42.0	50.2	3.0	—
1984	39.5	53.1	—	—
1985	39.3	52.2	7.3	—
1986	36.5	53.5	9.7	—
1987	33.4	55.2	10.6	81.7
1988	34.3	53.2	13.3	78.5
1989	34.7	52.4	14.1	77.3
1990	37.5	48.8	14.5	75.5

• 资料来源:转引自付丽颖,《日元国际化与东亚货币合作》,商务印书馆,2010 年,第 43 页。

相比于日元在日本出口计价中的快速增长,日元在日本进口中的比例则增长缓慢,1977 年才突破 1%,到 1987 年突破 10%,此后保持在约 15%的水平。美元结算在日本进口贸易中的占比则在 75%左右的较高水平。日元国际使用在日本进出口贸易中的明显差异,与日本的贸易结构有关。从 20 世纪 70 年代开始,日本的出口产品结构升级,以钢铁、机械、船舶、电子产品等高附加值的工业制成品为主,在国际贸易中有较强的谈判能力要求使用日元结算。而日本的进口主要是矿产品、石油等,这些大宗商品的定值货币通常是美元。

横向来看,日元虽然在日本对外贸易中,尤其是在日本对外出口中,越来越多地被使用,但相比世界其他主要发达国家,日元在日本对外贸易中计价结算的比重仍偏低,日元国际化仍处于起步阶段。1980 年,日本进出口本币计价比例仅为 2.4%和 28.9%,而同期美国为 85%和 97%,德国为 43%和 82.3%,英国为 38%和 76%,法国为 33.1%和 62.5%。

其次我们来分析一下日元在全球外汇储备中的地位变化。储备货币的惯性比贸易结算货币更强,因为贸易结算货币的交易周期通常也就一两个月,货币风险比较容易在外汇市场上对冲,但储备货币要求在较长时期内能够保持稳定的价值。1976年,全球外汇储备中美元资产的比重遥遥领先,占76.5%,德国马克的比重为第二位只有9%,日元、英镑、瑞士法郎、法国法郎和荷兰盾等第三档次货币的占比只有2%左右,所有其他货币的总和在全球外汇储备中只占5.9%。此后直到1990年,随着马克和日元国际化的发展,美元资产的占比逐渐下降到约56%,马克资产的占比上升到约19%,日元资产的占比上升到约9%。虽然马克的占比仍然高于日元,但是从增长比例看日元比1976年增加了4倍多,马克则只增长了1倍多,可见日元的国际化速度还是相当快的。

表8-3 全球外汇储备中主要货币的比重(1976—1990年) 单位:%

年份	美元	马克	日元	英镑	瑞郎	法郎	荷兰盾	其他
1976	76.5	9	2	1.8	2.3	1.6	0.9	5.9
1977	77.9	9.2	2.3	1.7	2.4	1.3	0.9	4.3
1978	75.6	11	3.2	1.7	2.3	1.2	0.9	4.2
1979	72.8	12.6	3.5	2	2.7	1.4	1.1	4
1980	66.7	15.1	4.2	3	3.2	1.7	1.3	4.8
1981	69.4	13.2	4.1	2.2	2.8	1.4	1.2	5.7
1982	68.5	12.5	4.2	2.5	2.7	1.4	1	7.2
1983	69.1	11.9	4.2	2.6	2.4	1.2	0.8	7.8
1984	70.1	12.6	5.8	2.9	2	0.8	0.7	5.1
1985	65	15.2	8	3	2.3	0.9	1	4.6
1986	67.1	14.6	7.9	2.6	2	0.8	1.1	3.9
1987	67.9	14.5	7.5	2.4	2	0.8	1.2	3.8
1988	64.7	15.7	7.7	2.8	1.9	1	1.1	5.1
1989	60.3	19.1	7.8	2.7	1.5	1.4	1.2	6
1990	56.4	19.7	9.1	3.2	1.5	2.1	1.2	6.8

• 注:由于四舍五入误差,各年度比重之和可能不等于100%。
资料来源:转引自付丽颖《日元国际化与东亚货币合作》,第45页。

在亚洲国家的外汇储备中,日元资产的比重更高。如表8-4所示,1980年美元资产占亚洲国家外汇储备的48.6%,马克占20.6%,日元占13.9%,英镑占3%。此后直到1987年,美元资产占亚洲国家外汇储备的比重不断下降,1987年只有41.2%,马克资产的占比也下降到约16%的水平。亚洲国家外汇储备中显著增长的资产是日元,到1987年占比上升到30%,比1980年增加了1倍多。不过日元并没有在这个高水平上保持住,到1990年就下降到约17%,只比马克资产的占比略高约3个百分点。而美元资产从41.2%的最低值又上升到约62.7%。由于亚洲国家是日本的重要贸易伙伴,也是日本对外投资的主要对象国,亚洲国家持有较高的日元储备是合乎情理的。但是

1987年日元占比达到30%的超常水平可能与日元在《广场协议》后升值所导致的外汇资产估值效应有关。

表8-4 亚洲国家外汇储备中主要货币的比重(1980—1990年)　　　　单位:%

年份	美元	马克	日元	英镑	年份	美元	马克	日元	英镑
1980	48.6	20.6	13.9	3	1986	48.4	16.7	22.8	3.6
1981	54.4	18.9	15.5	2.5	1987	41.2	16.7	30	3.9
1982	53.2	17.6	17.6	2.7	1988	46.7	17.4	26.7	4.2
1983	55.7	16.7	15.5	2.9	1989	56.4	15.2	17.5	6.4
1984	58.2	14.6	16.3	3.5	1990	62.7	14.2	17.1	4.9
1985	44.8	16.4	26.9	4.1					

· 资料来源:转引自于泽,《人民币崛起与日元之殇》,上海三联书店,2016年,第111页。

(三)日元国际化的长期停滞阶段(1991年至今)

进入20世纪90年代,随着资产泡沫的破裂,日本进入了战后经济发展最为缓慢的阶段。1991—1995年,日本GDP的年均增长率只有0.6%,不仅是日本战后增速最低的五年,也落后于同期主要发达国家。与此同时,由于日本对美国仍存在巨额的贸易顺差,日元兑美元汇率在日本经济不景气的情况下继续升值,并在1995年4月突破80日元兑1美元。1998年底日本官方估计的日本银行不良债权总额为87.5万亿日元,而美国标准普尔公司给出的数据达到了150万亿日元,庞大的不良资产规模严重影响了国际投资者对日元的信心。

我们首先用可以得到的最长时间序列数据来描述一下日元国际化的这个转变过程。图8-1是国际清算银行统计的全球国际债券发行中日元债券和美元债券的比重,是从1972年1季度到2018年4季度的季度数据,也是货币国际化衡量指标中时间最长、频率最高和最完整的一个数据。从图中可见,日元债券占全球国际债券发行的比重,从1972年的约5%起步,在1988到1994年间最高上升到约25%,随后一路下降,2009年全球金融危机后日元债券占全球国际债券发行的比重下降到4%以下。对比之下,美元债券的比重从1972年占全球国际债券发行总量的90%开始,1997年之前最低下降到约58%,在欧元投入使用后最低下降到约30%,但全球金融危机后美元债券的比重又逐渐上升到近50%。虽然国际债券发行的货币比重不一定能全面表征货币国际化的整体状况,但20世纪90年代以来日元国际化进入长期的停滞甚至萎缩阶段,这个判断是可以成立的。

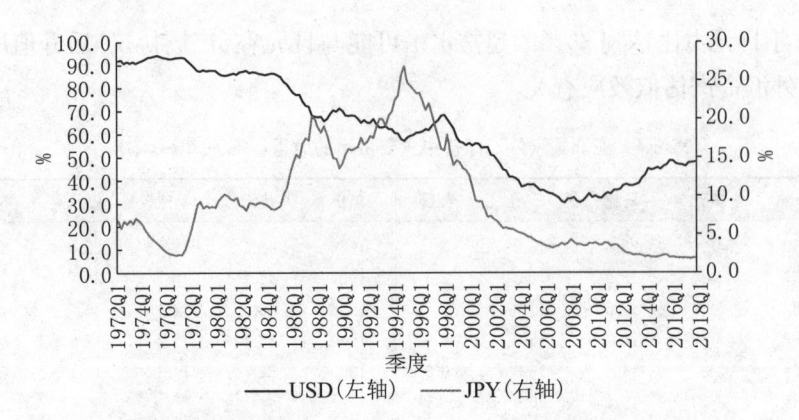

图 8-1　全球国际债券发行中日元债券和美元债券占总额的比重(1972—2018 年)

· 资料来源:国际清算银行(BIS)国际债券数据库。

另一个比较完整的数据是 IMF 的全球官方外汇储备数据,它从 1999 年欧元创立后数据更新频率增加为季度。从图 8-2 中可以看到,美元在全球官方外汇储备中的比重基本稳定在 60%至 70%之间,而日元在全球官方外汇储备中的比重则从接近 7%的较高水平下降到最低 3%,全球金融危机后略微回升到近 5%,2017 年特朗普政府上台后逐渐增加到约 6%,但与美元的比重仍差了 1 个数量级。这也印证了 20 世纪 90 年代以来日元国际化在相对不高的水平上长期停滞不前。

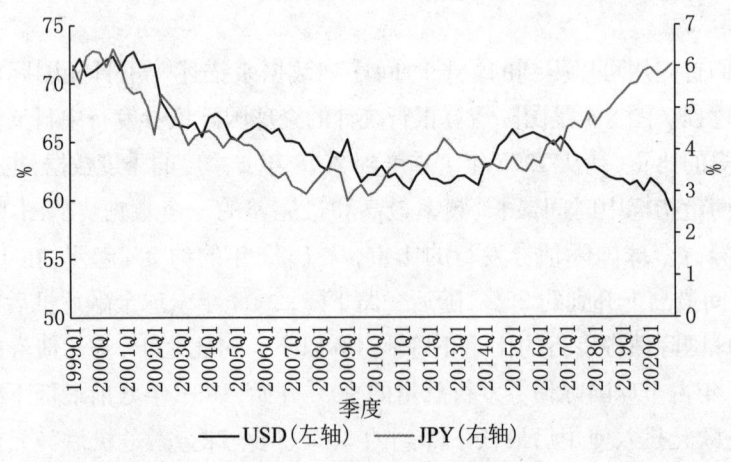

图 8-2　全球官方外汇储备中日元和美元占总额的比重(1999—2020 年)

· 资料来源:IMF 数据库。

第二节 日元国际化的演化动力

在第二次世界大战之前的日元国际使用过程中,伴随着日本明治维新后的对外殖民扩张。这种方式的货币国际化在当今的世界已经不可能再发生,因此我们只研究"二战"之后的日元国际化动力。

一、快速的经济增长引致货币走向国际化

如同英镑和美元的国际化一样,经济增长也是日元国际化的根本动力。日本河合正弘教授指出:"哪个国家的经济规模越大,并且拥有自由的金融、资本、外汇市场,那么,以哪个国家的货币计价的金融资本交易就越大。于是,从规模的经济性看,交易成本、探索成本、信息成本就会下降,流动性、运用与筹集的便利性则将增大。这个国家的货币作为资产货币,将被多数国家使用和持有。"[①]从 1945 年战败投降到 1951 年日本与美国等盟国签订《旧金山和约》,日本处于以美国为主的盟军占领之下,经济百废待兴,日元在日本国内的价值都不稳定,还与美元保持复杂的多重汇率制度。这种情况下自然不会有日元国际化的可能。随着日本战后经济的恢复和快速增长,日本不断积累外汇储备,到 1964 年已经恢复了经济项目下的日元可兑换,这给日元用于国际计价结算提供了条件。

战后日本的经济增长,最典型的是在 1955 年到 1973 年,这将近 20 年的时间里日本的实际经济增长率达到 9.2%。这个时期日本增长的第一大动力是投资。由于朝鲜战争带来的特需景气,日本企业开始积极地进行设备投资。在 20 世纪 50 年代的后半期,以化学、金属、机械制造业为中心的重化学工业的投资有了大幅度的增长。这些投资由于乘数效应进一步带动了其他相关产业的投资活动。在这个高速增长的时期,大部分活跃的设备投资同时也伴随着技术革新活动。日本在战后初期使用的生产设备大都是从战时沿用下来的,老化情况严重,因此对新设备的投资直接提高了全要素生产率,它对日本经济增长的作用仅次于投资的增加。

劳动力从农村向城市的流动也促进了日本的经济增长。东京、大阪和名古屋三个都市圈的工业发展提高了工业部门的工资,促使大规模的农村人口

---

① 〔日〕菊地悠二:《日元国际化进程与展望》,中国人民大学出版社,2002 年,第 196 页。

向城市流动。人口向三大都市圈迁移的规模从 20 世纪 50 年代开始扩大,在 60 年代初达到顶峰,直到 20 世纪 70 年代才趋于稳定。在这一时期,来自非城市地区的年轻人在初中或高中毕业后,就进入城市工作。这些在战后"婴儿潮"时期出生的劳动者对未来有较好的预期,愿意把获得的更多收入用于消费活动,使得电冰箱、洗衣机、电视机等家电产品迅速在家庭中普及,促进了日本内需的增长。

日本的国际收支状况,在这个时期也发生了显著的变化。从战后直到 60 年代中期,日本的外币保有量很少,而经济增长导致的投资和生产扩大引起进口原材料和能源产品数量的上升,出现严重的国际收支赤字。日本政府为了应对国际收支失衡的情况,采取了提高法定贴现率等紧缩政策,在减少进口的同时也导致国内景气下降。面对国内需求的减少,日本企业被迫到国际市场上寻求销售渠道。出口的增加改善了国际收支失衡的情况,日本政府解除了金融紧缩政策,国内景气又开始上升。这种受到外汇保有量制约的国内景气周期被称为日本的"国际收支天花板"。直到进入"伊奘诺景气"(1965—1970 年)时期,日本的国际收支才开始保持经常的顺差状态。这种变化的原因是,日本的出口产品已经从一般加工品向具有更高附加值的产品领域转型。在 20 世纪 50 年代中期,纤维制品占日本出口总额约四成,但是在 60 年代后期,钢铁、汽车、船舶、机械类产品的出口不断增加,其价值增长很快。日本的进口商品仍然集中在原材料和燃料,其价值保持稳定,但在日本进出口中的占比逐渐下降。

二、日本政府对日元国际化的积极推动

日本经济的快速增长和贸易盈余的不断扩大,加剧了日美之间的贸易摩擦,特别是在农产品和汽车贸易上,美国要求日本开放国内农产品市场,对向美国的汽车出口采取"自愿出口限制"措施。1983 年,里根政府将原来限定在贸易领域的对日本市场开放要求扩大到金融和资本交易领域。1984 年,日美两国共同成立的"日元美元委员会"发表报告,日本大藏省提出了《金融自由化及日元国际化的现状与展望》。关于日元国际化,它提出要将交易的重点由经常项目向资本项目转变,具体包括:制定灵活的以日元计价的外债发行规则,撤销指定证券公司制度,实行欧洲日元贷款的自由化,放松对外国人债券发行的限制,创设东京出口市场等。

1985 年,大藏省发表《关于日元国际化》的答辩,从此日本将日元国际化

作为一大政策目标。这个答辩将日元国际化定义为"提高国际交易中日元的使用率和价值"。其意义从国内看是便于日本企业的资金和外汇风险管理,加强日本金融机构的国际竞争力,通过吸引外国投资者进入日本金融市场促使东京成为国际金融中心。从国际看,日元国际化可以补充和替代美元的部分职能,满足国际上对国际货币多样化的需求。

日本有关机构当时提出的"日元国际化方略"有三条:金融自由化、欧洲日元交易自由化和东京金融市场的国际化。金融自由化指为非居民提供良好的日元计价资产,扩大利息自由化,整顿短期金融市场。东京金融市场自由化是向外国投资者开放。"日元美元委员会"后来连续举行了6次会议,更名为"日美金融市场工作小组"后又举行了4次会议。

但是,由于这一时期的日元国际化受到美国政府开放市场压力的影响,日本政府又面临着日元升值的市场压力,因而对日元国际化的推动形式大于实质。日本金融当局在美国压力下开放国内金融市场,但是努力确保开放不会破坏国内的金融秩序。而美国的压力目的是让美国的金融机构能够进入日本金融市场,并不关心日元的实际国际化程度。日本为了隔离日元国际化对国内金融体系的影响,从欧洲日元交易的自由化入手推进日元国际化,这实际上迟滞了日本国内金融市场改革的进程。

在20世纪90年代经历日本泡沫经济崩溃、东亚金融危机、欧元启动等一系列国内外冲击后,日本政府开始反省以往的"日元国际化方略"。日本政府认为,以往以美元为目标模式、在全球范围内推行的日元国际化阻力太大,应该优先转移到日本所在的东亚地区,通过东亚的金融货币合作推动日元国际化。1997年10月,日本在东亚金融危机爆发后专门设立了研究亚洲金融与资本市场的委员会,提出以日本为中心组建向亚洲地区的危机国提供金融支援的亚洲货币基金(AMF)的构想。这个构想因IMF和美国的反对而流产。但日本还是在1998年10月决定单独向亚洲危机国提供300亿美元的资金援助,这被称为"新宫泽构想"。到1999年3月,日本向韩国、菲律宾、泰国、马来西亚和印度尼西亚5国提供了188亿美元的援助,这一援助的拨付效率远远高于IMF的救助。2000年5月,日本推动东盟10国与中国、日本、韩国在"10+3"合作机制下建立双边货币互换机制,以及在该机制下建立东亚区域资本流动监控体系,各方进行了广泛的磋商并达成共识。

但是,东亚金融合作特别是货币合作受制于东亚国家间复杂的历史和现实因素影响,一时难以有实质性进展。在1999年欧元诞生后,日本产生了强烈的危机感,担心日元本来与德国马克、法国法郎等货币相当的地位会受到欧元的排挤。日本大藏省1999年9月专门设立"日元国际化推进研究会",于2001年6月发表了《日元国际化推进研究会报告书》,提出5项推进日元国际化的政策措施。其中包括扩大内需增加日元计价结算的进口贸易,改革调整金融市场为日元与亚洲货币直接兑换创造条件,等等。

三、资本输出推动日元国际化

1985年西方五国签订的《广场协议》纠正了美元汇率过高的问题,日元汇率大幅修正,向日元升值方向发展。日本的出口竞争力随之下降,这促使日本企业调整产业布局,大量地对外进行资本输出。政府开发援助(Official Development Assistance, ODA)是"二战"后兴起的一种经济外交模式,旨在通过由发达国家向发展中国家提供经济援助,推动发展中国家经济发展水平的提高。日本ODA本来是日本进行战争赔偿的一种形式,后来成为日本对外援助的主要途径,东南亚国家是日本ODA的主要对象。

"二战"结束后至60年代末,日本ODA规模较小,在1亿—2亿美元左右,并且以战后赔偿为主,主要目的是扩大出口及稳定海外能源供应。60年代后期到70年代中期,日本ODA进入多样化发展时期,不仅在美元贷款中增加了协助发展中国家偿还债务的贷款、商业贷款等,并且大幅增加了两国间日元直接贷款,在日本直接向被援助国提供的援助贷款中有近60%为日元贷款。从地域特点来看,这一时期接受日本两国间ODA的国家中有70%—90%集中于东南亚地区。接受援助的东南亚国家用日元贷款从日本购买机械设备等,拉动了日本出口增长,当时日本对发展中国家的出口中东南亚地区占到了1/2左右,这也直接推动了日本对东南亚地区出口中日元计价结算比例的增长。1977年,日本对亚洲的援助金额首次超过美国,并开始大幅提升对东盟ODA规模。日本ODA规模在1975—1980年达到了106.8亿美元。

在1979年第二次石油危机后,由于发达国家中只有日本维持经济增长,发展中国家对日本扩大ODA的需求日益强烈。日本政府在1981年制定了第二个经济合作的"五年倍增计划",提出1981—1985年在106.8亿美元的基础上翻一番。到1989年日本ODA的总额已经达到了89.7亿美元,首次超过美国,1991年达到110.3亿美元。虽然日本ODA日元贷款中必须购买日本商品的比重从1985年的38%降至1990年的27%,但从绝对值来看,被援助国用日元贷款进口日本商品的规模仍在扩大,日本 ODA 提供的日元贷款对于日本出口日元计价比重的提高起到了推动作用,尤其是在日本对东南亚国家的出口中。印度尼西亚、菲律宾、泰国和马来西亚是日本对东盟提供 ODA 的主要对象,1987 年四国接受日本 ODA 17 亿美元,1992 年达到了 32.5 亿美元。到 2003 年,日本 ODA 的大约 65% 和日元贷款的 70% 集中在东南亚。

此外,相比于世界开发援助委员会(DAC)其他成员国,日本 ODA 提供的日元贷款偏重于基础设施建设,1990 年日本用于完善经济基础设施建设的贷款占当年 ODA 日元贷款总额的 51.1%,而日本在经济基础设施建设的援助又主要侧重于交通和电力设施建设,目的是帮助被援助国更好地引入外资,尤其是来日本的直接投资。

自 1980 年日本开始对华提供 ODA 以来,至 2000 年年底,日方共计对华提供了日元贷款 2.65 万亿日元、能源贷款 1.7 万亿日元、无偿贷款和黑字还流各 2 000 亿—3 000 亿日元,共计近 5 万亿日元,占中国利用外国政府贷款的近一半。日本对我国的贷款有两个明显特点:一是日元贷款比重大,二是日元贷款中基础设施建设比重大,尤其以港口、铁路建设为主。在第一次日元贷款中,商品贷款只占 10% 左右,后来的贷款几乎全部为项目贷款。中国利用日元贷款从日本进口主要集中在机械设备领域。

四、日本金融市场的不开放阻碍了日元的国际化

日元国际化的一个重要制约因素是日本国内的金融市场不够开放,这极大地限制了日元在国际市场上发挥货币职能。在主权货币充当国际货币的现实条件下,国际货币发行国的国内金融市场,实际上是该国际货币在世界范围内流通的基础性的"根市场"。从国际经验看,国际化货币在其发行国境内均有相应的清算中心,其最终的国际清算都在该中心完成。另外,世界主要可兑换货币的国际清算中心,都是与其主要的国际金融中心所在地合二为一的。例如,美元的清算中心在纽约,欧元的清算中心在法兰克福,英镑的清算中心在伦敦。

对于日元来说,如果要让国际市场的交易者增加使用日元,首先必须要做到两点:一是国际交易者能够方便地获得日元,这就要求允许日本的银行等金融机构对外国人发放日元贷款,允许外国企业在日本的资本市场上发行融资工具筹集日元,即日元要成为外国人的融资货币;二是国际交易者能够方便地将持有的日元用于保值增值和对冲风险的目的,例如允许他们购买日

本国债和优质的企业债券,允许他们在日本的金融衍生品市场上进行投资等,即日元要成为外国人的投资货币。所有这些都要求日本开放国内的金融市场。

然而,恰恰是在金融市场开放这个领域日本远远落后于美国、英国和欧盟等其他发达国家,导致日元国际化难以持续推进。在 20 世纪 80 年代日本开始推行日元国际化战略后,日本金融机构的海外业务急剧扩大,在海外的分支机构和代表处从 80 年代末的 329 个迅速增加到 1994 年的 1 106 个,国际银行资产从 1984 年末的 5 179 亿美元增加到 1989 年底的 1.967 2 万亿美元。但是,由于日本国内的金融市场不开放,外国的借款人在取得日元贷款后没有合适的保值渠道,只得重新兑换成美元。在日本商业银行的国际资产中,日元资产的比重从 1986 年底的 16.1% 下降到 1990 年底的 1.7%。事实上,许多国际借款人直接从日本商业银行取得美元贷款,而日本的欧洲日元贷款主要面向日本居民发放。

日本金融市场的不开放还限制了金融工具和金融产品的创新,降低日本金融市场对国际投资者的吸引力。在 20 世纪 80 年代,国际金融市场上衍生金融工具的创新发展很快,利率和汇率衍生品交易日新月异。据英国英格兰银行的一份报告,在 1995 年伦敦金融市场上的衍生金融交易中,英美金融机构的利率衍生品交易占 67%,汇率衍生品交易占 60%,而日本商业银行的利率和汇率衍生品交易分别只有 9% 和 8%。在外汇衍生品交易市场的占有率上,排名前 20 位的金融机构中美国占 5 家,英国有 3 家,瑞士有 2 家,日本则没有一家进入前 20 名。日本的国债市场虽然交易额和发行余额都很高,但是非居民的持有比率不足 10%,是发达国家中最低的。相比之下,美国近 40% 的国债是由外国投资者持有,德国国债中由外国投资者持有的占近 30%。不开放的金融市场限制了外国投资者持有日元的积极性,阻碍了日元的国际化。

第三节 东京国际金融中心在日元国际化中的作用

一、国际金融中心在促进本币国际化上的作用

本节我们通过研究东京在国际金融中心城市中的地位来分析它在日元国际化中所发挥的作用。众所周知,国际金融中心对货币的国际化发挥着十分重要的作用。美元的国际化离不开纽约金融中心,英镑国际化离不开伦敦

金融中心,欧元的国际化也离不开法兰克福、巴黎、布鲁塞尔等欧洲的金融中心。当然,国际上还有一些离岸金融中心,典型的如新加坡和中国香港地区,它们的业务重点不是为其本币国际化服务,而是为国际投资者使用美元等其他货币提供服务。对于日元的国际化,要求东京发挥国际金融中心的作用,建立起日元的全球服务体系,为全世界的贸易商和投资者使用日元提供服务。

发达的货币和资本市场是美元国际化的重要基础。发达的货币和资本市场是美元全球服务体系的重要特点,也是支撑美元长期居于世界中心货币地位的坚实基础。从美元成为世界主导货币的基本条件看,美国的经济、军事、政治等方面的综合实力是导致美元在布雷顿森林体系中被确立为世界中心货币的最重要的基础;不过,美国市场主导型的金融结构及其发达的金融市场为全球的投资者提供服务,这在美元国际化过程中以及在美元至今能够保持其世界中心货币的过程中,都发挥着基础性作用。就一国金融结构和金融发展与其本币国际化之间的相互关系来看,由于信贷市场存在着很强的区域性特征,在货币国际化过程中,银行主导型的金融市场结构对促进一国货币的国际化是相对不利的,而市场主导型金融结构更有利于货币的国际化。在金融全球化条件下,货币和资本市场上的各类金融工具、金融产品的标准易于统一,资金更利于跨国、跨地区或跨洲流动,这样在区域或全球范围内都容易满足境外投资者对该货币或金融资产的需求,从而更有利于该国货币发挥国际投资、国际计价结算和国际储备货币功能;反过来,这一货币的国际化过程,又可能促进该国货币和资本市场的发展。因而一国的金融发展与其货币的国际化是一个彼此耦合和相互促进的过程。

马克(欧元)的服务体系对维持其国际地位具有重要作用。德国金融市场的发展对维持马克的国际地位具有重要作用,马克在资本项目完全开放之前就实现了国际化,其重中之重是保持汇率和货币政策的稳定,为此德国不惜牺牲外汇储备。另外值得注意的是,德国在20世纪90年代之前,其金融市场中现代金融工具的发展仍落后于美国和英国,甚至落后于法国。但是,稳定的经济增长和金融市场后续的不断发展,为其工业核心竞争力的提升提供了保障,也为马克国际化后平抑各种金融市场波动提供了政策工具。结果,德国金融市场后来居上,法兰克福成为全球最重要的国际金融中心之一。

作为欧洲一体化重要成果,在马克基础上诞生的欧元,其国际化与欧元国际服务体系的关系有自己的特点。欧元国际化主要体现在它在欧元区国家之间以及欧元区与周边国家间的贸易和投资使用上。欧元的创立者从一开始就为欧元在欧洲国家的使用设计了完善的服务体系。欧元区的支付结算系统包括国家间的大额支付系统(TARGET2)和各成员国内的零售业务支付系统。欧元 TARGET2 系统采用中央银行货币结算,不仅为成员国提供服务,非成员国的央行也可以加入,这极大地促进了欧元在欧洲范围内的广泛使用。

二、东京在全球金融中心指数(GFCI)评价中的最新变化情况

(一)总体排名

GFCI 的全称是 Global Financial Centres Index,即"全球金融中心指数",由 Z/YEN 公司于 2007 年 3 月首次推出,每半年更新一次,目前最新的一期指数是 2021 年 3 月公布的 GFCI-29。

GFCI 指数的目的是测度世界各个金融中心的吸引力(attractiveness)。为了达到这个目标,在编制 GFCI 指数时采用客观指标与主观评价相结合的做法。客观指标共有 103 种,称为"工具因子"(instrumental factors),取自世界银行、经合组织(OECD)、联合国等权威机构发布的有关数据。主观评价的方式是邀请特定的金融机构、政府部门等相关人士填写网上调查问卷,对所熟悉的全球金融中心的吸引力按照 10 分制打分。GFCI 指数是动态变化的,在计算时将以上(最新可得的)客观指标和主观评价的内容作为输入变量,输入一个称为"支持向量机"(support vector machine)的统计分析模型,从而得到当期的 GFCI 指数值。根据各个城市在报告当期的 GFCI 指数,即可由高到低地进行排名。

表 8-5 最近 6 次 GFCI 报告中排名前 20 位的国际金融中心

报告 排名	GFCI-29 (2021年3月)	GFCI-28 (2020年9月)	GFCI-27 (2020年3月)	GFCI-26 (2019年9月)	GFCI-25 (2019年3月)	GFCI-24 (2018年9月)
1	纽约	纽约	纽约	纽约	纽约	纽约
2	伦敦	伦敦	伦敦	伦敦	伦敦	伦敦
3	上海	上海	东京	香港	香港	香港
4	香港	东京	上海	新加坡	新加坡	新加坡
5	新加坡	香港	新加坡	上海	上海	上海
6	北京	新加坡	香港	东京	东京	东京
7	东京	北京	北京	北京	多伦多	悉尼
8	深圳	旧金山	旧金山	迪拜	苏黎世	北京
9	法兰克福	深圳	日内瓦	深圳	北京	苏黎世
10	苏黎世	苏黎世	洛杉矶	悉尼	法兰克福	法兰克福

(续表)

报告排名	GFCI-29 (2021年3月)	GFCI-28 (2020年9月)	GFCI-27 (2020年3月)	GFCI-26 (2019年9月)	GFCI-25 (2019年3月)	GFCI-24 (2018年9月)
11	温哥华	洛杉矶	深圳	多伦多	悉尼	多伦多
12	旧金山	卢森堡	迪拜	旧金山	迪拜	深圳
13	洛杉矶	爱丁堡	法兰克福	洛杉矶	波士顿	波士顿
14	华盛顿	日内瓦	苏黎世	苏黎世	深圳	旧金山
15	芝加哥	波士顿	巴黎	法兰克福	墨尔本	迪拜
16	首尔	法兰克福	芝加哥	芝加哥	旧金山	洛杉矶
17	卢森堡	迪拜	爱丁堡	巴黎	洛杉矶	芝加哥
18	悉尼	巴黎	卢森堡	波士顿	蒙特利尔	温哥华
19	迪拜	华盛顿	广州	墨尔本	温哥华	广州
20	日内瓦	芝加哥	悉尼	蒙特利尔	芝加哥	墨尔本

• 资料来源:根据历次 GFCI 报告数据整理。

表 8-5 列出了 2018 年 9 月以来的最近 6 次 GFCI 评价中的前 20 大国际金融中心。从表中可以看到,东京的位次在 2018 年 9 月的 GFCI-24 起连续三次排名全球第 6 位,2020 年 3 月短暂上升到第 3 位,近两次又下降到第 4 和第 7 位。

如表 8-6,我们列表比较一下近三年共 6 次 GFCI 评价中纽约、伦敦、香港、新加坡、上海、东京 6 个城市的得分情况(北京在 2021 年 3 月的评估中首次进入前 6 名,暂不列出)。在最近 6 次 GFCI 评估中,纽约从在此以前的第 2 位上升至第 1 位;香港从以前的第 4 位上升至第 3 位,但最近 3 次有所下降;上海则从十几位上升至前 6 位,最近两次评估中超过香港为第 3 位。但是从它们在 6 次评估中的平均分看,位次仍然是纽约、伦敦、香港、上海、新加坡和东京。

表 8-6 近三年 GFCI 排名前列的 6 个国际金融中心得分及名次变化情况

报告排名	GFCI-29 (2021.03)	GFCI-28 (2020.09)	GFCI-27 (2020.03)	GFCI-26 (2019.09)	GFCI-25 (2019.03)	GFCI-24 (2018.09)	平均分
纽约	764(1)	770(1)	769(1)	790(1)	794(1)	788(1)	779
伦敦	743(2)	766(2)	742(2)	773(2)	787(2)	786(2)	766
上海	742(3)	748(3)	740(4)	761(5)	770(5)	766(5)	755
香港	741(4)	743(5)	737(6)	771(3)	783(3)	783(3)	760
新加坡	740(5)	742(6)	738(5)	762(4)	772(4)	769(4)	754
东京	736(7)	747(4)	740(3)	757(6)	756(6)	746(6)	747

• 注:括号里的数字是在当次 GFCI 评估中的位次。
资料来源:根据历次 GFCI 报告数据整理。

值得特别指出的是,全球金融中心的前三位多年来从未发生变化,即第一位纽约、第二位伦敦、第三位香港。2020年9月上海超过香港、新加坡、东京成为全球第三大国际金融中心,这个变动如果能长期保持下去,在国际金融中心发展史上也将具有重要意义。

(二)分项排名

GFCI评估所使用的工具因子可分为五个大类:商业环境类(BE)、人力资本类(HC)、基础设施类(IF)、金融部门发展类(FD),以及声誉和其他因素类(RF)。商业环境类主要包括以下二级因子:政治稳定和法治、制度和管制环境、宏观经济环境、税收和成本竞争力。人力资本类主要包括以下二级因子:高技能人才可得性、劳动力市场弹性、教育和发展、生活质量。基础设施类主要包括以下二级因子:建设基础设施、信息通信基础设施、运输基础设施、可持续发展设施。金融部门发展类主要包括以下二级因子:产业集聚的深度和广度、资本可得性、市场流动性、经济产出。声誉和其他因素类主要包括以下二级因子:城市品牌吸引力、创新水平、文化多样性、相对其他中心的定位。

GFCI报告中并不公布各个金融中心在以上5个分项上的具体得分,只公布按各个分项的前15位排名,如表8-7是在GFCI-29评估中各分项排名情况。

表8-7 GFCI-29评估中各分项排名前15位的国际金融中心

分项排名	商业环境	人力资本	基础设施	金融发展	声誉其他
1	纽约	纽约	纽约	伦敦	纽约
2	新加坡	伦敦	伦敦	纽约	新加坡
3	伦敦	新加坡	上海	新加坡	伦敦
4	香港	香港	香港	深圳	香港
5	北京	上海	新加坡	香港	苏黎世
6	上海	东京	东京	上海	上海
7	旧金山	北京	北京	苏黎世	北京
8	东京	巴黎	阿姆斯特丹	法兰克福	东京
9	芝加哥	布鲁塞尔	苏黎世	首尔	日内瓦
10	法兰克福	卢森堡	波士顿	洛杉矶	爱丁堡
11	爱丁堡	洛杉矶	法兰克福	卢森堡	格拉斯哥
12	卢森堡	旧金山	爱丁堡	旧金山	都柏林
13	阿姆斯特丹	芝加哥	日内瓦	北京	首尔
14	苏黎世	深圳	广州	日内瓦	汉堡
15	华盛顿	法兰克福	首尔	爱丁堡	巴黎

• 资料来源:根据GFCI-29报告数据整理。

从表8-7中可以看到,各个分项的前4名基本上被伦敦、纽约、香港和新加坡这4个金融中心包揽,只是相互顺序上有所变化。这也说明它们在各个分项指标上均明显领先于其他金融中心,是当之无愧的"第一梯队"。第 5 名及之后的排列顺序变化较大,如东京在人力资本和基础设施分项上排名第 6 位,但是在商业环境和声誉其他两个分项指标上仅名列第 8 位,在金融发展分项上则没有进入前 15 位。因此,排名第 5 位及之后的金融中心,常常是在某一两个分项指标上具有相对优势,但是在其他几个分项指标上相对较弱,导致总排名下降且波动较大。

(三)东京金融中心排名的弱点

在看到近几年上海在 GFCI 全球金融中心评估中的显著进步的同时,也需要对上海排名的提升有全面客观的认识,注意到 GFCI 评估体系本身的缺陷以及上海得分中的结构性弱点。GFCI 评估体系本身的缺陷主要是个别城市的历次排名波动过大、各次评估的得分之间不具有可比性、工具变量的选取不尽合理、网上主观评价部分不透明等。

在同一次报告中,一个城市在评估中的相对得分高低决定了它的名次。值得注意的是,两个城市评估分数间的绝对差距不一定能真实反映它们金融中心发展的实际差距。以旧金山和多伦多两个城市为例。在 GFCI-21 中它们得分分别为 724 和 719,在 GFCI-22 中得分分别为 693 和 710,而在 GFCI-23 中得分分别为 726 和 728。由于这三次评估只相隔了 1 年时间(2017 年 3 月到 2018 年 3 月),很难想象它们的金融中心发展水平之差距会有如此剧烈的变动。

两次评估的分数之间不具有可比性。如果研究同一个城市在历次评估中的得分和位次,可以发现有很多得分变动与位次变动不一致的现象。例如,上海在 GFCI-21 中得分 715,排名第 13 位,而在 GFCI-22 中上海得分 711 分,排名上升到第 6 位。多伦多在 GFCI-19 中得分 707,排名第 10 位,而在 GFCI-20 中多伦多得分 710 分,排名下降到第 13 位。这说明位次变动更多地取决于当次评估中所有其他金融中心的得分变化,而不只是某个城市自己的分数。

我们知道,GFCI 评估主要包括两大类因素:客观指标和主观打分。客观指标如前所述包括商业环境等五个分项,每个分项中又包括十几到三十几项具体的"工具因子",它们基本上是各种国际机构发布的统计数据,因而是"客观的"。而主观打分的方法是由评估方向全球主要金融中心的机构负责人和专业人士发送调查问卷,并根据回收的问卷来计算得分,因而是"主观的"。

在 GFCI 报告中把全球金融中心按地理划分为六个区域:西欧、亚太、北美、东欧中亚、中东非洲、拉美加勒比。此外还有一个总括性的"其他地区"（表8-8）。很显然，在获得的主观评分数量相同的情况下，如果对一个金融中心的主观评价中的绝大部分来自它所属的地理区域，则说明这个金融中心的实际影响更多是在它的本区域，而不是"全球"意义上的金融中心。如果来自它所属区域的评价不仅占比多而且评分显著高于来自其他区域的评分，则造成的评估偏误就会更加严重。

表8-8 排名前列的6个国际金融中心主观评分情况（地区评分的占比） 单位：%

城市/地区	西欧	亚太	北美	东欧中亚	中东非洲	拉美加勒比	其他地区
纽约	32	38	7	4	9	2	7
伦敦	27	37	8	6	11	2	9
香港	27	47	8	4	6	2	7
新加坡	31	40	7	6	8	1	6
上海	13	69	5	2	4	1	6
东京	24	47	8	3	6	3	9

- 注：东京的数据没有出现在最近两次评估中，表中是东京在GFCI-23评估中的数据，由于四舍五入误差，表中各行的数据加总后可能不等于100%。
资料来源：根据历次GFCI报告数据整理。

如表8-8所示，排名前列的6个金融中心所获得的主观评分中，纽约和伦敦最为均衡，在其所属区域的评价只占30%以下，特别是纽约所获的主观评分中来自北美的只有7%，来自西欧和亚太地区的则占70%，这说明它们是远远领先的全球金融中心。香港和新加坡所获的主观评分中来自亚太地区的约40%，与来自西欧和北美地区的大体相当，说明它们的影响力是全球性的，但更多体现在亚太地区。东京的评分结构与香港和新加坡相似。

表8-9进一步列示了来自各个地区的评分与该金融中心所获的平均分之间的差距，表中数据为正表示来自此地区的评分高于该金融中心的平均分，

表8-9 排名前列的6个国际金融中心主观评分情况（与平均分的差异） 单位：%

城市/地区	西欧	亚太	北美	东欧中亚	中东非洲	拉美加勒比	其他地区	区外偏差
纽约	−27	+16	+8	+18	−3	−2	−9	0
伦敦	−20	+23	+10	+5	−30	+24	−5	+8
香港	−30	+15	+1	+50	−60	−12	+35	−11
新加坡	−15	+2	−18	+52	+1	−4	+3	−3
上海	−125	+30	−25	+2	−63	−24	+28	−60
东京	−15	+20	+40	+35	−10	−18	−42	−20

- 注1：区外偏差指来自该金融中心所在地区以外的评分与它所获的平均分之间的差距。
  注2：东京的数据没有出现在最近两次评估中，表中是东京在GFCI-23评估中的数据。
资料来源：根据历次GFCI报告数据整理。

数据为负表示自此地区的评分低于该金融中心的平均分。表中最后一列"区外偏差"表示来自该金融中心所在地区以外的评分与它所获的平均分之间的差距。例如,纽约所获的西欧地区评分低于纽约最后平均分27%,亚太地区对纽约的评分则高于纽约最后平均分16%,北美地区对纽约的评分则高于纽约最后平均分8%。

从表8-9中可知,"第一梯队"的4个城市纽约、伦敦、香港和新加坡,它们从其所在地区获得的评分并不比最后的平均分高很多,伦敦从西欧地区获得的评分甚至低于伦敦的平均分20%。东京从所在的亚太地区获得的评分比最后的平均分高20%。表8-9中最后一列"区外偏差"很好地说明了这个问题。纽约的区外偏差为零,表明世界其他地区对纽约国际金融中心的认知与北美地区是一致的。伦敦、香港、新加坡的区外偏差都不算大,东京的区外偏差达到−20%,在发达经济体的金融中心中是最大的。

三、东京与世界主要国际金融中心的比较分析

由于主观评分的原始数据并不公布,我们下面重点考察在可得的客观指标上东京与主要国际金融中心的相对优势与劣势。GFCI-25中公布的与评估结果相关性最高的30个工具因子指标如表8-10。

表8-10 与GFCI-25评估值相关度最高的30个工具变量

序号	类别	工具变量	相关度	序号	类别	工具变量	相关度
1	RF	全球城市指数	0.497	16	IF	物流表现指数	0.290
2	RF	全球城市创新指数	0.406	17	BE	政府效率	0.287
3	HC	居民净金融财富	0.405	18	RF	全球创新指数	0.286
4	HC	国内居民购买力	0.389	19	IF	可持续城市指数	0.284
5	HC	居民净可支配收入	0.367	20	BE	最佳国家指数	0.269
6	BE	工资比较指数	0.362	21	HC	城市生活成本排名	0.266
7	RF	价格水平	0.337	22	RF	全球促进贸易指标	0.264
8	RF	世界竞争力得分	0.333	23	IF	JLL房地产透明度指数	0.264
9	RF	IESE城市动力指数	0.333	24	FS	银行提供的国内信贷	0.244
10	RF	全球竞争力指数	0.333	25	IF	网络可得性指数	0.241
11	BE	营商环境排名	0.318	26	IF	国内运输网质量	0.237
12	RF	全球城市指数	0.312	27	FS	商务外包指数	0.236
13	IF	道路质量	0.307	28	BE	全球网络安全指数	0.235
14	BE	金融保密指数	0.304	29	BE	管制质量	0.224
15	BE	最佳营商国家	0.294	30	IF	办公楼租用成本	0.223

- 注:类别一栏中BE表示商业环境,HC表示人力资本,FS表示金融部门发展,IF表示基础设施,RF表示声誉和其他因素。
资料来源:根据GFCI-25报告数据整理。

如表 8-10 所示，在与 GFCI-25 最终评估值相关度最高的 30 个工具因子中，有 8 个属于商业环境类（BE），4 个属于人力资本类（HC），7 个属于基础设施类（IF），2 个属于金融部门发展类（FS），9 个属于声誉和其他因素类（RF）。在 GFCI-22 报告中与最终评估值相关度最高的 30 个工具因子，有 12 个属于商业环境类（BE），4 个属于人力资本类（HC），6 个属于基础设施类（IF），8 个属于声誉和其他因素类（RF）。

相比之下，GFCI-25 比 GFCI-22 的前 30 位因子中，商业环境类因子减少了 4 个，人力资本类因子个数不变，基础设施类因子增加 1 个，金融发展类增加 2 个，声誉类因子个数增加 1 个。当然，由于 GFCI 评估所使用的客观工具因子是动态调整的，即使个数不变，每个类别中实际入选的因子也可能发生调整。我们暂时不考虑这个变化，按五大类别来分析 GFCI 评估的客观工具因子，重点比较东京与纽约、伦敦、香港、新加坡、上海等金融中心在各个指标上的相对优势与劣势。

（一）声誉和其他因素类指标

在 133 个工具因子中，声誉和其他因素类有 23 个，占总量的 17%，其在相关度最高的 30 个因子中占比为 33%，是最重要的指标类别。

声誉类的 23 个因子可以分成 4 组：城市品牌和吸引力、创新水平、文化多样性、相对其他中心的定位。其中与最终评估值相关度较高的 9 个指标依次为：全球城市权力指数、创新城市全球指数、价格水平、世界竞争力得分、IESE 城市动力指数、全球竞争力指数、全球城市指数、全球创新指数、全球贸易执行指数。这 9 个指标的相关度总和为 3.101，占排名前 30 位的指标总相关度 9.147 的 34%。声誉类指标的总数量虽然少于商业环境类，但对最终评估结果的影响力大于商业环境类指标。例如，在 10 个影响力最大的指标中，有 6 个都属于声誉类。9 个声誉类指标排名最低的全球贸易执行指数也在 30 个指标中列第 22 位。

我们选择部分声誉类指标比较东京与纽约、伦敦、香港、新加坡、上海等金融中心的情况。需要说明的是，有些指标是按照"经济体"或"司法区"而不是按"城市"来统计的，则上海采用中国内地的数据，纽约、伦敦、东京分别采用美国、英国、日本的数据。

如表 8-11 所示，上海（或中国内地）在主要声誉类指标中的排名总体位次处于中上等，与纽约等其他金融中心有明显的差距。除了香港在创新城市指数中排名较低外，在其他列出的声誉类指标中纽约等其他金融中心均位居前

10名。这说明东京作为全球城市的国际排名仍属于世界的"一线城市"。

表8-11 主要声誉类因素比较

城市/地区	全球竞争力		城市动力指数		创新城市指数		全球城市权力
	2018得分	排名	2017得分	排名	2018得分	排名	2018排名
纽约	85.6	1	100	1	55	4	2
伦敦	82.0	8	99.27	2	56	2	1
香港	82.3	7	77.48	9	48	27	9
新加坡	83.5	2	79.52	6	54	6	5
上海	72.6	28	57.33	57	47	35	26
东京	82.5	5	84.38	4	56	1	3

- 注:全球竞争力共63个城市或地区参与排名,满分100;城市动力指数共181个城市参与排名,满分100,目前能查到的最新数据是2017年;创新城市指数共100个城市参与排名,满分60;全球城市权力指数只列出前30位的城市。

资料来源:World Economic Forum网站、IESE网站、2thinknow网站、Mori Foundation网站。

声誉类因素中有一个重要指标是价格水平,这个指标来自UBS银行发布的价格与收入报告,但没有新加坡的数据。如表8-12所示,以纽约的数据为指数100,东京的价格水平较高,但收入水平相对较低,列全球77个城市中的第17位,购买力居第20位。

表8-12 价格与收入因素比较(2018年)

城市/地区	价格水平(含租金)		收入水平(总)		购买力		工作时间	
	2018得分	排名	2018得分	排名	2018得分	排名	2018得分	排名
纽约	100	5	100	7	100	10	100	12
伦敦	92.9	8	68.5	24	73.7	23	111.8	18
香港	76.5	33	60.3	29	78.9	9	.78	1
新加坡	n.a.		n.a.		n.a.		n.a.	
上海	65.1	47	19.3	58	29.6	61	351.4	63
东京	99.5	6	79.2	17	79.6	20	80.7	3

- 注:2018年全球77个城市参加排名,以纽约的数据为指数100。

资料来源:UBS网站。

(二)商业环境类指标

GFCI-25共使用了133个工具因子,总量比GFCI-22多了30个。在133个工具因子中,商业环境类有33个,占总量的25%。这说明GFCI对金融中心进行评估时非常重视其商业环境因素。

商业环境类的33个因子可以分成4组:政治稳定与法治、制度与管制环境、宏观经济、税收和成本竞争力。其中与最终评估值相关度较高的8个指标依次为：工资比较指数、营商环境排名、金融安全指数、最佳营商国家排名、政府效率、最佳国家排名、全球网络安全指数、管制质量。这 8 个指标的相关度总和为 2.293，占排名前 30 位的指标总相关度 9.147 的 25%。由此可见，高效的政府服务、便利和宽松的营商环境、法治和安全的制度环境，都对提升一个城市在 GFCI 金融中心评估中的位次起到很大作用。

表 8-13 列举了几个主要的商业环境指标。从金融安全指数看，日本的得分为 623.91，列全球第 13 位，排名高于英国，似乎还不错。但是金融安全指数的得分只有美国的 1/2，说明在金融安全指标上日本与国际先进水平的绝对差距不小。经济自由度指标上日本的差距也比较明显，列全球 159 个国家或地区的第 41 位，而中国香港地区和新加坡分别居世界前两位。这说明日本对经济的不合理干预仍然比较多，市场主体的积极性不能得到充分发挥。相应地，在最佳营商国家排名中，英国居世界第一，中国香港地区和新加坡处于世界 161 个经济体的前 10 名，美国和日本处于前 20 名，日本在营商环境方面对全球企业的吸引力相对较低，这也阻碍了东京金融中心作用的发挥。

表 8-13　基本商业环境比较

国家/地区	金融安全指数		经济自由度		最佳营商国家排名
	2018 年得分	排名	2016 年得分	排名	2018 年排名
美　国	1 298.47	2	8.03	6	17
英　国	423.76	23	8.00	9	1
中国香港地区	1 243.67	4	8.97	1	3
新加坡	1 081.98	5	8.81	2	8
中国内地	372.57	28	6.46	107	49
日　本	623.91	13	7.47	41	19

- 注：金融安全指数共 112 个国家或地区参与排名；经济自由度共 159 个国家或地区参与排名，满分 10，目前最新的数据是 2016 年的；最佳营商国家共 161 个国家或地区参与排名，没有公布得分。
资料来源：Tax Justice Network 网站、Fraser Institute 网站和 Forbes 网站。

（三）基础设施类指标

在 133 个工具因子中，基础设施类有 31 个，占总量的 23%，其在相关度最高的 30 个因子中占比为 23%，是第三个较重要的指标类别。

基础设施类的 31 个因子可以分成 4 组：建设基础设施、信息通信基础设施、运输基础设施、可持续发展设施。其中与最终评估值相关度较高的 7 个指标依次为：道路质量指数、物流表现指数、可持续城市指数、JLL 房地产透明度指数、网络可得性指数、国内运输网质量指标、办公楼租用成本。这 7 个指标的相关度总和为 1.846，占排名前 30 位的指标总相关度 9.147 的 20%。其中排名最高的单项指标是道路质量,排 30 个指标的第 13 位。

如表 8-14 所示,作为亚洲唯一的西方发达国家,日本在旅行竞争力、道路质量、铁路质量等指标上均居世界前列,排名不仅高于国土面积相当的老牌资本主义国家英国,而且也高于国土面积大的美国。

表 8-14 基础设施比较

国家/地区	旅行竞争力		道路质量		铁路质量		机场密度	
	2017 得分	排名	2018 得分	排名	2017 得分	排名	2017 得分	排名
美 国	5.12	6	5.9	11	5.1	13	2.5	26
英 国	5.20	5	5.2	26	4.8	19	1.2	56
中国香港地区	4.86	11	6.1	4	6.4	3	0.1	136
新加坡	4.85	13	6.4	1	6.7	2	0.2	132
中国内地	4.72	15	4.6	42	5.1	14	0.3	125
日 本	5.26	4	6.0	6	6.7	1	0.6	97

• 注:旅行竞争力共 136 个国家或地区参与排名,满分 6 分;道路质量共 136 个国家或地区参与排名,满分 7 分;通讯设施共 136 个国家或地区参与排名,满分 7 分。机场密度共 136 个国家或地区参与排名,机场密度的单位是每 100 万人拥有的机场数量。

资料来源:世界经济论坛(World Economic Forum)网站。

但是在机场密度指标上,日本的排名相对较低(中国香港地区和新加坡是城市经济体,机场密度指标有偏差)。2017 年美国每百万人口拥有机场 2.5 个,而日本只有 0.6 个。机场密度是衡量一个国家现代化程度的很好指标,因为只有国家发达、居民收入高才会更多地使用航空运输方式。日本是一个多山的岛国,虽然新干线的开通便利了本州、四国等主要岛屿上的城市间交通,但是在主岛与众多的离岛之间还是应该多发展航空运输。

(四)人力资本类指标

在 133 个工具因子中,人力资本类有 22 个,占总量的 16%,其在相关度最高的 30 个因子中占比为 13%,是第四类较重要的指标类别。

人力资本类的 22 个因子可以分成 4 组:高技能人才可得性、劳动力市场的弹性、教育和发展、生活质量。其中与最终评估值相关度较高的 4 个指标依次为:居民净金融财富、国内居民购买力、居民净可支配收入、城市生活成本排名。这 4 个指标的相关度总和为 1.427,占排名前 30 位的指标总相关度 9.147 的 16%。人力资本类指标在前 30 位指标中只有 4 个,但这 4 个指标中有 3 个名列前五位,说明单项比较,人力资本类因子非常重要。

人力资本因素之所以在评价国际金融中心时具有重要作用,是因为金融中心本质上是高素质的金融人才的集合体,而人的需求是多方面的,这集中体现在生活质量上。如表 8-15 所示,由于各金融中心所在的特大城市通常都会有物价较高、房价收入比高、通勤时间长等不利于生活质量改善的问题,所以它们的排名在全球 226 个城市中都不在前列。但是就表中的 6 个金融中心来比较,东京的排名是最高的,它在全球 226 个城市中列第 72 位。与纽约等其他金融中心相比,日本东京的购买力较高,生活成本较低,房价收入比不高,空气质量较高,安全水平最高。

表 8-15　主要人力资本类因素比较(2018 年)

城市	生活质量指数		购买力	安全	健康	生活成本	房价收入比	通勤时间	污染指数	气候指数
	得分	排名								
纽约	138.86	140	100	55.78	63.49	100	11.66	42.53	57.08	79.66
伦敦	125.67	163	92.76	48.52	67.85	81.4	20.83	47.03	59.65	88.25
香港	100.9	196	69.34	80.68	67.35	78.14	49.42	41	66.39	83.64
新加坡	156.91	103	103.77	78.53	70.3	69.79	21.56	42.15	32.29	57.45
上海	73.33	217	63.51	48.37	61.2	50.29	45.1	49.75	80.43	83.64
东京	171.18	72	102.66	83.49	80.65	88.45	13.39	40.61	44.65	85.26

- 注:2018 年全球城市生活指数共有 226 个城市参与排名。
  资料来源:Mercer 网站。

人力资本类的另一个指标是"护照指数",它反映一个国家的护照可免签证入境国家的数量。在这个指数上,日本远远领先于其他经济体。新加坡护照可免签进入 166 个国家,排名全球第 3;美国和日本护照可免签进入 165 个国家,排名全球第四;英国护照可免签进入 164 个国家,排名全球第五。持有日本护照的金融人才到其他国际金融中心交流是相当方便的。

(五)金融部门发展类指标

在 133 个工具因子中,金融部门发展类有 23 个,占总量的 17%。这些因子可以分成 4 组:产业集聚的深度和广度、资本可得性、市场流动性、经济产出。金融发展类指标没有出现在 GFCI-22 相关度最高的 30 个因子中,但在 GFCI-25 的前 30 位指标中出现了两个,依次是银行提供的国内信贷、商务过程外包指数。这两个指标的相关度总和为 0.48,占排名前 30 位的指标总相关度 9.147 的 5%。

作为国际金融中心的基础性指标,金融部门发展类指标非常丰富,如资本市场、货币市场、衍生品市场、外汇市场等各类金融市场上的各种期限和风险结构的产品的交易量、持有量、发行量等数据。除了这些总量数据外,另一个重要的考察因素是其中境外主体所占的比重。由于金融市场的产品很多,我们仅比较一下股票市场的数据(表 8-16)。

表 8-16　全球主要股票市场市值比较(2019 年 1 月)

城　市	总市值	总成交额	成交额/总市值	备　注
纽　约	10 662.32	1 431.67	0.134	纳斯达克
纽　约	22 464.24	1 601.54	0.071	纽约证券交易所
伦　敦	3 826.89	167.34	0.044	伦敦证券交易所
香　港	4 083.94	153.24	0.038	香港证券交易所
新加坡	716.29	16.11	0.022	新加坡交易所
上　海	4 194.01	419.32	0.100	上海证券交易所
东　京	5 628.46	421.57	0.075	日本交易所

- 注:成交金额数据由个股每日成交量乘以当日收盘价计算得到,单位 10 亿美元。
  资料来源:世界股票交易所联合会网站,https://www.world-exchanges.org/our-work/statistics。

如表 8-16 所示,从股票市场的总市值数据来看,除纽约遥遥领先于其他金融中心外,东京是市场规模第二大的金融中心,比上海、伦敦、香港证券交易所的市值要高,更远大于新加坡市场。从市场的总成交额数据来看,日本证交所的数据高于上海交易所,远远领先于伦敦、香港和新加坡的交易所,在全球仅次于纽约的两个交易所。按照成交额与总市值的比值排列,东京证券市场仅次于以科技公司为主的纳斯达克市场和上海证券交易所,说明东京金融市场的投资者成熟度相对较低。

虽然东京的股票市场总量数据在 6 个金融中心中并不落后,但市场的国际化程度却相当低。如表 8-17 所示,截至 2019 年 1 月,东京的日本交易所中只有 5 家境外公司在东京上市。相比之下,纽约、伦敦、香港和新加坡这 4 个国际金融中心均有过百家境外公司上市,新加坡的境外上市公司约超过总数的 1/3。这说明东京金融市场的开放度严重不足,极大地限制了东京金融中心在全球的排名。

表 8-17　全球主要股票市场挂牌公司数量(2019 年 1 月)

城　市	公司数量	国内公司	境外公司	备　注
纽　约	3 046	2 609	437	纳斯达克
纽　约	2 281	1 772	509	纽约证券交易所
伦　敦	2 467	2 051	416	伦敦证券交易所
香　港	2 324	2 170	154	香港证券交易所
新加坡	742	483	259	新加坡交易所
上　海	1 460	1 460	0	上海证券交易所
东　京	3 653	3 648	5	日本交易所

- 资料来源:世界股票交易所联合会网站,https://www.world-exchanges.org/our-work/statistics。

第九章
人民币国际化的演化分析

就如同在 1978 年没有人能想象中国的国内生产总值(GDP)在 40 年后能够仅次于美国居世界第二位一样，大概也不会有人在 1978 年设想人民币有一天会走出国门成为像美元、英镑那样的国际货币。中国经济实力的持续提升、对外经济交流的不断扩大、国内金融市场的稳步发展、人民币币值的基本稳定，都是促进人民币国际化的重要因素，而国际货币体系改革的长远目标和中国经济发展进入新时代后社会的变化，也对人民币国际化提出了现实的需求。人民币是否可能成为美元一样的国际本位货币？人民币国际化的目标定位如何？本章共分为五个部分，从演化的视角分析人民币国际化的历程：第一部分讨论人民币国际化的原因，第二部分回顾 40 多年来人民币国际化的历程，第三部分评估人民币国际化目前的发展水平，第四部分分析香港国际金融中心在人民币国际化中的作用，第五部分分析中国政府推进人民币国际化的政策力度。

第一节 人民币国际化的缘起

货币国际化，可以理解为一种货币在国际上发挥货币职能，最终成为国际货币的过程。因此人民币国际化就是指人民币在中国的对外贸易、投资中得到使用，并不断发展为其他国家的贸易、投资和储备货币，最终成为一种重要国际货币的过程。人民币国际化既有其内在的经济依据，又有国际货币体系变革的外部环境条件。

一、人民币国际化的内在条件

从内在依据看，改革开放 40 多年来中国经济实力的持续提升是人民币国际化最根本的条件。1978 年改革开放伊始，中国的经济规模仅有 3 679 亿元人民币；而到 2020 年，中国国内生产总值(名义)已经高达 101.59 万亿元人民币(按当年平均汇率 6.90 计算折合 14.72 万亿美元)，已经成为世界第二大经济体，中国经济总量占世界经济的比重由 1978 年的 1.8% 上升到 2020 年的

17%,仅次于美国。从经济增速角度看,1978—2020年,中国国内生产总值(GDP)的年均名义增速高达14.3%,剔除年均4.8%通胀率,年均实际增速仍高达9.5%。1978年中国人均国内生产总值为381元人民币,仅为同期印度人均国内生产总值的2/3,是当时世界上典型的低收入国家;而2020年,中国人均国内生产总值已经高达7.24万元人民币(约1.05万美元),中国已经跻身中等偏上收入国家行列。1978年,中国进出口贸易额为355亿元;2020年中国外贸货物进出口总值已经达到32.15万亿元,是1978年的905.9倍。其中,进口额由1978年的187.4亿元上升至2020年的14.22万亿元;出口额由1978年的167.6亿元上升至2020年的17.93万亿元。

根据英镑、美元等货币国际化的历史经验,一国的经济实力与其货币的国际化之间存在明显的正向关联。安格斯·麦迪森在《世界经济千年史》中指出:从1700年至1820年的一个世纪里,英国迅速上升为世界商业霸主。1700年英国GDP约占世界的2.9%,1820年上升为5.2%,1870年进一步上升到9.1%。英国强大的生产能力转化为在世界各地的商品倾销,在此期间英国出口平均每年增长2%。英国航运量在1700年约占世界航运能力的1/5,到1820年则超过世界的40%。作为当时世界上最大的贸易国,1860年英国的进口量占世界其他国家出口总量的30%。外国贸易商发现,进口英国工业品时必须接受英镑为计价结算货币,而向英国出口原材料和农产品时以英镑计价更容易打开英国市场。在1860年到1914年间,大约60%的世界贸易以英镑作为计价结算货币。英镑国际化的历史经验是:国家经济实力是货币国际地位的根本决定因素。虽然存在着一定的滞后,但世界头号强国的货币最终会上升到世界首要货币的地位。当然,这里的经济实力不仅表现为GDP等总量指标,更体现在人均GDP、核心竞争力等质量指标。美元国际化的主要经验是:强大的国家实力与正确的国家战略一起,有助于货币地位的迅速提升。从1870年到1945年,在半个多世纪的时间里,美国的经济实力超过英国,但美元的国际地位低于英镑。这说明由于国际货币惯性的存在,一国经济规模的增长并不会自然而然地引起其货币国际地位的相应上升。但是美元在布雷顿森林体系中一举取代英镑成为国际核心货币,正是美国数十年实力积累和战略谋划的结果。

二、人民币国际化的外部环境

从外部环境看,1976年建立的牙买加体系让国际货币多元化成为可能,为人民币国际化创造了制度条件;而美元保持在国际货币体系中的主导地位引起世界经济失衡和2008年全球金融危机,使人民币国际化成为国际货币体系改革的一条现实路径。

1973年布雷顿森林体系解体后,国际货币基金组织成立了一个专门研究国际货币制度问题的临时委员会,并于1976年通过《牙买加协定》,奠定了当代浮动汇率体系的基础。因此,当前国际货币体系被称为牙买加体系,它实际上是一个"无体系的体系",其特点是:(1)黄金非货币化,黄金不再是各国货币的平价基础,也不能用于官方之间的国际清算;(2)储备货币多元化,除美元外,特别提款权、马克(欧元)、日元以及新兴国家的货币如人民币等,只要相关国家愿意都可以充当国际储备;(3)汇率制度多样化,各国可以自行确定采用可调整钉住、有限浮动、灵活浮动和独立浮动等汇率制度。

牙买加体系中不同的货币均可能进入国际化的进程,这为包括人民币在内的各种新兴国家货币国际化提供了制度空间。但是在40多年的实践中,除了从布雷顿森林体系延续下来的美元外,只有欧元真正成为广泛使用的国际货币。通过研究发现,在货币国际化的进程中存在两个效应:"门槛效应"和"反转效应"。"门槛效应"指如果一种货币的国际使用量和使用范围不能较快地突破某个特定的门槛值,则它将一直徘徊在国际化的初期阶段,甚至会退回到国际化之前的国内货币状态。Ito和Kawai[1]研究了20世纪70年代到20世纪90年代美元、德国马克和日元的国际贸易计价功能,发现日元在贸易计价中的使用除在日本自己的进出口中达到过30%左右的比例外,在世界其他国家贸易计价中使用较少,因此在世界贸易中所占份额远远低于美元和马克。"反转效应"指当新兴货币的国际化达到一定水平后,在适当的条件下新兴货币的国际使用量会迅速超过在位国际货币。Eichengreen和Flandreau[2]使用历史数据证实了"反转效应"的存在。他们分析了从各国中央银行档案资料中获得的新数据,发现在20世纪20年代的短短几年内,美元在国际储备货币中的地位就迅速超过英镑。这是目前仅有的货币国际化过程中出现"反转效应"的历史案例。根据我们的研究,目前人民币国际化正处在突破国际货币发展中"门槛效应"的关键阶段。如果人民币的国际使用量能

---

[1] Ito, Hiro and Masahiro Kawai, "Trade invoicing in major currencies in the 1970s—1990s: lessons for renminbi internationalization", *Journal of the Japanese and International Economies*, 2016(42).

[2] Eichengreen, B. and M.Flandreau, "The federal reserve, the bank of england, and the rise of the dollar as an international currency, 1914—1939", *Open Econ Rev*, 2012(23).

够在未来几年内继续提升,则可能突破"门槛效应"并稳定地发挥国际货币作用。但如果人民币的国际使用量在未来几年持续萎缩,人民币国际化也可能会陷入一个较长的低谷期。

2008年全球金融危机的爆发凸显了美元拥有霸权的国际货币体系所造成的世界经济失衡,使人民币国际化进程从市场自发为主进入到政府积极推动的阶段。现行牙买加体系下的国际货币秩序总体上有利于维护核心货币国的利益。

首先,黄金非货币化认可了美元与黄金脱钩,助长了美国自私的货币政策。黄金非货币化名义上是取消一切"会员国之间以及会员国与基金组织之间须用黄金支付的义务",但实际享受到好处的只有美国,因为它在布雷顿森林体系下承担了向各国中央银行以35美元兑换1盎司黄金的义务。根据美国圣路易斯联邦储备银行公布的数据,1945年"二战"结束时美国基础货币供应量为326亿美元,1971年尼克松冲击时为698亿美元,约25年才翻一番,年均增长率3.1%。1976年达成《牙买加协定》时,美国基础货币为974亿美元。此后,由于正式解除了黄金的约束,美国基础货币供应量迅速增加,1986年为2 117亿美元,1996年为4 587亿美元,2006年为8 287亿美元,大约每10年翻一番,这20年的年均增长率11.3%。

其次,浮动汇率制度更适用于发达国家,对于发展中国家,麻烦大于收益。关于浮动汇率与固定汇率优劣的比较,是国际经济学中一个争论不休的话题。经济学家弗兰克尔(Frankel J.A.)指出:"没有一种汇率制度适用于所有的时期和所有的国家。"根据克鲁格曼的"不可能三角"定理,在独立货币政策、资本自由流动和固定汇率三者之中,最多只能实现两个。发达国家一般不限制资本流动,为了保证货币政策的独立,它们选择浮动汇率是合适的。但是,发展中国家的金融体系不健全,监管能力不强,不可能放任跨国资本的自由流动,因此,从政策搭配上考虑不需要汇率浮动。而且,发展中国家资本不足,常常借入国际资本,实行浮动汇率会造成汇率错配,加重本国企业的负担。

最后,储备资产多元化没有实现,发展中国家向发达国家输入廉价资源。《国际货币基金协定》曾经计划以SDR作为主要的国际储备资产,逐步取代美元本位。但是美国对此持非常消极的态度,不支持IMF增发SDR的提议。因美国拥有IMF份额和投票权的17%,没有美国的支持就无法获得85%的多数,所以SDR的数量增长很慢,远远跟不上世界对储备资产的需求,美元仍然占世界储备资产的 2/3 左右。一方面,发展中国家以各种优惠条件引进外资,让外国资本在本国赚取高额利润;另一方面,它们积累的美元资产又以购买美国国债的方式回流到美国,其收益率极低(目前接近于零)。两者相比,等于是穷国在补贴富国,世界范围内的贫富差距不断扩大。

人民币国际化可能成为推动国际货币体系改革的重要途径。以人民币国际化推动国际货币体系变革具有以下几个优势:

首先,人民币国际化不涉及现有国际货币秩序的制度性安排,避免了 IMF 改革受美国阻挠的缺陷。事实证明,作为现行国际货币秩序的最大受益者,美国对改革国际货币秩序具有根深蒂固的抵触。虽然在 2009 年身陷金融危机的美国政府接受了 20 国集团提出的改革 IMF 份额和投票权的方案,但一待美国经济形势好转,美国对此方案转变为消极态度。再加上美国两党政治的牵制,政府签署的国际协定在议会也不一定能够通过。由于美国在 IMF 具有重大事项的否决权,这导致采取"顶层设计"得到国际货币秩序改革方案在事实上不可行。人民币国际化只需要相关国家允许和接受人民币在其国际贸易、投资和储备中使用,主要是一种自发的市场行为,不直接涉及国际货币秩序的制度性安排,因而易于推行。

其次,人民币国际化不涉及区域性货币合作,避免了欧元基础不牢固的缺陷。欧元在创立后基本继承了它取代的德国马克、法国法郎等货币的国际地位并形成合力,一跃成为仅次于美元的第二大国际货币,直接改变了国际货币秩序。但是随着欧元区的不断扩大,各成员国在经济发展水平、经济结构、国际竞争力等方面的差异越来越显著,已经不符合最优货币区理论的要求。亚洲各国的差异更大,因此通过建立"亚元"来改变国际货币秩序更不可行。人民币作为中国的主权货币,其国际化的基础是不断开放的中国所具有的世界第二大经济体的实力。在这一点上,人民币与美元是一样的。

最后,人民币国际化以中国为主,避免了金砖国家(BRICS)货币合作中利益差异的缺陷。金砖国家作为一个整体固然具有更大的经济总量,但由于 5 国利益并不完全一致,在有些方面差异还相当大甚至对立,因此货币合作的层次较低,不足以挑战现行国际货币秩序。因此,中国推动人民币国际化的效果,比起金砖 5 国共同推动 5 国货币国际化可能更好。当然,中国应该加强与其他金砖国家的合作,促使人民币在金砖国家范围内更加广泛地使用。

第二节 人民币国际化的演化史

人民币国际化作为一项战略正式提出是在 2009 年,至今约 12 年。但是人民币在中国境外市场的自发使用要早得多。为了完整回顾起见,我们把 1978 年至 2008 年作为人民币国际化前的时期,而 2009 年以来的 12 年作为人民币正式国际化的时期。

一、人民币国际化前的时期

1978 年至 2008 年,伴随着中国逐渐打开国门学习,参与和适应国际经济交往,人民币也从无到有地开始了走出中国境内、进入国际市场的过程。这个时期可以进一步分成三个阶段:市场自发偶然使用阶段(1978—1990 年),边境贸易使用阶段(1991—2000 年),初步国际使用阶段(2001—2008 年)。

(一)市场自发偶然使用阶段(1978—1990 年)

改革开放之前,中国政府对人民币出入境实施严格的禁止性管理。1951 年 3 月 6 日,当时的中央人民政府公布施行《中华人民共和国禁止国家货币出入国境办法》,对国家货币出入境作了禁止性规定。该规定的实施,对建国初期国民经济的恢复和发展起到了积极作用。此后,由于情况发生变化,从 1954 年起人民银行、海关总署等有关部门针对具体问题和管理工作的需要,制定了一些内部补充规定,逐渐以限额管理的办法代替了禁止性规定。因此,原办法虽未明令废止,但实际上已不再执行。

随着改革开放的深入,中外旅客出入境或边贸结算致使一定数量人民币出入境的事实客观存在。出国人员出境前和入境后需用人民币支付国内食宿等费用,外籍旅客持有少量来不及或不值得再兑换本国货币的人民币,边境易货贸易的差额结算需要持有一部分人民币等,都是合乎情理和符合国际惯例的。如按原办法规定一律予以没收,显然不能适应改革开放形势和对外交往的要求。1987 年根据当时发行新版伍拾元、壹佰元大额人民币的情况,明确规定人民币限额为 200 元;1990 年又规定亚运会期间从朝鲜入境人员携带人民币入境无限额,其他与我国有货币兑换协定国家的正式体育代表团成员每人可以携带 2 000 元人民币。

不管经由什么渠道,人民币一旦出境,就客观上在中国境外开始发挥其作为货币的职能。例如,个人收藏性质的人民币现钞实际上是在境外发挥货币的价值储藏职能。而境外的"地下钱庄"将人民币兑换为当地货币,则间接地使人民币可以在境外发挥流通手段的职能。但是这一阶段人民币在境外的自发偶然使用没有具体的统计资料。

(二)边境贸易使用阶段(1991—2000年)

20世纪90年代,人民币跨境业务就开始陆续出现,并被纳入外汇管理。早期人民币跨境业务基本上是市场自发选择的结果,主要以边境贸易、对台小额贸易以及港澳个人人民币业务等为主。

边境贸易已从初期的以货易货发展为以货币(主要是人民币)结算为主的易货贸易。1983年,中国恢复了与苏联的边境贸易活动,初期主要采取"以货易货"的方式,黑龙江、新疆等地的贸易量较大,后来也采用美元、瑞士法郎等货币结算。随着中越关系的改善和正常化,两国间的边境贸易发展很快,而且越方对以人民币为边贸结算货币的接受度较高。广西壮族自治区与越南的边贸额1989年为4亿元人民币,1991年跃升为20亿元。云南省的边境贸易1985年为1.2亿元,1991年就增加到16亿元。这些边境贸易中有不少是采用人民币结算的,而且形成了人民币在境外的沉淀。中国一些已形成规模生产能力的日用工业品,例如小电器、自行车、缝纫机、柴油机等成了周边国家的抢手货,边贸为国内企业提供了有利的市场。1993年,中国人民银行与越南、蒙古、老挝、尼泊尔、俄罗斯、吉尔吉斯斯坦、朝鲜、哈萨克斯坦等8国分别签署了《边境贸易本币结算协定》,进一步促进了人民币在中国边贸中的使用。

根据改革开放的需要,1993年1月20日国务院公布第108号令,发布了《中华人民共和国国家货币出入境管理办法》,将人民币出入境管理的政策从"禁止"修改为"限额管理"。同年2月5日,中国人民银行发布《关于国家货币出入境限额的公告》,将中国公民出入境、外国人入出境,每人每次携带的人民币限额规定为6 000元。在开放边民互市和小额贸易的地点,中国公民出入境和外国人入出境携带人民币的限额可根据实际情况由人民银行省级分行会同海关确定,报人民银行总行和海关总署批准后实施。公告所附的《说明》指出,制订新的管理办法符合客观形势,方便旅客,有利于发展边境贸易,为人民币成为可兑换货币创造条件。

(三)初步国际使用阶段(2001—2008年)

随着中国成功加入世界贸易组织,中国的对外贸易、引进外资、对外投资等活动迅速增加,中国的改革开放进入了一个新阶段。对外经济交流的扩大使人民币进入了初步国际使用的阶段。

2000年5月,第九届东盟与中日韩"10+3"财长会议在泰国清迈签署了建立区域性货币互换网络的协议,即《清迈倡议》。《清迈倡议》将东盟内部原有的货币互换机制扩展到中日韩三国,在"10+3"范围内逐步建立双边货币互换网络,以便在有关国家出现短期资金困难时进行援助,防范金融危机的发生。这是中国首次与外国建立双边货币互换机制,也意味着初期的人民币国际化开始从个人携带、边境贸易等特殊场合走向货币当局开展正式合作的阶段。2001年至2003年,中国人民银行先后与泰国、日本、韩国、马来西亚、菲律宾、印度尼西亚六国央行签署了总额达235亿美元的货币互换协议。

2003年7月13日,中国人民银行发布第16号公告宣布将在中国香港地区为个人人民币业务建立清算安排。2003年12月24日,中银香港成为香港首家人民币业务的清算行,并于2004年2月25日开始为开办个人人民币业务的香港持牌银行提供存款、兑换、汇款和人民币银行卡等清算服务。2004年8月,经国务院批准,央行决定为在中国澳门地区办理个人人民币存款、兑换、银行卡和汇款业务的有关银行提供清算安排。以中国香港地区为例,中国人民银行深圳市中心支行为清算行(中银香港)开立清算账户,接受清算行的存款,并支付利息。清算行的存款仅为其接受参加行所吸收的香港居民个人的人民币存款。根据中国人民银行的授权,清算行可以为参加行符合下列要求的人民币与港币兑换业务提供平盘服务:个人每人每次不超过等值6 000元人民币的现钞兑换;个人通过存款账户每人每天不超过等值20 000元人民币的兑换;在香港提供购物、餐饮、住宿等个人旅游消费服务的指定商户收取的人民币现钞兑换港币。内地居民可使用内地银行发行的个人人民币银行卡在香港用于购物、餐饮、住宿等旅游消费支付,以及在香港自动取款机上提取小额港币现钞。参加行或其附属机构向香港居民个人发行的人民币银行卡可在内地用于个人消费支付,以及在内地自动取款机上提取小额人民币现钞。具有个人人民币业务经营资格的内地银行可以接受经由清算行汇入的香港居民个人人民币汇款,该汇款的收款人须为汇款人,每人每天的人民币汇款最高限额为50 000元。中国澳门地区人民币使用的规定与此类似。由此,人民币在港澳地区的使用不仅"有法可依",而且便利性大大提高。虽然香港和澳门已经回归,但从货币管辖权上讲人民币在港澳地区的使用仍然属于境外,港澳人民币清算行的安排是人民币国际化的一个重要进展。

人民币出入境管理进一步放松。2004年12月2日,中国人民银行发布公告称,从2005年元旦开始,中国公民出入境、外国人出入境每人每次携带人民币限额由原来的6 000元上调到2万元。这次调整主要是考虑到随着中国居民生活水平的提高,个人对外交流日趋频繁,1993年规定每人每次6 000元出入境携钞限额已不能满足中国居民出国旅游、商务、留学等方面的需要。至于调整额度的根据,据有关部门公布的数据,1993年,中国居民平均消费水平为1 331元,当年央行制定的出入境限额为6 000元,为居民平均消费水平的4.5倍;至2003年,全国居民平均消费水平上升至4 089元,按1993年时的比例测算,人民币出入境限额调整至2万元每人每次是适当的。

边境贸易中人民币使用的范围继续扩大。据国家外汇管理局课题组的调研,截至2007年末,俄罗斯、蒙古、朝鲜、哈萨克斯坦、越南、缅甸、尼泊尔7国在中国边贸地区银行开设人民币、美元等币种的结算账户,全年边贸银行结算金额223.48亿美元,其中人民币结算折合32亿美元,占14%。2006年,中国与越南、缅甸、朝鲜和蒙古的边境贸易中用人民币结算比重分别占96%、90%、79%和71%。由于人民币结算规模的扩大,人民币流入周边国家和地区的规模也持续提升。如人民币已经成为蒙古国实际上的流通货币,2007年向蒙古国调运人民币出境累计14亿元。2007年越南境内的人民币现钞存量约18亿元。国家外汇管理局云南省分局2008年的统计数字显示,人民币在云南边境贸易中,已经成为普遍受欢迎的货币。2006年、2007年,云南省边贸人民币结算占比已经达到91%左右。2008年受全球金融危机影响,边贸人民币结算为36.96亿元,同比略有下降,但人民币结算占比仍达90.2%。并且,在云南边境的缅甸特区,人民币已经成为当地居民的日常使用货币。

二、人民币国际化时期(2009年7月至今)

2009年4月8日,国务院决定在上海市和广东省广州、深圳、珠海、东莞四座城市开展跨境贸易人民币结算试点,境外地域范围暂定为中国港澳地区和东盟国家。2009年7月1日中国人民银行等6部门发布《跨境贸易人民币结算试点管理办法》,7月3日中国人民银行印发了相关的《实施细则》,正式启动了跨境贸易人民币结算进程。学术界通常把2009年7月作为中国政府启动人民币国际化战略的时间节点,这也意味着人民币正式进入国际化的时期。

2009年7月至今一共约12年的时间,根据人民币国际化的进展可以大体分为3个阶段:低起点上的高速增长期(2009—2011年),升值预期下的快速发展期(2012—2014年),汇率双向波动下的平稳调整期(2015—2021年)。

(一)低起点上的高速增长期(2009—2011年)

如前所述,在跨境贸易人民币结算试点启动以前,人民币的跨境使用主要是个人小额旅游、边境贸易结算等少数特殊情形,并不涉及通常的货物贸易、服务贸易等经常项目结算,资本项下的人民币使用更是鲜见。2009年7月《跨境贸易人民币结算试点管理办法》和《实施细则》的制定,解决了以前阻碍跨境贸易人民币结算开展的一些制度性问题,如结算原则、结算方式、提供境外人民币资金存量、贸易融资业务、出口退税、人民币负债的管理等,奠定了人民币国际结算的政策基础和市场基础。该管理办法中的一些原则性规定也逐渐得到明确。2009年8月25日,国家税务总局发出关于《跨境贸易人民币结算出口货物退(免)税有关事项的通知》,明确跨境贸易人民币结算试点企业申报办理跨境贸易人民币结算方式出口货物退(免)税时,不必提供出口收汇核销单,但应单独向主管税务机关申报。这些政策措施的出台,使跨境贸易人民币结算及相关业务在从无到有的低起点上开始进入一个约2年的高速增长期。由于这个阶段的相关统计数据不完整,我们仅作简要的描述。

根据中国人民银行发布的跨境贸易人民币结算金额季度数据,2009年第三季度、第四季度两个季度累计的跨境贸易人民币结算金额为35.80亿元。由于无法区分,我们视之为2009年第四季度的金额。

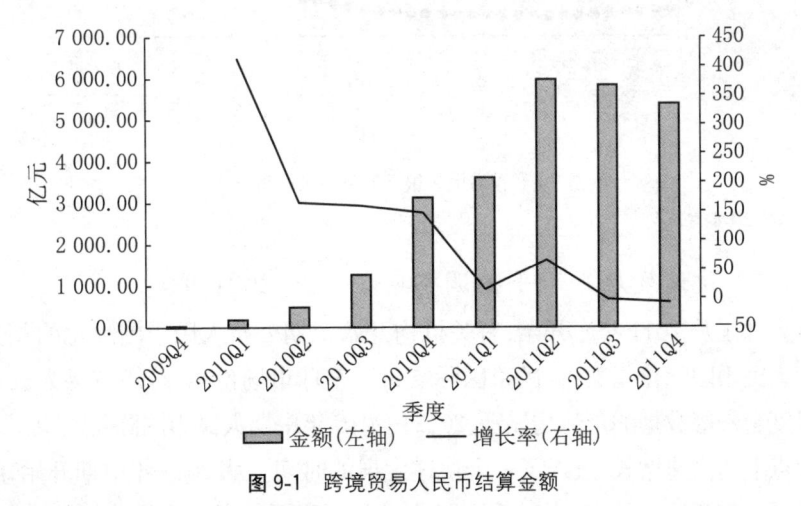

图9-1 跨境贸易人民币结算金额

• 资料来源:WIND数据库。

2010年起有跨境贸易人民币结算的季度数据,如上图9-1所示。2010年一季度跨境贸易人民币结算金额为183.5亿元,比上季增长413%。2010年第二季度跨境贸易人民币结算金额为486.6亿元,比上季增长165%。2010年最后两个季度,跨境贸易人民币结算金额的环比增长率仍然保持在150%左右的水平,结算金额在2010年第四季度达到3 128.5亿元。进入2011年后,环比增长率迅速下降到两位数的水平。

另一个可能获得较早数据的指标是中国香港地区银行的离岸人民币存款。2003年中国人民银行与中国香港金管局决定为个人人民币业务提供清算安排后,香港金管局从2004年2月起公布香港地区银行的人民币存款余额。如图9-2,这个存款余额在2009年7月以前基本维持在500亿元上下的水平。开展跨境贸易人民币结算试点后,香港地区银行的人民币存款余额开始逐月上升,到2010年7月首次突破1 000亿元。此后的一年多时间里,香港地区银行的人民币存款余额进入一个快速增长期,平均每2个月就增长1 000亿元,至2011年11月达到这个阶段的最高值6 273亿元。

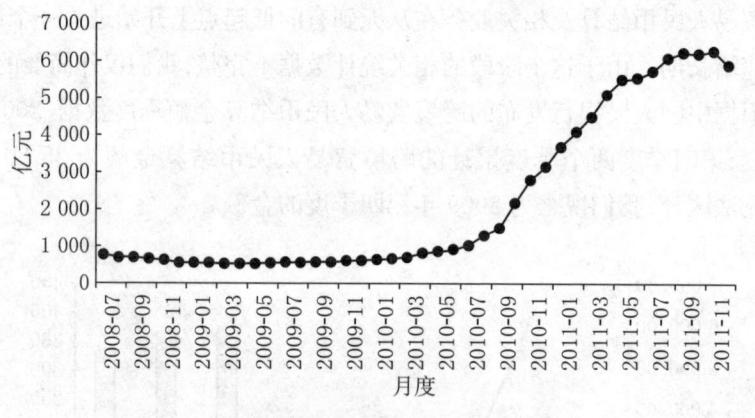

图9-2 香港地区银行的离岸人民币存款

- 资料来源:WIND数据库。

(二)快速发展期和平稳调整期(2012—2021年)

大体上从2011年底开始,有关机构开始定期公布人民币国际化的相关数据。人民币国际化指数、人民币国际支付占全球市场份额、跨境贸易人民币结算月度金额等数据的走势均显示,2012—2015年中期人民币国际化结束了之前低起点上的高速增长,进入了一个快速发展的时期。从2015年中期开始,随着人民币升值预期的结束,人民币国际化进入平稳调整期。为了分析的方便,我们把 2011 年底以来这两个阶段共约 12 年的数据走势画在同一张图上。

下图 9-3 是环球银行金融电信协会(SWIFT)发布的人民币在全球国际支付中所占份额和在各种货币中的排名情况。

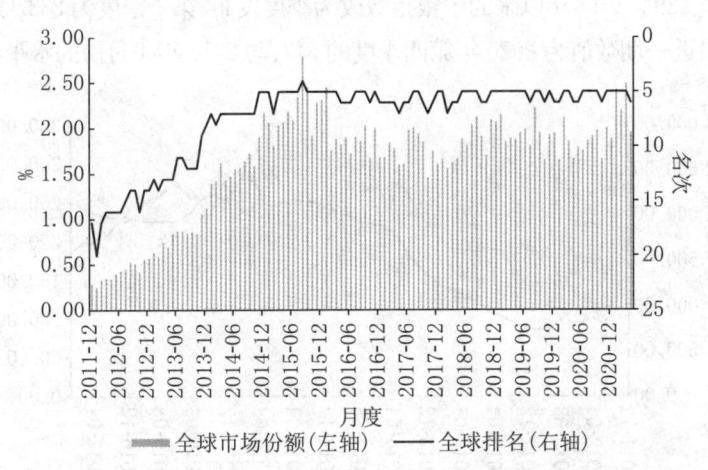

图 9-3　人民币在全球国际支付中所占份额和在各种货币中的排名

· 资料来源：WIND 数据库。

如图 9-3 所示，2012 年 1 月起，人民币在全球国际支付中所占份额持续稳定上升，从当月的占全球 0.25％开始，经过 3 年半的时间增加到 2015 年 8 月出现的最高值 2.79％，在全球各支付货币中排名相应地从第 20 位提升至第 4 位。2015 年 9 月起，人民币在全球国际支付中所占份额出现了波动下行的走势，多次触及 1.60％左右的低位，最低下探到 2018 年 2 月的 1.56％。人民币在全球各支付货币中排名则在 2015 年 8 月的历史最高值第 4 位后，持续在第 5 名、第 6 名之间振荡，最低触及第 7 名。到 2021 年 4 月的最新数据，人民币在全球国际支付中所占份额为 1.95％，排名保持在第 6 位。很明显，2015 年 8 月是区分前后两个时期的断点，在此前后人民币国际支付的走势有显著的差异。

有关金融机构编制的人民币国际化指数的变化趋势也呈现出类似的差异。图 9-4 是渣打指数和中银指数在 2011 年底以来至 2017 年 6 月的变化情况（2018 年 5 月之后不再发布渣打指数）。渣打指数的全称是"渣打人民币环球指数"(RGI)，中银指数的全称是"中国银行人民币跨境指数"(CRI)。两个指数的变动趋势基本一致。以中银指数为例，它在 2011 年 12 月的初始值取为 100，在 2014 年 3 月达到第一个峰值 278，说明人民币国际化程度在 2 年的时间内提升了约 2 倍。此后中银指数在 2014 年出现了一个阶段的反复，但

2015年1月起又持续增长,到2015年9月达到人民币国际化以来的最高点310。从2015年10月起,人民币国际化指数呈现波动下行的趋势,这伴随着2015年"811汇改"后人民币升值预期基本结束。2016年12月,中银指数下降到最低值229。2017年以来的中银指数改为季度发布,第一季度为233,第二季度为248,最近一期数值为2020年第四季度的317,与2015年4月份的水平相当。

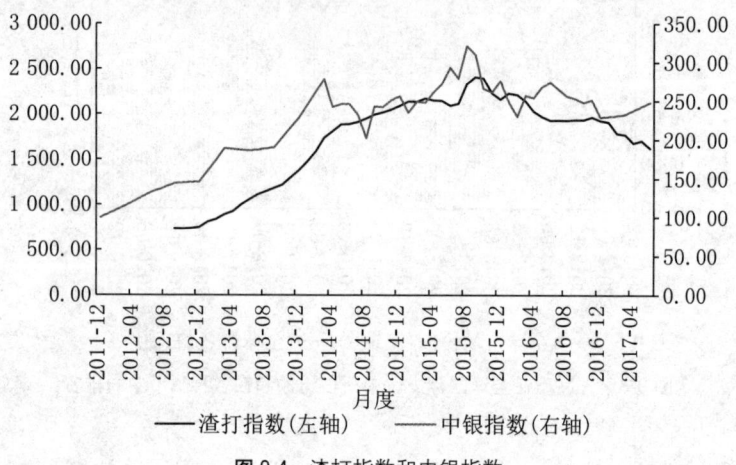

图9-4 渣打指数和中银指数

• 资料来源:WIND数据库。

与中银指数相似,渣打指数从2012年9月的735开始上升,最高值出现在2015年9月的2 407,此后一路下降到2017年6月的1 622。2017年7月起渣打指数连续出现10个月的缺失值,最近的数据是2018年5月的1 750,比1年前的低点有所回升。渣打指数和中银指数的变动都说明,2015年9月是区分前后两个时期的断点,在此前后人民币国际化水平的变动趋势有显著的差异。

另一个有完整时间序列的数据是跨境贸易人民币结算。如图9-5所示,从2012年1月开始,跨境贸易人民币结算金额保持在小幅波动中上升的走势,直到2015年8月达到阶段性最大值7 559亿元。此后的4个月,跨境贸易人民币结算金额出现大幅波动,最低震荡到10月的4 361亿元,最高震荡到12月的7 981亿元。2016年前2个月,跨境贸易人民币结算金额连续大幅下跌到3 421亿元,比2015年12月减少了57%。2016年3月起,跨境贸易人民币结算金额大体稳定在3 000亿—4 000亿元的区间内,从2018年5月才再次突破4 000亿元,最近一期的数据是2021年4月跨境贸易人民币结算5 779亿元。跨境贸易人民币结算金额的变动趋势同样表明,2015年9月前

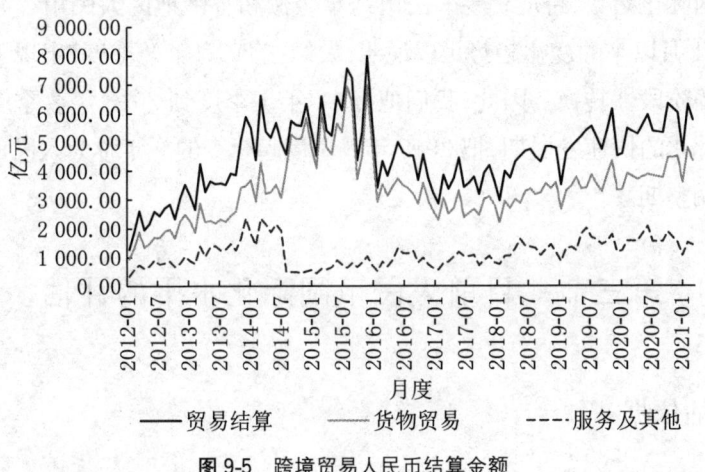

后是人民币国际化发展中的一个阶段转换期。

图 9-5　跨境贸易人民币结算金额

- 资料来源：WIND 数据库。

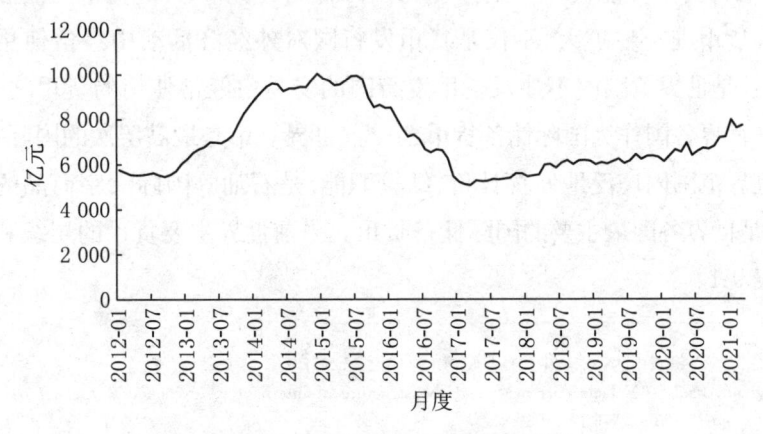

最后我们看一下中国香港地区人民币存款余额的变化趋势。如图 9-6 所示，2012 年 1 月香港地区人民币存款余额为 5 759.6 亿元，小幅波动数月后，2012 年 9 月开始出现明显的上升趋势，到 2014 年 12 月达到最高值 10 035.6 亿元。香港地区人民币存款余额在接近 1 万亿的高位上维持了 8 个月，到 2015 年 9 月开始掉头向下，一路下降到 2017 年 3 月的阶段性低点 5 072.7 亿元。此后，香港地区人民币存款余额保持稳定并出现缓慢回升，到最近的 2021 年 3 月达到 7 724.4 亿元。2015 年 9 月是阶段性的转换期。

图 9-6　中国香港地区人民币存款余额

- 资料来源：WIND 数据库。

限于篇幅,我们不再分析其他的数据系列。以上人民币国际支付份额、人民币国际化指数、跨境贸易人民币结算金额和香港地区人民币存款余额从 2012 年 1 月以来的变化趋势足以说明,大约在 2015 年 3 季度,出现了人民币国际化的阶段性转换。因此,我们把 2012 年 1 季度到 2015 年 2 季度称为人民币国际化的快速发展期,把 2015 年 3 季度起至今的 6 年称为人民币国际化的稳定调整期。

第三节 目前人民币国际化水平的评估

一、评估依据

根据货币的国际化程度由低到高,可以定性地把国际化货币分为 5 个层次:[1]初级国际货币、一般国际货币、工具货币(vehicle currency)、关键货币(key currency)和世界货币(world currency)。

初级国际货币指一国货币刚刚开始进入国际领域,在周边国家或部分领域发挥计价、结算职能。一般国际货币指一国货币在本国的对外经济活动中较多地发挥计价、结算职能,但在不涉及该国的经济活动中使用较少,基本不充当国际储备。工具货币必须在国际经济中发挥不同国家间交易载体的作用,也就是说必须在不涉及货币发行国的交易中得到较多的使用。此时,工具货币可能被一些国家作为国际储备使用。[2]关键货币的国际作用比工具货币进一步扩大,不仅是货币发行国对外经济活动中经常使用的货币,而且是世界范围内不涉及货币发行国的交易中经常使用的货币之一,也常常被世界各国作为国际储备货币之一。[3]世界货币是最高层次的国际货币,它在世界范围内广泛地发挥计价、结算职能,是石油等国际大宗商品的定值货币,是世界各国最主要的国际储备货币。当前世界主要货币的层级和功能如下表 9-1。

---

[1] 涂菲:《国际关键货币的条件》,中国社科院博士学位论文,2011 年。
[2] Krugman, Paul., "Vehicle currencies and the structure of international exchange", *Journal of Money, Credit and Banking*, Vol.12, 1980.
[3] Ogawa, Eiji. and Yuri Nagataki Sasaki, "Inertia in the key currency", *Japan and the World Economy*, Vol.10, 1998.

表 9-1 国际货币的层级和主要指标

国际货币层级	贸易计价结算	资产计价结算	官方国际储备	其他指标
第1级(世界货币):美元	大部分国际贸易使用,份额50%—60%,国际大宗商品贸易,非法和地下交易	40%的银行资产,大部分债券、外汇和衍生品交易	世界总储备60%,各国普遍持有	SDR 篮子货币中最大权重
第2级(关键货币):欧元	在欧盟内部及欧盟与外国贸易中广泛使用,在不涉及欧盟的贸易中较多使用,份额10%—20%	30%左右的银行资产,金融市场份额较低,主要由欧盟国家持有	世界总储备27%,主要由欧盟内部持有	SDR 篮子货币中较大权重
第3级(工具货币):日元、英镑	国际贸易结算份额10%以下,在本国的对外贸易中使用较多,不涉及本国的贸易中也有使用	10%以下	10%以下	进入SDR 篮子货币,但权重较小
第4级(一般国际货币):澳元、加元等	少数不愿使用主要货币的场合,份额不足5%	不足5%	不足5%	不进入SDR 篮子
第5级(初级国际货币)	本国跨境贸易中使用,份额不足3%	不足2%	不足1%	不进入SDR 篮子

· 资料来源:转引自涂菲,《国际关键货币的条件》,中国社科院博士学位论文,2011。

二、人民币的贸易计价结算职能

根据中国人民银行的数据,2020 年跨境贸易人民币结算总金额为 4.9 万亿元,占当年中国对外贸易总额(含商品和服务贸易)36.7 万亿元的 13.35%。按当年人民币兑美元的平均汇率 6.9 计算,折合 7 100 亿美元,约占 WTO 公布的当年世界贸易总量 25.3 万亿美元的 2.8%。与人民币国际化初期对比,2010 年人民币贸易结算金额折合 738.6 亿美元(当年平均汇率 6.769 6),而当年世界贸易总量为 15.254 万亿美元,人民币贸易结算约占世界贸易总量的 0.48%。2011 年人民币贸易结算金额折合 3 218.3 亿美元(当年平均汇率 6.463 0),当年世界贸易总量为 18.217 万亿美元,人民币贸易结算约占世界贸易总量的 1.77%。

三、人民币的金融交易结算职能

最近 6 个月环球银行金融电信协会发布的主要国际货币在全球国际支付中所占份额如表 9-2。其中美元约占 39%,欧元约占 36%,这两大主要国际货币占全球国际支付的近 3/4。排名第三的英镑约占 6.3%，排名第 4 的日元约占 3.5%，两者合计约占全球国际支付的约 10%。人民币保持了全球第 5 大国际支付货币的地位，占全球国际支付的比重上升到约 2.5%，但领先第 6 位的加元(约 2.0%)不多，且各月份间波动较大，与第 4 位的日元仍有不小的差距。

表 9-2　主要国际货币在全球国际支付中所占份额　　　　　单位:%

月 度	美元	欧元	英镑	日元	人民币
2020.10	37.64	37.82	6.92	3.59	1.66
2020.11	37.63	37.44	6.85	3.44	2.00
2020.12	38.73	36.70	6.50	3.59	1.88
2021.01	38.26	36.60	6.80	3.49	2.42
2021.02	38.43	37.13	6.57	3.18	2.20
2021.03	39.43	35.77	6.30	3.49	2.49

• 数据来源:Wind 数据库。

如表 9-3 所示，根据国际清算银行每 3 年一次的全球外汇交易调查，从 2001 年到 2016 年的 6 次调查中，美元约占 88%，欧元约占 31%，日元约占 22%，英镑约占 13%。人民币所占份额 2001 年不足 0.1%，此后逐渐增长，在正式启动人民币国际化的第二年(2010 年)为 0.9%。到 2019 年人民币的份额上升到 4.0%，还低于澳元、加元和瑞士法郎，居全球货币的第 8 位。

表 9-3　主要国际货币在全球外汇交易中所占份额　　　　　单位:%

年份	美元	欧元	英镑	日元	人民币
2001	90.4	37.6	22.7	13.2	0.0
2004	88.7	37.2	20.3	16.9	0.1
2007	86.3	37.0	16.5	15.0	0.5
2010	85.2	38.9	18.6	13.1	0.9
2013	87.0	33.4	23.0	11.8	2.2
2016	87.6	31.3	21.6	12.8	4.0
2019	88.0	32.0	17.0	13.0	4.0

• 注:计算依据是货币在当年 4 月的日均交易量，总比例为 200%。
　数据来源:根据 BIS 相关年份的《全球外汇市场报告》整理。

四、人民币的国际储备货币职能

根据 IMF 的官方外汇储备货币构成数据库(COFER)，2014 年以来主要国际货币在全球外汇储备中的份额变化情况如下表 9-4。

表 9-4 主要国际货币在全球可识别外汇储备中的份额   单位:%

季度	2014Q4	2015Q4	2016Q4	2017Q4	2018Q4	2019Q4	2020Q4
美元	65.17	65.74	65.34	62.72	61.74	60.72	59.02
欧元	21.21	19.15	19.13	20.15	20.67	20.58	21.24
人民币	—	—	1.08	1.22	1.89	1.94	2.25
日元	3.55	3.75	3.95	4.89	5.19	5.89	6.03
英镑	3.70	4.72	4.34	4.54	4.43	4.64	4.69
澳元	1.60	1.77	1.69	1.8	1.63	1.70	1.82
加元	1.75	1.78	1.94	2.02	1.84	1.86	2.07
瑞郎	0.24	0.27	0.16	0.18	0.14	0.15	0.17
其他	2.79	2.83	2.37	2.49	2.47	2.53	2.70

- 注:2016 年以前 IMF 不单独公布人民币在全球外汇储备中的份额。
数据来源:根据 IMF 的 COFER 数据库整理。

从表中可知,2020 年,美元是全球外汇储备中最重要的货币,其比重虽然有所下降,但仍占总量的约 60%,领先位居第二的欧元近 3 倍。欧元的比重逐年上升,目前约占全球外汇储备的 1/5。日元和英镑的比重远低于美元和欧元,在 5% 上下,属于第二梯队的储备货币。加元、澳元和人民币在全球外汇储备中的份额在 2% 左右,属于第三梯队的储备货币。

五、人民币成为 SDR 篮子货币

在人民币国际化过程中,值得一提的是人民币于 2016 年正式成为国际货币基金组织(IMF)的特别提款权(SDR)篮子货币之一。

SDR 篮子货币的选择有两个标准:一是货币发行国(地区)的出口量在世界排名前列,二是货币"可自由使用"。2010 年在 IMF 对 SDR 篮子货币构成进行每五年一次的定期评估时,人民币已经符合了出口量标准,但尚不符合可自由使用的要求。此后的 5 年,通过人民币国际使用的不断增加和国内资本账户开放等配套改革措施的推进,在 2015 年 11 月进行的定期评估中,IMF 执行董事会确认接受人民币加入 SDR 货币篮子,成为继美元、欧元、英镑和日元后的第 5 种篮子货币。根据新的计算公式,人民币在 SDR 中的权重为 10.92%,位居第三名。其他 4 种货币的权重分别为:美元 41.73%、欧元 30.93%、日元 8.33%、英镑 8.09%。从 2016 年 9 月 30 日起,将使用这些权重确定特别提款权篮子货币的新的固定数量。此后,任何一天每种货币在特别提款权价值中所占比重将取决于当天的汇率。1980 年 SDR 篮子规模从 16 种货币缩小到 5 种货币后,除在 1999 年由于欧元创立而自动取代了德国马克和法国法郎，SDR 篮子货币构成从未发生重大变化。人民币的加入，是 40 年以来 SDR 进行的最大变革。人民币纳入 SDR 货币篮子，将使得货币篮子更加多元化，更能代表全球主要货币，从而有助于提高 SDR 作为储备资产的吸引力。当然，人民币在 SDR 货币篮子中的权重由包括出口总额在内的多种因素决定，人民币权重超过英镑和日元占第三位，并不等于人民币国际化的实际水平超过了英镑或日元。

目前，人民币在全球贸易结算货币中的排名大约为第 6 位，在全球国际支付货币中约为第 5 位，在全球外汇交易中约为第 8 位，在全球储备货币中约为第 5 位，在 SDR 货币篮子中权重居第 3 位。综合以上各个指标，当前人民币的国际化水平应排在美元、欧元和英镑、日元之后，与澳元、加元的国际化水平大体相当，居世界的第 6 位左右。经过近十年的快速发展，人民币已经超过了表 9-1 中第五级"初级国际货币"的水平，属于第四级的"一般国际货币"。根据我们前面的分析，在"一般国际货币"与第三级的"工具货币"之间存在着"门槛效应"，未来若干年人民币的国际化发展如果能保持良好势头，就可能突破这个门槛，成为与英镑、日元相当的"工具货币"。

第四节　中国香港地区国际金融中心在人民币国际化演化过程中的作用

国内文献较多关注人民币国际化与上海国际金融中心建设的互动关系，但由于中国现阶段资本项目并未完全开放，国内的在岸金融中心对人民币国际化的促进作用只能是长期的。实际上在过去几年的人民币国际化过程中，中国香港地区国际金融中心发挥了不可替代的作用。

新兴经济体货币要走向国际化，首先遇到的困难是国际市场的接受度不高。国际市场的企业和投资者长期习惯于使用美元、英镑、欧元等少数发达国家货币进行贸易和投资活动，对于人民币多持谨慎和观望的态度，这导致人民币国际化很难首先在纽约、伦敦、东京等国际金融中心取得突破。香港国际金融中心是人民币国际化的首要选择，发挥了人民币国际化的先行者和试验田的作用。

首先，香港与内地经济联系密切，香港地区的企业和投资者对人民币的接受度明显高于纽约等国际金融中心。在改革开放以前，香港就曾经作为中国内地与世界经济联系的一个窗口，发挥了独特的历史作用。1979 年改革开放后,特别是 1997 年以来"一国两制"在香港的成功实践,使香港与内地的经济更加水乳交融。中国香港地区 90% 的转口贸易来自内地或以内地为目的地。香港是内地最大的境外商业直接投资来源,近年来内地在香港的直接投资也在不断增加。内地与香港的金融合作不断深化,香港地区的商业银行、证券公司、咨询公司、保险公司、资产管理公司等各类金融机构积极拓展内地市场。内地企业既可通过香港的银行、股票市场、债券市场吸纳国际资金,又可以通过香港的金融服务平台进行海外投资扩张。

其次,人民币国际化首先从香港起步,积累了较多的经验。通常认为 2009 年 7 月中国政府启动跨境贸易人民币结算试点是人民币国际化的正式开始,而在此之前,中国香港地区已经办理了 5 年多的人民币业务。2004 年 1 月 18 日,内地银行发行的印有"银联"标识的人民币银行卡开始在香港使用。2004 年 2 月 25 日香港银行开始为香港居民开办个人人民币的存款、兑换和汇款三项业务。2005 年 11 月 1 日中国人民银行宣布扩大为香港银行办理人民币业务提供平盘及清算安排的范围。2007 年 1 月 10 日,国务院决定同意将香港的人民币业务扩大到内地金融机构在香港发行人民币金融债券筹集的资金,同年 7—9 月中国国家开发银行、中国进出口银行及中国银行先后在香港发行总额达 100 亿元人民币的债券。①根据 SWIFT 的统计,香港离岸市场的人民币交易量约占全球人民币离岸支付总额的 80%。

最后,中国香港国际金融中心是一个离岸的市场,它实行不同于中国内地的金融业务制度,可以有效隔离人民币国际化后国际市场的投资者和投机者利用人民币冲击国内金融市场。尽管从国际经验看,有将离岸中心和在岸中心设在同一城市的先例,如美国就曾经在纽约设立美元的离岸市场(国际银行业设施,IBFs),但一般地说只有将离岸中心和在岸金融市场分离,才可以确保离岸中心业务不会冲击在岸金融业务。与此同时,香港特别行政区作为直辖于中央政府的一个地方行政区,特区政府可以根据香港政策和中央政府的战略,配合人民币国际化在香港的实施。

经过前期的积累和 2009 年人民币国际化正式启动以来的 12 年快速发展,香港已经领先人民币国际化的各离岸市场。如下图 9-7 所示,人民币国际化初期的使用范围主要是中国内地和中国香港地区,分别为 29% 和 68%,世界其他地区合计只有 3%。此后中国内地的份额持续下降,到 2015 年 3 月份

---

① 张晓明:《对香港在人民币国际化进程中角色和作用的思考》,《新远见》,2012 年第 8 期。

额为3%，而其他地区上升29%，正好与2010年10月的情况相反。中国香港地区的份额在初期有所上升，随后又持续下降，回到最初的份额68%。到2016年底，人民币国际支付的份额中国内地占5%，中国香港占71%，其他地区占24%。2017年起，中国香港所占份额保持在约75%，其他地区所占份额约为25%，同时不再公布中国内地在人民币国际支付中的份额（可以理解为统计口径的调整）。

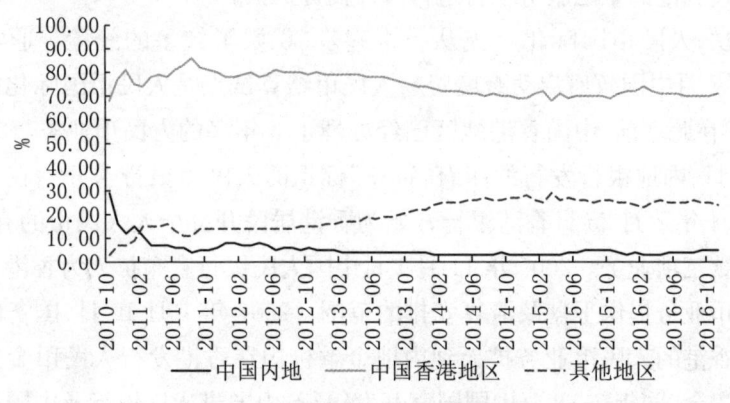

图9-7 人民币国际支付的区域市场份额

• 数据来源：WIND数据库。

限于数据的可得性，我们以中国台湾地区为例比较一下人民币国际化在不同地区的进展。人民币在中国香港地区的使用比在中国台湾地区早得多。1997年香港回归祖国并设立特别行政区后，内地与香港间的人员往来和经济联系比回归前密切，逐渐形成了在中国香港地区的人民币存量资金。2004年2月，香港地区的人民币存款余额为8.95亿元，到2004年11月首次超过100亿元，增加到105.82亿元；2008年3月首次超过500亿元，增加到575.85亿元。此后一年，香港地区的人民币存款余额经过了一些反复，最高达到776.75亿元，最低降至530.20亿元。2009年7月启动跨境贸易人民币结算后，香港地区的人民币存款余额开始稳步上升。图9-8是2012年1月以后中国香港地区和中国台湾地区的人民币存款余额变动情况。

由图9-8可知，台湾地区在人民币国际化的启动时间、发展水平等方面均落后于香港地区。2009年7月中国香港地区的人民币存款余额已经达到559亿元，此后经历了一个迅速增长的时期，到2012年1月人民币存款余额增加到5 759.6亿元，而此时中国台湾地区的人民币存款刚刚起步，余额只有

图 9-8　中国香港和中国台湾地区的人民币存款余额变动

- 数据来源：WIND 数据库。

66 亿元。2012 年 10 月起，中国香港地区的人民币存款余额开始第二轮快速增长，随后中国台湾地区的人民币存款余额也开始了一轮较快增长。这一轮增长到 2014 年底结束，香港地区的人民币存款余额于 2014 年 12 月达到 10 035 亿元的历史高点，台湾地区的人民币存款余额则在 2015 年 6 月达到最高水平 3 382 亿元。2015 年 8 月人民币汇率形成机制改革后，香港地区的人民币存款余额出现了一个明显的下降期，到 2017 年 3 月降低到 5 073 亿元，此后有恢复性增长，2021 年约在 7 700 亿元。台湾地区的人民币存款余额则保持了大体稳定的趋势，余额在 2 400 亿元以上。目前台湾地区的人民币存款余额大体相当于香港地区的 1/3。其他的人民币离岸中心如新加坡、伦敦等的人民币存款业务量比中国台湾地区少，与中国香港地区的差距更大。因此，香港地区在人民币国际化过程中发挥了主要人民币离岸中心的重要作用。

除此之外，香港地区还在其他地区的人民币国际化中发挥了协助的作用。例如，人民币国际化是从中国香港地区起步的，但是随着两岸关系的改善，人民币在中国台湾地区的使用也逐步扩大，其中得到了香港地区主管部门和金融机构的支持。2009 年 4 月 26 日，海峡两岸关系协会会长陈云林与海峡交流基金会董事长江丙坤在南京签署《海峡两岸金融合作协议》，以促进海峡两岸金融交流与合作，推动两岸金融市场稳定发展，便利两岸经贸往来。协议规定，双方同意先由商业银行等适当机构，通过适当方式办理现钞兑换、供应及回流业务，并在现钞防伪技术等方面开展合作。逐步建立两岸货币清算机制，加强两岸货币管理合作。根据《海峡两岸金融合作协议》，中国人民银行与中国台湾地区协商确定利用中国香港地区人民币业务清算平台向台湾地区提供人民币现钞清算服务的安排,并得到中国香港金融管理局的支持。在此安排下,人民银行授权中国银行(香港)有限公司(简称"中银香港")为中国台湾地区人民币现钞业务清算行,负责向中国台湾地区许可的中国台湾商业银行的中国香港分行(即现钞业务行)提供人民币现钞兑换等相关服务。台湾地区经许可的金融机构则可以与这些现钞业务行的台湾地区总行进行人民币现钞买卖。借此为台湾地区当地个人客户提供人民币现钞兑换服务。这些机制性安排为人民币在台湾地区使用奠定了基础,有可能率先形成包括中国大陆(内地)、中国港澳地区和中国台湾地区的大中华人民币经济圈。

第五节 中国政府推动人民币国际化的政策力度分析

人民币国际化放缓的深层原因是前期国际化快速推进中存在结构性失衡。例如,周宇[①]指出人民币国际化中存在四种失衡现象,即跨境贸易人民币结算等离岸人民币业务高度集中于中国香港地区,中国进口贸易人民币结算远远大于出口贸易人民币结算,人民币贸易结算职能发展较快而储备货币职能发展缓慢,人民币离岸债券("点心债")发展较快而在岸债券("熊猫债")发展缓慢。2013年以来,这些失衡仍在继续发展。中国香港地区占跨境贸易人民币结算的比重,在2014年达到最高的96%,在2016年结算金额下降的情况下仍然达到81%。跨境贸易人民币结算付出人民币与收入人民币的比值在2012年为1.21,到2016年为1.60,表明进口付出人民币持续大于出口收入人民币(2017年以后不再公布此数据)。

表9-5 跨境贸易人民币结算的金额和比重　　　　　　　　　　单位:亿元

年份	2011	2012	2013	2014	2015	2016
中国香港地区	19 149	26 300	38 410	62 582	68 330	42 545
中国内地	20 800	29 409	46 300	65 500	72 300	52 300
占比	92%	89%	83%	96%	95%	81%

人民币国际化中持续存在的结构性失衡,说明现阶段的人民币国际化是一种"跛足"的货币国际化,即主要由政府推动的货币国际化。回顾国际货

[①] 周宇:《论人民币国际化的四大失衡》,《世界经济研究》,2013年第8期。

发展的历史,货币国际化更应该是一个国家经济发展的自然结果而非政府有意追求的政策目标。英镑的国际化是随着工业革命后大英帝国的商品输出和资本输出完成的。德国政府并不积极推动马克国际化,但马克币值稳定的声誉和德国强大的工业生产能力使欧洲国家自发地将本币钉住马克,最终发展出欧元区。美元成为主导国际货币固然是得益于布雷顿森林体系的制度安排,但是这更多的是对现实的一种认可,因为在"二战"之前美元的国际地位已经超过英镑。而凡是将货币国际化本身作为政策目标的国家,其货币的国际化往往不太成功,典型的是20世纪80年代日本政府推动的日元国际化。

在前几年的人民币国际化过程中,政府的积极推动发挥了重要作用,它在促使人民币国际化快速发展的同时也留下了结构性失衡的隐忧。

虽然没有明确的变量来测度政府推动人民币国际化的力度,但是可以从历年《政府工作报告》中对相关内容的表述来间接推断中国政府对人民币国际化的基本政策取向。《政府工作报告》主要包括两部分内容,一是上年的工作回顾,二是当年的主要任务。上年工作回顾中先概述前一年经济发展的主要指标如GDP、财政收入、粮食产量、新增就业、人均收入等,然后分述过去一年中的主要工作成绩和进展。当年的主要任务中先提出GDP增长率、登记失业率、CPI涨幅等经济社会发展的主要预期目标,再分述为实现这些预期目标所需要重点抓好的工作。《政府工作报告》中提及的"当年重点工作"在获得全国人大批准后将逐项分解到所涉及的中央政府各个部门和全国各个地区,完成较好的内容将可能在下一年的《政府工作报告》"上年工作回顾"中得到肯定。我们分析整理了从2010年3月十一届人大三次会议以来至2019年的历次《政府工作报告》,将其中涉及人民币国际化的内容整理如表9-6。

表9-6 历次《政府工作报告》中的人民币国际化工作(2010—2019年)

年份	上年工作回顾	当年重点工作
2010	跨境贸易人民币结算试点启动实施	推进跨境贸易人民币结算试点,逐步发展境外人民币金融业务
2011	跨境贸易人民币结算试点不断扩大	扩大人民币在跨境贸易和投资中的使用。推进人民币资本项下可兑换工作
2012	把跨境贸易人民币结算范围扩大到全国,启动境外直接投资人民币结算试点,开展外商直接投资人民币结算业务	稳步推进人民币资本项目可兑换,扩大人民币在跨境贸易和投资中的使用

(续表)

年份	上年工作回顾	当年重点工作
2013	扩大人民币在跨境贸易和投资中的使用	稳步推进利率、汇率市场化改革,扩大人民币跨境使用,逐步实现人民币资本项目可兑换
2014	未提及	保持人民币汇率在合理均衡水平上的基本稳定,扩大汇率双向浮动区间,推进人民币资本项目可兑换
2015	未提及	保持人民币汇率处于合理均衡水平,增强人民币汇率双向浮动弹性; 稳步实现人民币资本项目可兑换,扩大人民币国际使用,加快建设人民币跨境支付系统,完善人民币全球清算服务体系,开展个人投资者境外投资试点,适时启动"深港通"试点
2016	建立人民币跨境支付系统。人民币逐步加入国际货币基金组织特别提款权货币篮子	继续完善人民币汇率市场化形成机制,保持人民币汇率在合理均衡水平上基本稳定; 设立人民币海外合作基金,用好双边产能合作基金
2017	加强金融风险防控,人民币汇率形成机制进一步完善,保持了在合理均衡水平上的基本稳定,维护了国家经济金融安全。人民币正式纳入国际货币基金组织特别提款权货币篮子	坚持汇率市场化改革方向,保持人民币在全球货币体系中的稳定地位
2018	(过去五年)沪港通、深港通、债券通相继启动,人民币加入国际货币基金组织特别提款权货币篮子,人民币国际化迈出重要步伐	深化利率汇率市场化改革,保持人民币汇率在合理均衡水平上的基本稳定
2019	及时应对股市、债市异常波动,人民币汇率基本稳定,外汇储备保持在3万亿美元以上	未提及

• 资料来源:根据相关年份《政府工作报告》整理。

仔细推敲表9-6中的相关措辞,不难看到中央政府对人民币国际化的政策取向。例如,2010年的政府工作报告在"上年工作回顾"中提到"跨境贸易人民币结算试点启动实施",这说明2009年7月1日以中国人民银行等6个部门名义下发的《跨境贸易人民币结算试点办法》实际上是获得了中央政府的肯定。在"当年重点工作"中表示要"推进跨境贸易人民币结算试点,逐步发展境外人民币金融业务",其中的"推进"二字表明了中央政府对跨境贸易人民币结算的充分肯定和支持的态度,而"逐步发展"则意味着中央政府对境外人民币金融业务持谨慎肯定和允许尝试的态度。而2011年到2013年的3年中,《政府工作报告》在"上年工作回顾"和"当年重点工作"中均连续采用3次"扩大",说明中央政府对人民币在跨境贸易和投资中使用的大力支持。

2014年和2015年的政府工作报告在"上年工作回顾"中没有直接提及人

民币国际化,而在"当年重点工作"中两次提及"推进人民币资本项目可兑换",说明这个时期人民币在跨境贸易和投资中的使用基本稳定,而资本项目可兑换成为政府的重点目标。其背景是人民币的国际使用在前期迅速扩大的同时也暴露出一些结构性失衡问题,增长速度在连续几年翻番后也进入一个稳定增长期。这个时期推进人民币资本项目可兑换,增加人民币可自由使用的程度以便达到 SDR 篮子货币的要求,成为新的重点工作。不过 2015 年的"重点工作"中仍然提到要"扩大人民币国际使用",考虑到政府工作的连续性,这两年中国政府对人民币国际化的基本政策取向可以看作强度有所降低的支持。

2016 年和 2017 年,人民币顺利加入了 SDR 货币篮子,但 2015 年"811 汇改"后人民币汇率升值预期转换成贬值预期,人民币国际化的指标停滞不前或明显下降,这些都使得政府工作报告中把"保持人民币汇率在合理均衡水平上的基本稳定"和"保持人民币在全球货币体系中的稳定地位"作为主要的工作目标,不再出现"扩大人民币国际使用"的字样。但是"保持人民币在全球货币体系中的稳定地位"说明中央政府并不乐见人民币的国际使用出现明显萎缩,实际上是对人民币国际化的一种托底性的支持。2018 年是五年一次的政府换届,因而总结了过去五年的工作,包括沪港通、深港通、债券通相继启动,人民币加入国际货币基金组织特别提款权货币篮子,人民币国际化迈出重要步伐。但是在当年的重点工作中只提到"利率汇率的市场化改革"和"保持人民币汇率在合理均衡水平上的基本稳定",未再提及人民币国际化。到 2019 年,仅在"上年工作回顾"中提到人民币汇率基本稳定,外汇储备保持在 3 万亿美元以上,在当年的重点工作中未提及人民币国际化。

《政府工作报告》中涉及人民币国际化的重点工作必然会在当年中国人民银行、财政部、证监会、外汇局等政府部门的具体政策中得到体现。表 9-7 和表 9-8 列出了 2009 年启动跨境贸易人民币结算试点以来至 2019 年央行等部门发布的涉及人民币国际化的主要政策措施。可以看到,2010 年至 2014 年是相关政策最密集的时期,跨境贸易人民币结算试点迅速扩大到全国范围,境内银行间债券市场向境外人民币清算行等机构开放,人民币可以用于外商直接投资和境外直接投资,人民币合格境外机构投资者可以进行境内证券投资,跨境人民币业务流程也不断简化。

表 9-7 中国人民银行等部门支持人民币国际化的具体政策(2009—2019 年)

年份	主要政策措施
2009	7 月,央行等部门发布《跨境贸易人民币结算试点办法》;7 月,央行发布《跨境贸易人民币结算试点办法实施细则》;9 月,财政部首次在香港发行人民币国债
2010	6 月,央行等部门扩大跨境贸易人民币结算试点范围;8 月,央行发布境外三类机构运用人民币投资境内银行间债券市场试点的通知;8 月,央行发布《境外机构人民币银行结算账户管理办法》
2011	1 月,央行发布《境外直接投资人民币结算试点管理办法》;7 月,央行等部门明确将跨境贸易人民币结算境内地域范围扩大到全国;10 月,央行发布《外商直接投资人民币结算业务管理办法》;12 月,证监会、央行等部门发布人民币 QFII 境内证券投资试点办法
2012	2 月,央行等部门发布《关于出口货物贸易人民币结算企业管理有关问题的通知》;6 月,央行发布通知明确外商直接投资人民币结算业务操作细则;11 月,香港地区 RQFII 试点额度扩大到 2 000 亿元
2013	3 月,证监会、央行等部门发布《人民币合格境外机构投资者境内证券投资试点办法》;3 月,央行发布通知明确 QFII 投资银行间债券市场有关事项;7 月,央行发布通知简化跨境人民币业务流程;12 月,央行发布调整人民币购售业务管理的通知
2014	3 月,央行等部门发布通知简化出口货物贸易人民币结算企业管理;11 月,央行发布《关于跨国企业开展跨境人民币资金集中运营业务有关事宜的通知》;11 月,央行、证监会发布关于股票市场沪港通的机制试点;11 月,央行发布关于人民币合格境内机构投资者境外证券投资的通知

• 资料来源:根据中国人民银行有关报告整理。

2015 年以来至 2019 年,央行等部门继续发布人民币国际化的相关规范性文件,但大多是对既有政策的进一步细化,全新出台的政策不多,这也印证了在 2015 年人民币加入 SDR 篮子和人民币汇率从升值转入贬值预期后,中国政府对人民币国际化的支持力度有所调整。

表 9-8 2015—2019 年涉及人民币国际化的相关规范性文件

发布时间	文件名称	制定机关	发布文号
2015 年 5 月 28 日	关于境外人民币业务清算行、境外参加银行开展银行间债券市场债券回购交易的通知	中国人民银行	银发〔2015〕170 号
2015 年 7 月 1 日	外资银行管理条例实施细则	中国银监会	银监会令 2015 年第 7 号
2015 年 7 月 14 日	关于境外央行、国际金融组织、主权财富基金运用人民币投资银行间市场有关事宜的通知	中国人民银行	银发〔2015〕220 号
2015 年 8 月 18 日	关于拓宽人民币购售业务范围的通知	中国人民银行	银发〔2015〕250 号
2015 年 9 月 5 日	关于进一步便利跨国企业集团开展跨境双向人民币资金池业务的通知	中国人民银行	银发〔2015〕279 号
2015 年 9 月 30 日	境外央行类机构进入中国银行间外汇市场有关事宜	中国人民银行	公告〔2015〕第 31 号
2016 年 2 月 17 日	进一步做好境外机构投资者投资银行间债券市场有关事宜	中国人民银行	公告〔2016〕第 3 号

（续表）

发布时间	文件名称	制定机关	发布文号
2016年4月27日	关于进一步做好合格机构投资者进入银行间债券市场有关工作	中国人民银行	公告〔2016〕第8号
2016年9月30日	内地与香港股票市场交易互联互通机制若干规定	中国证监会	证监会令第128号
2016年11月2日	关于内地与香港股票市场交易互联互通机制有关问题的通知	中国人民银行、中国证监会	银发〔2016〕282号
2016年11月18日	进一步拓展自贸区跨境金融服务功能支持科技创新和实体经济的通知	央行上海总部	银总部发〔2016〕122号
2017年6月21日	内地与香港债券市场互联互通合作管理暂行办法	中国人民银行	中国人民银行令〔2017〕第1号
2017年8月16日	关于金融机构开展人民币海外基金业务的指导意见	中国人民银行	银发〔2017〕195号
2018年1月4日	关于进一步完善人民币跨境业务政策促进贸易投资便利化的通知	中国人民银行	银发〔2018〕3号
2018年4月27日	关于放开外资保险经纪公司经营范围的通知	中国银保监会	银保监发〔2018〕19号
2018年4月28日	外商投资证券公司管理办法	中国证监会	证监会令第140号
2018年6月11日	关于人民币合格境外机构投资者境内证券投资管理有关问题的通知	中国人民银行、国家外汇管理局	银发〔2018〕157号
2018年9月7日	上海证券交易所沪港通业务实施办法	上海证券交易所	上证发〔2018〕73号
2018年9月11日	全国银行间债券市场境外机构债券发行管理暂行办法	中国人民银行、财政部	公告〔2018〕第16号
2018年11月2日	上海证券交易所与伦敦证券交易所互联互通存托凭证上市交易暂行办法	上海证券交易所	上证发〔2018〕87号
2019年5月25日	存托凭证跨境资金管理办法（试行）	中国人民银行、国家外汇管理局	公告〔2018〕第8号

• 资料来源：根据各机构网站公布的文件整理。

第十章
总结和展望

在前面的九章中，我们梳理了货币国际化的重要文献，介绍了复杂网络上演化博弈的基本分析工具，构建了具有微观基础的、以企业的利益最大化选择为动力的货币国际化动态演化博弈模型，并且利用 MATLAB 编程技术进行模拟，从而清晰地描述一种货币从国内走向国际市场的具体过程，分析对这个过程的各种影响因素。我们运用历史数据和文献资料，对英镑、美元、欧元、日元等主要国际货币的演化历史进行了综合分析，并论述其中演化力量所起的作用。我们还对人民币国际化的进展和未来发展路径进行分析。作为整个研究的总结，本章首先回顾一下本研究的主要结论，然后对未来国际货币体系演化进行展望。

第一节 本研究的主要结论

一、货币国际化的研究需要建立微观基础

大量的货币国际化文献只在宏观层面作研究。典型的命题如一种货币的国际化水平依赖于货币发行国的经济总量(GDP)、发展水平(人均 GDP)、经济开放度、物价水平、金融发展程度等少数宏观经济指标，有的研究甚至把国家的军事开支等变量也考虑在内。这些研究的结论固然符合直觉，但实际上不过是论证了"只有少数大国货币才充当国际货币"的常识。

货币的生命在于交易。虽然货币还具有价值尺度、储藏手段等职能，但交易媒介才是货币区别于其他等价物的本质特征。在国际市场上，没有超越各国政府之上的"世界政府"，黄金也退出了流通领域，为什么没有内在价值的、由一国发行的纸币能够充当国际货币？为什么大多数企业只会选择一种或少数几种货币进行国际交易？仅仅考虑宏观因素的货币国际化理论是不完整的。我们不能简单地说因为美元是世界第一大国美国的货币，所以它就成为最主要的国际货币。

本研究认为，货币国际化是国际市场上企业选择交易所使用货币的微观行为的宏观表现，因此可以使用类似于生物演化的动态方法从微观主体的市场行为上加以研究。货币国际化的微观基础是这种货币会给使用它的企业带来更大的"效用"，如价值的稳定性、交易安全性、使用便利性，等等。国际市场上企业对不同货币的选择行为，或者换个角度看不同货币竞争国际市场上的企业的行为，与生物学中不同物种争夺适宜的栖息地的过程是类似的。

二、国际市场上企业选择交易所使用货币是一个动态演化的过程

与生物学的物种进化行为不同的是，国际市场上企业选择交易所使用货币并不是完全被动的。生物只是遵循由基因所预先设定的行为模式，优胜劣汰，适者生存，在数百万年中逐渐适应各种各样的生态环境。而国际市场上的企业不是抽象的，它可以有自己的比较、判断和选择，有自己使用国际货币的策略。因此，国际市场上企业选择交易所使用货币是一个动态演化的过程。

本书在前面的几章中研究了单种群对称博弈、多种群对称博弈、多种群不对称博弈、复杂网络上的演化博弈、复杂网络上的二倍体演化博弈等多种国际货币演化方式，展示了依赖于初始的博弈环境、企业的学习机制、不同货币的相对特性等条件，可能产生丰富的演化路径和演化结果。

我们不能在这里详细描述国际货币动态演化的具体过程，但有两个重要的效应值得一提。国际货币演化的"门槛效应(threshold effect)"指如果一种货币的国际使用量和使用范围不能较快地突破某个特定的门槛值，则它将一直徘徊在国际化的初期阶段，甚至会退回到国际化之前的国内货币状态。"反转效应(tipping effect)"则是指当新兴货币的国际化达到一定水平后，在适当的条件下新兴货币的国际使用量会迅速超过在位国际货币。这两个效应不仅得到国际货币发展历史数据的验证，也在我们的国际货币复杂网络演化博弈模型中给出了理论依据。

三、一种国际货币的形成必须具有良好的内在属性

根据我们的研究，货币自身在价值稳定性、交易安全性、使用便利性等方面的良好属性是其实现国际化的基础条件，也是市场主体决策使用何种货币进行国际交易时所考虑的主要内容。

在本书研究的所有货币博弈模型中，具有内在优势的货币最终将取得胜利或优势，只有完全对称的货币博弈(两种货币完全同质、初始状态完全相

同)中才会出现两种货币平等充当国际货币的情况。这再次验证了当存在网络外部性时"赢家通吃"的基本特征。

现实世界中存在多于一种国际货币的事实并不表明我们的模型错误,而是说明现实世界比模型假设的环境要更加复杂。企业选择国际货币时并非只考虑经济上的因素,可能还要考虑政治上、历史上、文化上等其他因素。这使得欧洲国家更愿意使用欧元,与美国关系不和的国家有意地避开美元。但即使是这种情况下,货币本身的良好属性仍然是企业选择国际货币时的重要考虑因素。

四、主要国际货币的国际化历史均是演化的过程

在本书中,我们研究了英镑、美元、欧元和日元四种主要国际货币的国际化历史,发现它们均是一个演化的过程。英镑和美元的演化最为完整,它们甚至在其早期阶段都经历了在国内与其他地方银行券的长达数十年的竞争,最终才由于政府立法等原因成为本国的主导和法定的货币。随后,英镑和美元的使用范围逐渐扩大到各自邻近的欧洲和美洲,并随着英国和美国国力的成长而先后演化成为世界的主导货币。

欧元的国际化得益于它取代了欧元区各国的原有主权货币,但 20 年来欧元的使用范围也表现出明显的从欧洲国家到欧洲近邻国家再到欧洲前殖民地国家的演化路径。日元国际化主要在亚洲地区,与战后日本的经济复兴和对外资本输出具有密切的关系,东京作为重要的国际金融中心发挥了重要的作用。由于日本金融市场不够开放,日元国际化的演化出现了停滞和反复,一直没有达到"反转效应"所要求的水平。

人民币国际化的历史较短,从 2009 年至今不过 12 年的时间,但是也表现出演化的基本特征。人民币国际化集中于中国香港地区,这显然是内地与香港地区在经济文化上的密切联系所导致的演化路径。2015 年之前,人民币的升值预期和政府鼓励政策促进了人民币国际化的快速发展。2015 年以来,人民币国际化进入稳定发展期,"一带一路"沿线国家等成为人民币国际化演化的新领域。

第二节　对未来国际货币体系演化的展望

未来的国际货币体系将如何演化？人民币在其中可能发挥怎样的作用？

在本研究的最后,我们对这两个问题作个展望。我们展望的期限是未来20—30年,也就是到2050年左右,与中国提出的第二个100年相当。未来的国际货币体系可能有以下几个演化趋势。

一、美元的核心国际货币地位不会发生根本变化

我们预期,在未来30年美元的核心国际货币地位不会发生根本变化。在英国实现脱欧后,欧元区和欧盟的内部凝聚力将会增强,使欧元保持其主要国际货币的地位。人民币国际化的进程将继续发展,但人民币不会取代美元成为新的核心货币。

首先,美国由经济、政治、军事、文化等综合国力所决定的世界头号强国地位在未来30年不会发生根本变化。2018年美国的GDP约20.5万亿美元,中国的GDP约13.6万亿美元。如果按照美国GDP年均增长2.5%、中国GDP年均增长5.5%的情况估算,大约在2035年中国的GDP总量可以达到美国的水平。但是到了这一天,中国的人均GDP仍然只有美国的约1/5。按照这个速度再增长15年,到2050年时中国的GDP总量可以达到美国的约1.5倍,但是人口规模为美国的4.5倍,人均GDP只有美国的约1/3。以上的估算有一个重要的前提条件,即人民币兑美元汇率保持稳定。但是人民币国际化的深入将要求扩大开放资本项目,这会对人民币汇率的稳定造成冲击。

其次,人民币的崛起与20世纪前半期美元取代英镑的情况有一个显著的不同。美元取代英镑是西方资本主义体系特别是盎格鲁-撒克逊国家内部的国际权力更替,这极大地弱化了此次本位货币转换的对抗意味。但由于基本政治制度的不同,美国在冷战后对包括人民币国际化在内的中国崛起均采取包含接触(engagement)与防范两个方面的"两面下注"战略,[①]这与20世纪二三十年代美元国际化时本位货币国英国所采取的放任甚至谨慎欢迎的态度形成了鲜明的对比。在"两面下注"战略下,美国对中国既不像对苏联那样进行全面的围堵、遏制,同时又对中国的对外政策随时加以警惕和防范,唯恐中国会挑战"二战"后由美国主导制定的国际规则。美国前国务卿奥尔布赖特曾表示,美国实行接触战略的目标是使中国成为一个"负责任的、认真参与国际事务的,而且能按照国际标准办事的国家"。因此,当中国在美国主导的体系内发展时,美国往往持欢迎和支持的态度,可是一旦中国可能威胁到现有

---

① 薛立:《美国再平衡战略与中国"一带一路"》,《世界经济与政治》,2016年第5期。

的体系,美国就会采取反对、阻挠的态度。

最后,中国目前还不可能建立起有利于人民币成为主导货币的国际货币制度体系。国际制度,或称国际规则,是在国际范围内约束不同行为主体活动的规范。根据新制度经济学理论,国际制度的建立可以降低国家间的交易费用。美国主导建立的以美元为本位货币的国际货币体系固然是有利于美国从现有体系中获得最大的利益,但它客观上也为世界各国的贸易和投资活动提供了国际货币公共产品,从而促进了战后世界经济的恢复和增长。在黄金产出不能满足世界经济发展需要的时候,如果没有美元这样一种世界各国普遍认可的国际货币发挥国际价值尺度、流通手段和储藏手段职能,那么国际贸易和投资将受到极大的限制,甚至退回到直接物物交换的状态。但是中国目前还不可能在世界上建立起一个以人民币为基准的货币体系。国际制度的供给方式主要有霸权者提供、国家间合作提供和国际组织提供三种。布雷顿森林体系是典型的霸权者主导建立的国际货币制度安排,但是很显然中国不具备这样的能力。国家间合作提供国际货币制度的例子是欧元的创立,但是中国周边国家的经济合作程度还远远达不到欧元区的水平。至于国际组织提供的方式,由于 IMF、世界银行等主要国际金融机构均由美国等西方国家主导,而中国主导建立的"亚投行"等新型国际机构才处于起步阶段,因此,现有的国际制度环境并不支持人民币成为国际本位货币。

二、国际货币体系从准双寡头体系向准三元体系演化

目前的国际货币体系是以美元为主、欧元为次的准双寡头体系,其余如英镑、日元等货币所发挥的作用都相对有限。未来 30 年,随着中国向社会主义现代化强国的奋斗目标迈进,特别是随着中国"一带一路"倡议的推进,人民币的国际化水平可望有较大提升,超过目前英镑和日元的水平,使国际货币体系逐渐演化为美元为主、欧元和人民币为次的准三元体系。

2013 年 9 月以来,"一带一路"重大倡议得到了国际社会的高度关注和积极响应。目前,除中国外的"一带一路"沿线国家和地区共有 65 个,中国作为"一带一路"倡议的主要出资方,完全可以在"一带一路"项目投资中嵌入人民币国际化的制度设计,并通过人民币在"一带一路"沿线国家的使用推动"一带一路"倡议的实施。

一是让人民币成为"一带一路"倡议中投资和贸易使用的基准货币。在 2015 年 3 月发布《推动共建丝绸之路经济带和 21 世纪海上丝绸之路的愿景

与行动》后,以基础设施为代表的一批大型项目在沿线国家迅速启动。截至 2018 年底,中国已与 25 个国家和地区达成了 17 个自贸协定,跟 24 个国家建立了 82 个境外经贸合作区,累计投资 364.8 亿美元。在中国外汇储备接近 4 万亿美元时,曾经有建议中国将部分外汇储备用于"一带一路"沿线的投资活动。但 2018 年 12 月中国外汇储备下降到 30 727 亿美元的水平,规模与中国的需求基本适应。而目前国内人民币资金充裕,应积极推动在"一带一路"沿线的投资和贸易中使用人民币。

二是让人民币成为"一带一路"沿线部分国家的名义锚。目前"一带一路"沿线国家汇率制度的一个特点是除少数发达经济体实行浮动汇率和欧元区成员国使用欧元外,大多数国家以美元为本国货币的名义锚。①在 31 个实行钉住、爬行钉住汇率等稳定汇率制度的国家中,有 28 个是钉住美元,只有不丹是钉住其他货币(印度卢比),马其顿、克罗地亚钉住欧元。"一带一路"沿线的一些重要支点国家如孟加拉国、哈萨克斯坦、阿塞拜疆等,其货币均钉住美元。但是随着"一带一路"倡议的推进,中国与这些国家的经济联系将更加密切。如 2018 年哈萨克斯坦从中国进口 53.8 亿美元,向中国出口 63.1 亿美元,分别是它与美国进出口额的 4.2 倍和 6.6 倍。②如果"一带一路"沿线部分国家用人民币作为其货币的名义锚,将有可能逐渐形成"一带一路"沿线的人民币货币区。

三是让人民币成为"一带一路"沿线部分国家的官方储备资产。"一带一路"沿线国家的外汇储备差异很大。在 2018 年 65 个沿线国家的外汇储备中,除缅甸等 8 个国家无数据外,只有沙特阿拉伯、俄罗斯等 9 个国家的外汇储备超过 1 000 亿美元,马来西亚、波兰等 25 个国家的外汇储备在 100 亿到 1 000 亿美元之间,其余国家的外汇储备不足 100 亿美元,最少的爱沙尼亚只有 4 亿美元的外汇储备。③缺少外汇储备极大地限制了这些"一带一路"沿线国家的风险承受能力,在面临金融危机等冲击时可能遭受更大的损失。中国已经与二十几个国家和地区签订了双边货币互换协议。如果将双边货币互换进一步向"一带一路"沿线国家扩展,既可以提高这些国家的抗风险能力,又可以促进人民币国际化。

---

① 资料来源:国际货币基金组织(IMF)发布的《汇率安排和汇兑限制年报》(Annual Report on Exchange Arrangements and Exchange Restrictions, AREAER), 2018 年版。
② 数据来源:https://comtrade.un.org/。访问日期 2019-05-01。
③ 数据来源:世界银行"世界发展指标"数据库,http://data.worldbank.org/。访问日期 2019-05-01。

我们预计,随着人民币国际化的发展,人民币的国际货币地位可能在 2030 年前后超过英镑和日元,成为世界第三大国际货币,并在 2050 年接近欧元的水平,与欧元共同成为仅次于美元的第二层次的国际货币。届时,国际货币体系将成为美元为主、欧元和人民币为次的准三元体系。

三、数字货币的发展可能改变国际货币体系的演化规则

自从英镑替代黄金在国际上发挥货币职能以来,货币的国际化始终与货币在国际交易中的交易成本密切相关。在两种货币的价值可信性相同时,国际交易成本较低的货币将更容易在国际交易中得到使用,从而具有更高的国际化水平。例如,美元在世界上具有最广泛的交易网络,在国际使用美元的交易成本最低,因此当不考虑货币价值波动时,使用美元将比使用英镑或日元更受企业的青睐。这也正是本课题在构建货币国际化的动态演化博弈模型时的一个重要因素。

然而,数字货币的发展可能改变国际货币体系的演化规则。数字货币起源于金融机构发行的银行卡等电子货币和网络运营商发行的 Q 币等虚拟货币,因而在使用范围和交易安全性上与电子货币相似,具有通货的特征,可以用于各种商品与服务的交易,使用安全。数字货币的交易成本与虚拟货币相似,低于电子货币,因为它不需要构建大规模的金融平台,依托互联网就可以运行,也节省了支付给银行体系的第三方费用。数字货币在使用匿名性上与传统的现金类似,可以实现点对点的直接支付,不需要通过后台的中央处理机构。但数字货币优于现金的是它不需要交易双方面对面完成交易,因而使用更加便利,可以应用于全球交易的场景。

典型的加密数字货币如比特币利用区块链技术保障交易的安全性,实现交易的去中心化,并通过设定固定总量 2 100 万个来确保不会发生比特币的通货膨胀。但是其致命缺陷是交易确认时间长。为了确认数据准确性,每一笔用比特币进行的交易需要与 P2P 网络进行交互,得到全网确认后,交易才算完成。目前比特币交易的速度大约是每秒 7 笔,天称币(Libra)设计的交易速度是每秒 1 000 笔,这样低的交易速度显然不可能应对国际大量的交易需求。而央行数字货币(CBDC)将有可能解决这个困难,从而改变国际货币体系的演化规则。

中国人民银行对央行数字货币的研究从 2014 年就开始了,目前已经进入实质性推进阶段,这在国际上处于前列。根据中国人民银行支付结算司副司

长穆长春的介绍,中国的央行数字货币(DC/EP,或称为 eRMB)将采取双层运营系统,先把数字货币兑换给银行机构,商业银行则向央行全额、100％缴纳准备金,再将数字货币提供给社会公众。这个货币运行模式如果顺利实施,将极大地促进人民币国际化的发展,因为境外的人民币使用者将不必等待中国央行在当地建立使用人民币的代理行、清算行等各种基础设施,只要通过互联网就可以使用人民币进行支付结算活动。

需要指出的是,数字货币对人民币国际化的影响也可能是一把双刃剑。如果美国、欧元区、英国、日本等货币当局也纷纷建立自己的数字货币系统,则各种国际货币在交易成本上的差异将基本趋同(都接近于零),而此时货币本身所具有的良好属性将成为货币国际化的关键因素。在黄金退出流通领域后,各国发行的货币最终都只是一种价值符号。不论一种货币的使用有多么便利,如果它所代表的价值本身是缺乏可信承诺的,这种货币仍旧不会受到国际市场的认可。这样,我们又回到了决定国际货币一些基本的制度性因素,如货币发行国的法律环境和法治化水平,货币相关部门相对于政府具有较高的独立性,货币的对内价值和对外价值长期保持基本稳定,等等。随着中国社会主义制度的进一步发展和完善,人民币将会在国际市场上,如同中国在世界舞台上那样,获得更多的认可,发挥更大的作用。

参考文献

中文部分

〔英〕J. M. 史密斯：《演化与博弈论》，潘春阳译，复旦大学出版社，2008年。

〔美〕巴里·艾肯格林：《资本全球化——国际货币体系史》，上海人民出版社，2009年。

巴曙松、黄少明：《港币利率与美元利率为什么出现背离——港币估值中的人民币因素研究》，《财贸经济》，2005年第8期。

白钦先、张志文：《外汇储备规模与本币国际化：日元的经验研究》，《经济研究》，2011年第10期。

白云真：《美国崛起过程中经济外交及其启示》，《教学与研究》，2015年第3期。

〔日〕浜野洁：《日本经济史：1600—2015》，南京大学出版社，2018年。

卜国军：《主要国际货币国际化期间汇率变化的比较及启示》，《金融发展研究》，2015年第3期。

蔡志刚：《对美联储独立性的评价》，《世界经济与政治》，2004年第9期。

曹玉瑾、于晓莉：《主要货币国际化的历史经验》，《经济研究参考》，2014年第9期。

〔美〕查尔斯·金德尔伯格：《西欧金融史》，第二版，中国金融出版社，2007年。

常远：《人民币国际化问题研究》，辽宁大学博士学位论文，2014年。

陈学彬、李忠：《货币国际化的全球经验与启示》，《财贸经济》，2012年第2期。

董继华：《人民币境外需求规模估计：1999—2005》，《经济科学》，2008年第1期。

方大楹：《人民币加入SDR货币篮子的可行性研究》，《南方金融》，2015年第4期。

冯梁：《英美特殊关系：文化基础与历史演变》，《欧洲》，2002年第4期。

冯昭奎：《日本经济(第二版)》，高等教育出版社，2005年。

付丽颖:《日元国际化与东亚货币合作》,商务印书馆,2010年。

高崇明:《生命科学导论》(第三版),高等教育出版社,2013年。

国际货币基金组织(IMF):《关于 SDR 定值方法的初步评估报告》,2015年。

黄海洲、张广斌:《全球经济增长动力变化与全球货币体系调整》,《国际经济评论》,2017年第4期。

黄梅波:《国际货币基金组织的内部决策机制及其改革》,《国际论坛》,2006年第1期。

黄梅波、王珊珊:《人民币区域化进程中面临的美日挑战》,《上海金融》,2013年第6期。

黄志龙:《人民币应加入 SDR 货币篮子》,《中国金融》,2014年第13期。

〔美〕霍尔:《日本史》,商务印书馆,2015年。

霍伟东、邓富华:《金融发展与跨境贸易人民币结算——基于省际面板数据的实证研究》,《国际贸易问题》,2015年第8期。

姜波克:《论中国外汇管制的长期性》,《经济研究》,1994年第3期。

姜波克:《人民币自由兑换和资本管制》,复旦大学出版社,1999年。

〔美〕杰瑞·马克汉姆:《美国金融史(第一卷)》,中国金融出版社,2017年。

〔日〕菊地悠二:《日元国际化进程与展望》,中国人民大学出版社,2002年。

〔英〕凯恩斯:《货币论》,下卷,商务印书馆,1997年。

〔英〕克拉潘:《现代英国经济史》,上卷,商务印书馆,2014年。

〔英〕克拉潘:《现代英国经济史》,中卷,商务印书馆,2014年。

雷达、马骏:《货币国际化水平的影响因素分析》,《经济理论与经济管理》,2019年第8期。

李婧、管涛、何帆:《人民币跨境流通的现状及对中国经济的影响》,《管理世界》,2004年第9期。

李自磊、张云:《汇率及汇率预期是否会影响货币国际化》,《投资研究》,2016年第9期。

林乐芬、王少楠:《"一带一路"建设与人民币国际化》,《世界经济与政治》,2015年第11期。

刘玮:《国内政治与货币国际化》,《世界经济与政治》,2014年第9期。

刘艳靖:《国际储备货币演变的计量分析研究——兼论人民币国际化的可行性》,《国际金融研究》,2012年第4期。

鲁世巍:《美元霸权与国际货币格局》,中国经济出版社,2006年。

〔德〕马克思:《资本论(第一卷)》,人民出版社,2004年。

马荣华、饶晓辉:《人民币的境外需求估计》,《国际金融研究》,2007年第2期。

〔美〕麦金农:《美元本位下的汇率:东亚高储蓄两难》,中国金融出版社,2006年。

〔美〕米什金:《货币金融学》,中国人民大学出版社,2011年。

欧洲中央银行:《欧元的国际地位》,2001—2020年各期。

钱文锐、潘英丽:《SDR需要人民币:基于SDR定值稳定性的研究》,《世界经济研究》,2013年第1期。

乔依德、葛佳飞:《人民币进入SDR计值货币篮子:再评估》,《国际经济评论》,2015年第3期。

邱兆祥:《人民币区域化问题研究》,光明日报出版社,2009年。

〔美〕斯坦利·恩格尔曼:《剑桥美国经济史》,第二卷,中国人民大学出版社,2008年。

孙海霞、谢露露:《国际货币的选择:基于外汇储备职能的分析》,《国际金融研究》,2010年第12期。

孙玺菁:《复杂网络算法与应用》,国防工业出版社,2016年。

涂菲:《国际关键货币的条件》,中国社科院博士学位论文,2011年。

王雪、胡明志:《汇改提高了人民币国际化水平吗?》,《国际金融研究》,2019年第8期。

谢华:《冷战时期美国对第三世界国家经济外交研究(1947—1969)》,陕西师范大学博士学位论文,2008年。

许少强:《货币一体化概论》,上海人民出版社,2009年。

严佳佳:《"一带一路"倡议对人民币国际化的影响研究》,《经济学家》,2017年第12期。

杨荣海:《资本账户开放促进了人民币境外市场发展吗?》,《国际金融研究》,2018年第5期。

姚大庆:《国际货币——地位分析和体系改革》,上海社会科学院出版社,2016年。

〔法〕尤瑟夫·卡西斯:《伦敦和巴黎》,格致出版社,2012年。
〔法〕尤瑟夫·卡西斯:《资本之都》,中国金融出版社,2011年。
于泽:《人民币崛起与日元之殇》,上海三联书店,2016年。
元惠平:《国际货币地位的影响因素分析》,《数量经济技术经济研究》,2011年第2期。
袁申国、徐冬梅:《升值背景下跨境贸易人民币结算影响因素的实证分析》,《广东财经大学学报》,2014年第1期。
〔英〕约翰·F.乔恩:《货币史——从公元800年起》,商务印书馆,2002年。
张晓明:《对香港在人民币国际化进程中角色和作用的思考》,《新远见》,2012年第8期。
张原:《美元国际化的历史经验及其对我国的启示》,《经济研究参考》,2012年第37期。
张振江:《从英镑到美元:国际经济霸权的转移(1933—1945)》,人民出版社,2006年。
张志文、白钦先:《汇率波动性与本币国际化:澳大利亚元的经验研究》,《国际金融研究》,2013年第4期。
赵柯:《工业竞争力、资本账户开放与货币国际化》,《世界经济与政治》,2013年第12期。
赵柯:《货币国际化的政治逻辑》,《世界经济与政治》,2012年第5期。
赵柯:《试论大国经济外交的战略目标》,《欧洲研究》,2014年第4期。
赵冉冉:《人民币国际化背景下我国推动人民币加入SDR的动机及路径》,《国际金融研究》,2013年第3期。
郑联盛、张明:《中国政府应该强力推动人民币加入SDR吗?》,《国际金融》,2015年第7期。
中国人民银行:《人民币国际化报告(2015)》,2015年6月。
周小川:《理解汇率机制改革的四个角度》,《银行家》,2005年第8期。
周宇:《论人民币国际化的四大失衡》,《世界经济研究》,2013年第8期。
〔美〕兹比格涅夫·布热津斯基:《大失控与大混乱》,潘嘉玢等译,中国社会科学出版社,1995年。

英文部分

Agnès Bénassy-Quéré, Damien Capelle, "On the inclusion of the

Chinese renminbi in the SDR basket", *International Economics*, http://dx.doi.org/10.1016/j.inteco.2014.03.002.

Anam, Mahmudul, Ghulam Hussain Anjum and Shin-Hwan Chiang, "Optimum choice of invoice currency with correlated exchange rates", *The Journal of International Trade & Economic Development*, 2015, Vol.24, No.8.

Arvind Subramanian, Martin Kessler, "The renminbi bloc is here: Asia down, rest of the world to go?", *Peterson Institute for International Economics Working Paper*, 2012.

Bacchetta, Philippe and Eric van Wincoop, "A theory of the currency denomination of international trade", *Journal of International Economics*, 2005(67).

Barron, E.N., *Game Theory: An Introduction(2e)*, Wiley 2013.

Barry Eichengreen, "Sterling's past, dollar's future: historical perspective on reserve currency competition", 2005, *NBER Working Paper*, No.11336.

Batten, Jonathan and Peter Szilagyi, "The internationalization of the RMB: new starts, jumps and tipping points", *Emerging Market Review*, Volume 28, September, 2016.

Benjamin J. Cohen, "The sesgnioraze gain of an international curreney: an empirieal test", *The Quarterly Journal of Economies*, 1971, 85(3).

Bergsten, C.F., "The dollar and euro", Foreign Affairs, July-August, 1997, 76(4).

Bishop, D., C. Cannings, "A generalized war of attrition", *Journal of Theoretical Biology*, 1978, 70(1).

Bowles, Paul and Baotai Wang, "Renminbi internationalization: a journey to where?", *Development and Change*, 2013, 44(6).

Burger, J., F., Warnock, "Currency matters: analyzing international bond portfolios", *Journal of International Economics*, 2018(114).

Campa, Jose, Goldberg, Linda, "Exchange rate pass-through into import prices", *Review of Economics and Statistics*, 2005, 87(4).

Charles A.E. Goodhart, "The two concepts of money: implications for the analysis of optimal currency areas", *European Journal of Political Economy*, 1998, Vol.14.

Chinn and Frankel, "The euro may over the next 15 years surpass the dollar as leading international currency", 2008, *NBER Working Paper*, No.13909.

Chinn, Menzie and Jeffrey Frankel, "Will the euro eventually surpass the dollar as leading international reserve currency?", *NBER Working Paper*, 2005, No.11510.

Chinn, M., Frankel, J., "Will the euro eventually surpass the dollar as leading international reserve currency?", *NBER Working Paper*, No. 11510, July, 2005.

Chung, Wanyu, "Imported inputs and invoicing currency choice: theory and evidence from UK transaction data", *Journal of International Economics*, 2016(99).

Cohen, Benjamin J., "Dollar dominance, euro aspirations: recipe for discord?", *Journal of Common Market Studies*, September, 2009(47).

Cohen, B. J., "Enlargement and the international role of the euro", *Review of International Political Economy*, Vol.14, No.5, Dec., 2007.

Cohen, B., "The benefits and costs of an international currency: getting the calculus right", *Open Economy Review*, 2012(23).

Devereux M., and S. Engle, "Endogenous exchange rate pass-through when nominal prices are set in advance", *Journal of International Economics*, 2004(63).

Devereux, M.B., Shi, K., and Xu, J., "Global monetary policy under a dollar standard", *Journal of International Economics*, 2007, 71(1).

Devereux, Michael B., and Shi, Shouyong, "Vehicle currency", *International Economic Review*, 2013, 54(1).

Eichengreen and Kawai, "Issues for Renminbi internationalization: an overview", *ADBI Working Paper Series* No.454, 2014.

Eichengreen and Lombardi, "RMBI or RMBR: is the Renminbi destined to become a global or regional currency", 2015, *NBER Working Paper*, No.21716.

Eichengreen, B. and M. Flandreau, "The federal reserve, the bank of england, and the rise of the dollar as an international currency, 1914—1939", *Open Economy Review*, 2012(23).

Eichengreen, B. and M. Flandreau, "The rise and fall of the dollar, or when did the dollar replace sterling as the leading international currency", *NBER Working Paper*, No.14154, July, 2008.

Eichengreen, B. and M. Flandreau, "The rise and fall of the dollar(or when did the dollar replace sterling as the leading reserve currency?)", *European Review of Economic History*, 2009, 13(3).

Eichengreen, B., "Renminbi internationalization: tempest in a teapot", *Asian Development Review*, 2013, Vol.30, No.1.

Farhi, Emmanuel and Matteo Maggiori, "A model of the international monetary system", *NBER Working Paper*, 2016, No.22295.

Farley Grubb, "Common currency versus currency union: the u.s. continental dollar and denominational", 2015, *NBER Working Paper*, No.21728.

Faudot, Adrien, "The euro: an international invoicing currency?", *International Journal of Political Economy*, 2015(44).

Faudot, A., Ponsot, Jean-Francois, "The dollar dominance: recent episode of trade invoicing and debt issuance", *Journal of Economic Integration*, 31 No.1, 2016.

Flandreau, Marc and Clemens Jobst, "The empirics of international currencies: network externalities, history and persistence", *The Economic Journal*, Vol.119, No.537, Apr., 2009.

Forbes, K., "International monetary reform", panel discussion at the AEA Annual Meetings, Chicago, 7 January, 2012.

Fudenberg, D. and D.Levine, The Theory of Learning in Games. Cambridge, MA: The MIT Press, 1998.

Fukuda, Shin-ichi and Masanori Ono, "On the determinants of exporters' currency pricing: history vs. expectations", *Journal of Japanese Int. Economies*, 2006(20).

Genberg H., "The calculus of international currency use", *Central*

Banking, 2010, 20(3).

GFCI Reports, 23—29.

Ghosh, A., J. Ostry and C. Tsangarides, "Exchange rate regimes and the stability of the international monetary system", IMF Occasional Paper, 2011, No.270.

Goldberg, Linda S. and Cédric Tille, "Micro, macro, and strategic forces in international trade invoicing", *Journal of International Economics*, 2016(102).

Goldberg, Linda S. and Cédric Tille, "Vehicle currency use in international trade", *FRB of New York Staff Report*, 2005, 200.

Goldberg, Linda S. and Cédric Tille, "Vehicle currency use in international trade", *Journal of International Economics*, 2008(76).

Gopinath, Gita., "The international price system", *NBER Working Paper*, 2015, No.21646.

Grassman, S., "A fundamental symmetry in international payment patterns", *Journal of International Economics*, 1973, 3(2).

Hartmann, Philipp, Currency Comptition and Foreign Exchange Market: The Dollar, the the Euro, Cambridge University Press, 1998.

Hartmann P., "The currency denomination of world trade after European Monetary Union", *Journal of the Japanese and International Economies*, 1998(12).

He, Qing, Iikka Korhonenb, Junjie Guoc, and Fangge Liud, "The geographic distribution of international currencies and RMB internationalization", *International Review of Economics and Finance*, 2016(42).

Ito and Chinn, "The rise of the 'Redback' and China's capital liberalization", *ADBI Working Paper Series*, 2014, No.473.

Ito, Hiro, "A key currency view of global imbalances", *Journal of International Money and Finance*, 2019(94).

Ito, Hiro and Masahiro Kawai, "Trade invoicing in major currencies in the 1970s—1990s: lessons for renminbi internationalization", *Journal of The Japanese and International Economies*, 2016(42).

Jesús Fernández-Villaverde and Daniel Sanches, "Can currency competition work?", *NBER Working Paper*, No.22157.

Kenen, Peter, "International liquidity and the balance of payments of a reserve currency country", *Quarterly Journal of Economics*, 1960(74).

Kiyotaki, Nobuhiro, and Wright, Randall, "On money as a medium of exchange", *Journal of Political Economy*, 1989, 97(4).

Krugman, Paul, "Vehicle currencies and the structure of international exchange", *Journal of Money, Credit and Banking*, Vol.12, 1980.

Lai, Edwin L.-C. and Xiangrong Yu, "Invoicing currency in international trade: an empirical investigation and some implications for the Renminbi", *The World Economy*, 2015, 38(1).

Lee, Jong-Wha, "Will the Renminbi emerge as an international reserve currency?", *The World Economy*, 2014, 37(1).

Ligthart J. and Da Silva, "Currency invoicing in international trade: a panel data approach", *Tilburg University Discussion Paper*, 2007(2).

Ligthart, Jenny E. and Sebastian E.V. Werner, "Has the euro affected the choice of invoicing currency?", *Journal of International Money and Finance*, 2012, 31(6).

Liu, Tao, and Lu Dong, "Trade, finance and international currency", *Journal of Economic Behavior and Organization*, 2019(164).

Livia Chitu, Barry Eichengreen, and Arnaud J. Mehl, "When did the dollar overtake sterling as the leading international currency?", *Journal of Development Economics*, 2014(111).

Ma, Guonan and Wang Yao, "Can the chinese bond market facilitate a globalizing Renminbi", Bank of Finland, *BOFIT Discussion Papers* 1, 2016.

Marcel Fratzscher and Arnaud Mehl, "China's dominance hypothesis and the emergence of a tri-polar global currency system", *The Economic Journal*, 2013. Doi: 10.1111/ecoj.1209.

Matsuyama, Kiminori, Kiyotaki, Nobuhiro, and Matsui Akihiko, "Toward a theory of international currency", *The Review of Economic Studies*, 1993, 60(2).

Mckinnon, Money in International Exchange, New York: Oxford University

Press, 1979.

McNamara, R., "A rivalry in the making? the euro and international monetary power", *Review of International Political Economy*, Vol.15, No.3, Aug., 2008.

Menger, "On the origin of money", *The Economic Journal*, Vol.2, No.6, Jun., 1892.

Meng, Jingjing, "Asian emerging-market currencies in the international debt market(1994—2014)", *Journal of Asian Economics*, 2016(42).

Menzie Chinn and Jeffrey Frankel, "Will the euro eventually surpass the dollar as leading international reserve currency?", 2005, *NBER Working Paper*, No.11510.

Mundell, R., "The significance of the euro in the international monetary system", *The American Economist*, Vol.47, No.2, Fall, 2003.

Nowak, Martin, A., Evolutionary Dynamics: Exploring the Equations of Life, Cambridge, MA: Harvard University Press, 2006a.

Nowak, Martin A., "Five rules for the evolution of cooperation", *Science* 2006b(314).

Ogawa, Eiji. and Yuri Nagataki Sasaki, "Inertia in the key currency", *Japan and the World Economy*, Vol.10, 1998.

Otero-Iglesias, M., Steinberg, F., "Reframing the euro vs. dollar debate through the perceptions of financial elites in key dollar-holding countries", *Revive of International Political Economy*, 2013, 20(1).

Papaioannou, Elias, Richard Portes and Gregorios Siourounis, "Optimal currency shares in international reserves: the impact of the euro and the prospects for the dollar", *Journal of Japanese Int. Economies*, 2006(20).

Park, Yung Chul, Monetary Cooperation in East Asia, *China & World Economy*, Vol.18, No.2, 2010.

Peter B. Kenen, "Currency internationalization: an overview", Unpublished manuscript, 2009.

Ponsot, Jean-Francois, "The 'four I's' of the international monetary system and the international role of the euro", *Research in International*

Business and Finance, 2016(37).

Reiss, Daniel Gersten, "Invoice currency: puzzling evidence and new questions from Brazil", Economic 2015(16).

Robert A. Jones, "The origin and development of media of exchange", The Journal of Political Economy, Vol.84, No.4, Part 1, Aug., 1976.

Ronald McKinnon, Gunther Schnabl, "China's exchange rate and financial repression", China & World Economy, Vol.22, No.3, 2014.

Sato, Kiyotaka, and Junko Shimizu, "International use of the renminbi for invoice currency and exchange risk management", North American Journal of Economics and Finance, 2018(46).

Seghezza, Elena, and Pierluigi Morelli, "Rule of law and balance of power sustain US dollar preeminence", Journal of Policy Modeling, 2018(40).

Summers, L. H., "Testimony before the senate budget committee. Europe's monetary union and its impact on the U.S. economy", October 21, 1997, Washington, DC: Government Printing Office.

Tung, Chen-yuan, "Renminbi internationalization: progress, prospect and comparison", China & World Economy, Vol.20, No.5, 2012.

Van Assche, Kristof, Evolutionary Governance Theory: An Introduction, Springer, 2014.

Volz, Ulrich, "RMB Internationalisation and Currency Cooperation in East Asia", In Frank Rovekamp(eds.) Financial and Monetary Policy Studies, Volume 38, Springer, 2014.

Wang, Daili, Yiping Huanga and Gang Fanb, "Will the Renminbi become a reserve currency", China Economic Journal, Vol.8, No.1, 2015.

Witte, Mark David, "Currency Invoicing: The role of 'herding' and exchange rate volatility", International Economic Journal, Vol.24, No.3, September, 2010.

Wright, Randall, and Trejos Alberto, "International currency", Advances in Macroeconomics, 2001, 1(1).

Zhang, Zhiwen, Anthony J.Makin and Qinxian Bai, "Yen internationalization and Japan's international reserves", Economic Modelling, 2016(52).

附录：网络演化博弈的 MATLAB 程序

```
% A game on 100 * 100 grid with time evolution
% A prison's dilemma game, in which match(0, 1) get payoff 1, match(0, 0) get payoff 1, match(1, 1) get
% payoff 1 + epsilon, and match(1, 0) get payoff 1-delta
clear;
X = zeros(50, 50); % the world of players with strategy 0
X(11:15, 11:15) = (rand(5, 5) > 0.5); % some player(i, j)'s strategy is changed to 1
n = size(X, 1); p = [1 1:n-1]; q = [2:n n];
p0 = nnz(X);
epsilon = 0.2;
delta = 0.05;
p1 = []; % a matrix to record the number of trategy 1
X;
for t = 1: 100, shg, pause(0.1)
    spy(X), title(num2str(t)), drawnow
    XL = X(:, p); % the strategy of(i, j)'s left neighbour(i-1, j)
    XR = X(:, q); % the strategy of(i, j)'s right neighbour(i+1, j)
    XU = X(p, :); % the strategy of(i, j)'s up neighbour(i, j-1)
    XD = X(q, :); % the strategy of(i, j)'s down neighbour(i, j+1)
    Y1 = 2 * sin((pi/2) * X) + cos((pi/2) * XL); % match of player (i, j) to its left neighbour(i-1, j)
    B0 = (Y1<0.0001); %  the match of(0, 1) get a value 0. Y1 cannot be exactly zero.
    B1 = (Y1 = = 1);   %  the match of(0, 0) get a value 1.
    B2 = (Y1 = = 2);   %  the match of(1, 1) get a value 2.
    B3 = (Y1 = = 3);   %  the match of(1, 0) get a value 3.
    Z1 = (1 - delta/2) * B0 + 1 * B1 + (1 + epsilon) * B2 + (1 - delta) *
```

B3; % the payoff of a player(i, j) to its left neighbour(i-1, j),

Y2 = 2 * sin((pi/2) * X) + cos((pi/2) * XR);

C0 = (Y2<0.001);

C1 = (Y2 = =1);

C2 = (Y2 = =2);

C3 = (Y2 = =3);

Z2 = (1 - delta/2) * C0 + 1 * C1 + (1 + epsilon) * C2 + (1 - delta) * C3; % the payoff of a player(i, j) to its right neighbour(i+1, j)

Y3 = 2 * sin((pi/2) * X) + cos((pi/2) * XU);

D0 = (Y3<0.001);

D1 = (Y3 = =1);

D2 = (Y3 = =2);

D3 = (Y3 = =3);

Z3 = (1 - delta/2) * D0 + 1 * D1 + (1 + epsilon) * D2 + (1 - delta) * D3; % the payoff of a player(i, j) to its up neighbour(i, j-1)

Y4 = 2 * sin((pi/2) * X) + cos((pi/2) * XD);

E0 = (Y4<0.001);

E1 = (Y4 = =1);

E2 = (Y4 = =2);

E3 = (Y4 = =3);

Z4 = (1 - delta/2) * E0 + 1 * E1 + (1 + epsilon) * E2 + (1 - delta) * E3; % the payoff of a player(i, j) to its down neighbour(i, j+1)

Z = 0.25 * (Z1 + Z2 + Z3 + Z4); % the average payoff of each player(i, j) = (1:100, 1:100)

ZL = Z(:, p); % the average payoff of(i, j)'s left neighbour(i-1, j)

ZR = Z(:, q); % the average payoff of(i, j)'s right neighbour(i+1, j)

ZU = Z(p, :); % the average payoff of(i, j)'s upper neighbour (i, j-1)

ZD = Z(q, :); % the average payoff of(i, j)'s down neighbour(i, j+)

ZAV = 0.25 * (ZL + ZR + ZU + ZD); % the average payoff of(i, j)'s four neighbours

K = Z - ZAV >= 0; % whether(i, j)'s payoff larger than its neighbours' average

```
        for u = 1:n
            for v = 1:n
                if K(u, v) = = 0
                    X(u, v) = 1 - X(u, v);
                end
            end
        end
        X;
        p2 = nnz(X); % the number of players that use strategy 1 in X
        p1 = [p1 p2]; % strategy 1 evolution history
    end
    plot(p1)
```